我国制造业产能过剩
的成因和影响研究

◎ 张蕾 著

NORTHEAST NORMAL UNIVERSITY PRESS
WWW.NENUP.COM

东北师范大学出版社

图书在版编目（CIP）数据

我国制造业产能过剩的成因和影响研究 / 张蕾著. --
长春：东北师范大学出版社，2017.5
　ISBN 978-7-5681-3220-6

　Ⅰ.①我… Ⅱ.①张… Ⅲ.①制造工业－生产过剩－
研究－中国　Ⅳ.① F426.4

中国版本图书馆 CIP 数据核字 (2017) 第 131852 号

□ 策划编辑：王春彦

□ 责任编辑：卢永康　　　　　□ 封面设计：优盛文化

□ 责任校对：赵忠玲　　　　　□ 责任印制：张允豪

东北师范大学出版社出版发行
长春市净月经济开发区金宝街 118 号（邮政编码：130117）
销售热线：0431-84568036
传真：0431-84568036
网址：http://www.nenup.com
电子函件：sdcbs@mail.jl.cn
河北优盛文化传播有限公司装帧排版
北京一鑫印务有限责任公司
2017 年 9 月第 1 版　2017 年 9 月第 1 次印刷
幅画尺寸：170mm×240mm　印张：17.75　字数：269 千

定价：62.00 元

　　制造业产能过剩自改革开放以来一直都是制约和阻碍我国宏观经济健康稳定发展的顽疾。无论是站在国家、产业的角度还是各个企业的角度，了解、分析、解决产能过剩都是一个刻不容缓的难题。由于长年的投资拉动型经济增长模式，使得我国制造业中很多关键性的行业都出现了重复建设，最终导致全行业的产能过剩。产能过剩在中国并非是一个新问题，2004 年以来，抑制产能过剩就成为政府宏观调控的一项重要内容；2005 年 11 月和 2009 年的 8 月，专门就产能过剩问题举行过两次国务院常务会议；在经济回升的关键时期，十个部门也联手合作解决产能过剩问题；"十二五"期间更是强调要抑制钢铁、水泥、平板玻璃、煤化工、光伏产业、风电设备等六大行业的产能过剩；2013 年中央经济工作会议上制定的任务"加快调整产业结构，提高产业整体素质"中强调"要充分利用国际金融危机形成的倒逼机制，把化解产能过剩矛盾作为工作重点，总的原则是尊重规律、分业施策、多管齐下、标本兼治。要加强对各个产能过剩行业发展趋势的预测，制定有针对性的调整和化解方案。"

　　我国制造业中很多行业主要是靠国际市场来盈利，对外依存度较高，既包括进口依赖也包括出口依赖。例如光伏产业，国内产量占世界产量的 50% 以上，但是国内的装机容量仅占世界的 2% 到 3%。光伏产业存在关键技术设备、市场需求和原材料"三头在外"的问题，进口依赖体现在需要进口关键的技术设备、大量高纯度多晶硅；出口依赖体现在严重依赖国外的市场需求，自身发展极易受到国外的影响。又如中国的铁矿石品位不高，需要从巴西、澳大利亚等地进口，2012 年进口达到 7.45 亿吨，占世界铁矿石贸易总量的一半。这意味着要是无法从国际市场进口到高品位的铁矿石，既对我国钢铁制造工艺和技术提出更高要求，也无法保证生产出来的产品的质量及稳定性。制造业出口可以有力推动我国经济增长，但是当遇到经济危机和金融危机时，过度依赖国际市场易形成大面积亏损、倒闭，不利于我国经济发展和结构稳定。

产能过剩的程度不同对经济发展的影响也不同，可控程度内的产能过剩是市场经济的正常现象，存在竞争和优胜劣汰有利于经济健康发展；超过可控范围的产能过剩将对市场秩序产生负面影响，所以要区别对待不同的情形。在世界经济格局调整和国内发展方式转变的背景下，我们更要利用好"一带一路"带来的国际市场的资源，转变不合理依赖的情势，促进制造业的产业升级，自主研发高新技术，增强产品的核心竞争力，提高企业的国际化经营水平，帮助产能过剩行业获得稀缺的自然资源和宝贵的技术设备，同时也加强对国外市场和贸易政策的认识，有效避开贸易保护、开拓国际市场，这对缓解国内制造业的产能过剩有着积极意义。

目 录

第一章　产能过剩评判标准及体系

第一节　国内外研究现状

关于如何看待产能过剩问题，学术界一直存在着真伪命题之争。一种观点认为产能过剩是市场经济的正常现象，不必过分关注和干预。另一种观点则认为，由于中国经济体制机制尚不成熟以及特殊的发展阶段等特征，政府需要对产能过剩问题加以适当调控和引导。更多的学者则强调，应该结合中国实际辩证地看待产能过剩问题。学术界针对产能过剩的定义和解释可以分为微观、宏观和中观几个角度，并按照不同的划分标准，对产能过剩进行了不同的分类。准确识别产能过剩的存在和评价与测度产能过剩的程度是学术界一直悬而未决的问题。关于产能过剩的成因，学术界试图从市场组织结构和企业行为、信息不对称和产业特性、体制机制和政策等多个角度进行解释，争论的焦点集中在"市场失灵"还是"政府失灵"两个方面。关于如何应对我国出现的产能过剩问题，学者们的见解主要集中在如何有效发挥市场机制作用、适度把握政府作用边界、深化体制机制改革、扩大需求等方面。已有关于产能过剩问题的研究成果仍然存在诸多的不足之处：一是有关产能过剩问题的研究框架和方法尚需要进一步探索和创新。二是针对产能过剩的概念和评价体系尚待进一步探讨和明确。三是针对我国产能过剩的特征、形成机制及应对措施等方面的研究尚需要持续、系统地梳理和完善。

改革开放以来，随着我国市场化程度的不断提高，时常出现的产能过剩现象成为困扰中国经济运行的重要问题，并引起了各方的关注。关于产能过剩及其相关问题，学术界和舆论界曾进行过广泛的研究和讨论，已有的直接或间接研究成果主要集中在产能过剩命题的真伪、产能过剩的概念和内涵、产能过剩的评价和测度、产能过剩的成因以及应对策略等方面。

一、产能过剩命题真伪之争

关于如何看待和对待产能过剩问题，学术界一直存在着较大的分歧。

1. 产能过剩是市场经济的正常现象

一种观点认为产能过剩是市场经济的正常现象，不必过分关注和干预。茅于轼（2006）对"产能过剩"说提出了质疑，他认为"产能过剩"不是一个很严密的概念，把"产能过剩"作为宏观不均衡的理由来分析不够严密。经济紧缩只在已经生产出来的商品卖不出去时才会出现。它和生产能力过剩不过剩并无直接关系。即使存在着"产能过剩"，只要这部分过剩的能力没有投入使用，就不会影响宏观经济形势。左小蕾（2006）指出，市场经济本身就是一个过剩经济。只要维护一个公平的竞争环境，保证信息对称，过剩产能就会得到调整，市场和企业承受调整的成本，产能过剩不会成为经济发展的严重问题。另一种观点则认为现阶段中国不存在真正的产能过剩现象。刘福垣（2006）指出，所谓产能过剩是个伪命题。中国只有结构矛盾，没有总量矛盾，没有资格讨论产能过剩问题。我国的所谓剩余都是短缺造成的，有多少剩余必有多少短缺。政府的责任是调整国民经济发展战略和发展模式，集中精力解决公共品短缺问题，做好自身的改革。同中国进城农民在城市解决吃、住、用、行、教育、医疗的需求相比，那些所谓产能过剩的11个行业的产能不是过剩的问题，而是严重短缺。所以，所谓产能过剩不过是短缺的产物，是由于体制的障碍造成的。世界银行高级经济学家高路易（2009）认为目前中国并不存在产能过剩的危机，尽管某些行业曾经出现过价格下降的现象，但是判断产能过剩和生产过剩的关键是中期的盈利情况。从宏观层面看，中国潜在GDP的增长率估计为10%左右。此外，总体的生产过剩会体现为存货的增长和利润的减少，而目前工业利润平均以大约20%的速度增长，平均的股本回报率也比较可观，因此世界银行认为中国并没有形成过剩的产能。

2. 政府需要对产能过剩问题加以适当调控和引导

另一种观点则认为，在中国等处于社会主义经典体制向市场经济体制转轨过程之中的国家，由于市场经济体制机制尚不成熟以及特殊的发展阶段等特征，政府需要对产能过剩问题加以适当调控和引导。国际上，匈牙利经济学家亚诺什·科尔奈（Janos Kornai）的观点具有一定的代表性，科尔奈（1986）指出，由于缺乏内部产生的自我约束机制，在经典社会主义体制中存在严重的投资饥渴症，中央政府只能通过行政机构严格的投资分配过程从外部来约束这种投资饥渴症。张晓晶（2006）认为，在市场经济中，盲目投资、重复建设造成的损失是由企业自己来买单的，而在中国目前的情况下，造成的损失可能最终由政府来买单，因此，一些企业或地方政府在投资决策时就会更加大胆，由此导致的产能过剩问题就会更加严重。本轮的产能过剩大部分是投资品过剩，而这些大都有政府背景，这表明，本轮产能过剩更大程度上是一种体制性产能过剩。卢峰（2010）指出，除了市场经济引发产能过剩一般原因，中国由于发展阶段与体制转型特点，可能会面临更多产能过剩问题困扰。在改革开放以来的经济发展过程中，对产能过剩现象，我国政府也采取了积极调控和引导的态度。如《国务院关于加快推进产能过剩行业结构调整的通知》（国发〔2006〕11号）中提到，部分行业产能过剩的不良后果已经显现，产品价格下跌，库存上升，企业利润增幅下降，亏损增加。如果任其发展下去，资源环境约束的矛盾就会更加突出，结构不协调的问题就会更加严重，企业关闭破产和职工失业就会显著增加，必须下决心抓紧解决。国务院批转发展改革委等部门《关于抑制部分行业产能过剩和重复建设引导产业健康发展若干意见的通知》（国发〔2009〕38号）中提到，对于部分行业出现的产能过剩和重复建设，如不及时加以调控和引导，任其发展，市场恶性竞争难以避免，经济效益难以提高，并将导致企业倒闭或开工不足、人员下岗失业、银行不良资产大量增加等一系列问题，不仅严重影响国家扩大内需一揽子计划的实施效果和来之不易的企稳向好的形势，而且将错失利用国际金融危机形成的市场形势推动结构调整的历史机遇。

3. 辩证地看待产能过剩问题

更多学者则强调，应该结合中国实际辩证地看待产能过剩问题，也就是说既要承认产能过剩的一般经济规律性，也要客观考虑我国产能过剩问题的特殊性。尚鸣（2006）认为，产能过剩是经济周期性波动造成的，是所有市场经济国家必定要经历的。产能过剩一方面给经济和社会发展带来许多负面影响，另一方面也可以成为推动结构调整的难得机遇。因为没有产能一定程度的过剩，就难以形成有效竞争。所以从积极的意义上看，如果没有产能过剩，就没有企业创新以重新获得竞争优势的动力。杨正位（2006）一方面认为产能过剩是市场经济的正常状态。在经济收缩期出现适度过剩，大部分可以通过市场调节回归到正常水平；另一方面，也承认当前我国存在局部性、结构性、体制性的产能过剩问题，提出应辩证地看待当前的产能过剩。既要看到利润下滑、亏损企业亏损额上升的一面，也要看到总体盈利很高、利润理性回归的一面；既要看到部分行业过剩的一面，也要看到部分行业供给紧张的一面；既要看到部分行业扩张冲动明显、潜在风险增大的一面，也要看到经济基本面良好的一面。刘世锦（2006）认为，对产能过剩状况要有一个正确估计。中国经济的"超大规模"性质，是中国经济发展最重要的特征之一。在这个问题上基本没有国际和历史经验可以借鉴。而我们对这个问题的理解还不能说已经到位。目前的产能过剩问题，总体上看是经济发展中供求动态平衡中一个阶段性现象。

二、产能过剩的内涵、类型及测度方法

1. 产能过剩的概念和内涵

关于什么是"产能过剩"，学术界存在着多种不同的阐释。已有的定义和解释可以分为微观、宏观和中观几个角度。

国际上，"产能过剩"的概念最早出现在张伯伦（Chamberlin）（1933）的《垄断竞争理论》一书中，他提出垄断竞争导致平均成本线高于边际成本线，从而出现持续的产能过剩，显然，这是从微观经济学角度出发给出的定义。何彬（2008）认为"产能过剩"（excess capacity），是指等产量线出现后弯的转折点连接而成的脊线以外非经济区域所反映的要素之间不再发生替代，而是表现为同时增减的要素配置状态。现代厂商理论和管理科学领域将其称之为要素拥挤现象。

中国早在20世纪90年代开始出现"产能过剩"的提法，之后学者们从不同方面尝试着给出"产能过剩"的定义。曹建海、江飞涛（2010）认为，"产能过剩"不过是个新说法，与过去耳熟能详的"重复建设""过度投资""恶性竞争"以及"过度竞争"所指的是同一现象。只不过"过度投

资""盲目投资"等概念侧重在现象的前端即生产能力的过度投入上，而"重复建设"和"产能过剩"侧重在产能的大量闲置上，"过度竞争"和"恶性竞争"侧重在激烈的价格竞争和企业亏损增加这方面。

张晓晶（2006）认为，讨论产能应区分宏观产能和微观产能。宏观产能过剩就是指经济活动没有达到潜在产出水平，从而存在着资源的未充分利用。一般来说，实际经济增长低于潜在增长，就会出现宏观产能过剩，而实现经济增长高于潜在增长就会出现宏观产能的过度使用。微观产能过剩就是企业将资本边际收益维持在边际成本水平上时所出现的产能过剩。中国目前的产能过剩主要是微观意义上的、局部的产能过剩，而非宏观意义上的全局的产能过剩。卢峰（2010）认为产能过剩以特定产品和部门为对象，应属微观经济现象。并把产能过剩定义为主要发生在工业部门的闲置富余产能超过某种合理界限现象，通常伴随价格下降和利润减少以致持续亏损。这个定义包含三个要点：一是以"闲置产能"作为定义基础；二是以"合理界限"作为定义关键；三是以"工业部门"作为主要对象。

更多的学者尝试从中观的产品市场供需角度给出"产能过剩"的定义。曹建海、江飞涛（2010）认为，"产能过剩"是指企业提供的生产能力和服务能力超过了均衡价格下的市场需求。李江涛（2006）认为，"产能过剩"是在经济的周期性波动过程中，所出现的市场上产品实际生产能力大大超过了有效需求能力的状态。王岳平（2006）认为，只有当供过于求的产能数量超过维持市场良性竞争所必要的限度、企业以低于成本的价格进行竞争、供过于求的正面影响超过负面影响时，超出限度的生产能力才有可能是过剩的生产能力。张保权认为，"产能过剩"是实际生产能力超过社会需求，由此引发的产品积压、竞争加剧、价格下跌等现象。周劲（2007）认为，一定时期内，当某行业的实际产出数量（或产值）在一定程度上低于该行业的生产能力时，通过行业的相关经济指标所反映出来的这种程度超过了行业的正常水平范围时，表明该行业在此时期内出现了"产能过剩"问题，会对整体经济运行产生危害。

为了更准确地概括"产能过剩"的内涵，一些学者还进一步比较了"产能过剩"与"生产过剩"的关系。范剑平（2006）认为"产能过剩"这个词不太准确，应该是"生产过剩"。中国经济的失衡，有两个问题不能解释：第一，储蓄率这么高，不投资干什么？第二，投资造成产能这么大，不出口干什么？在现在的体制下，高储蓄率带来了高投资率，高投资率带来了高出口率。李江涛（2006）对"产能过剩"和"生产过剩"进行了区分，认为二者之间的差异主要表现在四个方面：一是二者考察对象的侧重点不同。传统意义上的"生产过剩"更多地侧重考察产品相对于消费能力的市场饱和度，而"产能过剩"则主要以产品的生产能力作为考察对象；二是危害的性质不同。"产能过剩"对经济造成的危害不仅具有现实性，更具有潜在性，这种潜在性所造成的最终后果可能更严重；三是产生的直接原因不同。"产能过剩"的直接原因是投资规模过大或结构不合理，未来可能形成的潜在生产规模和结构超过了符合市场有效需求的供给规模和结构。"生产过剩"的原因则比较复杂；四是发生时间存在差异。曹建海、江飞涛（2010）则将现在的"产能过剩"与以往的"生产过剩"等同起来，认为现在由于信息技术的发展和管理软件的推广，企业以销定产，实行订单生产，所以基本上消除了产品积压引起的"生产过剩"。所以《资本论》里提到的"生产过剩"，在信息化时代基本不存在了，而代之以"产能过剩"的概念。

可以看出，西方和中国学者对产能过剩的概念定义既有区别，也存在着密切联系。西方经济学者对它的定义主要从微观角度出发，而我国学者则更多地将其放在宏观和中观的领域中阐释，这也一定程度上体现了我国与西方成熟市场国家经济运行机制的差异。但仔细分析可以看出，不同角度的定义之间其实存在着密切的关联，微观产能过剩是宏观和中观产能过剩的具体体现，而宏观和中观的产能过剩往往是导致微观产能过剩的直接原因，如在总供需严重失衡的宏观背景下，很多工业部门和微观企业平均产能利用率会面临下降。而准确定义产能过剩的核心也是难点所在，是以何种标准评判出现了真正的"产能过剩"？社会福利最大化抑或企业利益最大化还是其他？关于此并无定论。

2. 产能过剩的类型

为了更全面地解释和描述产能过剩问题，学者们按照不同的划分标准，把产能过剩现象划分了不同的类型。

王岳平（2006）认为，当前谈论产能过剩，应分为即期过剩和预期过剩。即期过剩是指目前生产能力与需求量的比值已超过了维持市场良性竞争所必要的限度，主要表现为设备利用率和产销率低、产成品库存增加、价格下降甚至低于成本、企业亏损面较大；预期过剩是指未来某时间内预期的生产能力与预期需求的比值超过正常的范围，主要表现为在建项目投资增长过快。

刘世锦（2009）把产能过剩分成四类：一类是市场经济条件下正常的产能过剩。市场经济条件下，只有"正常的"产能过剩，才有足够的市场竞争，才有优胜劣汰，才有结构调整，才有管理创新和技术进步。由于市场经济体制的确立和成长，几乎所有行业都存在着"正常的"产能过剩。第二类是结构性的产能过剩，市场经济里总有一些产能是低效的，通过市场竞争淘汰掉的产能，多数是因为产品不符合市场需求，同时还面临着生产成本过高等压力，其在市场上就表现为产能过剩。第三类是周期性的产能过剩。当宏观经济出现大的波动，处在低谷期时，由于需求萎缩，会出现较明显的产能过剩。为应对需求季节性波动和高峰而在其他时间保持的产能储备，也可看成是一种类型的周期性产能过剩。第四类是长期性的产能过剩。长期的概念是相对于中国工业化、城市化整个过程的需求峰值而言的产能过剩。

周其仁（2005）认为，目前我国产能过剩的分布，大体是三分天下。全部由国有垄断的行业，产能过剩一般不严重，其中像电、油之类，还不时出现短缺的经济特征。第二，即全部或大部由民营公司当家的领域，市场进出自由、价格开放的，也看不到严重的产能过剩。第三，产能过剩最严重的是多种所有制一起上，市场准入不易退出，政府干预频繁的行业。

王相林（2006）认为按照成因产能过剩大致可分为短期市场波动型、宏观需求波动型、行业周期演进型、产权驱动型四种类型。我国以重化工业为主的产能过剩，是转轨经济中所特有的，纳入了产权驱动因素的产业演进到成熟期后所出现的一种特殊的产业组织现象，汽车、钢铁、电解铝等都是如此。严格来讲，当前这些产业仅处于由成长期向成熟期转变的时期，因此所呈现的产能过剩还只是一种初步的形态，或者说还不能叫真正的产能过剩。

刘西顺（2006）认为，我国目前存在着三类不同性质的产能过剩问题。一类是大中型企业的生产资料过剩，它实际上是一种未得到有效释放的过剩假象，同时又是一种长期不足情况下的短期过剩，因此过剩的产能不会被长期闲置和报废；另一类是大批中小及民营企业相继破产、停工和开工不足所形成的"产能损耗"；还有一类是银行资金的流动性过剩。

可见，由于划分的标准不同，已有的分类存在着交叉和重叠，在进一步的研究中需要根据研究的目标确立分类的标准和结果。

3. 产能过剩的评价与测度

由于针对产能过剩的概念定义并不统一，产能过剩的影响因素和表现特征较为复杂以及相关的统计数据较难获取，准确识别产能过剩的存在和评价与测度产能过剩的程度存在很大的难度，这也是学术界一直悬而未决的问题。巴曙松（2006）认为，产能和实际产量、实际消费量存在着一定的富余。但是富余产能并不能简单地认为是"过剩"，是对资源的浪费。也就是说，究竟何种情况下可判定为"产能过剩"是一个主要难点。

国际上，一些学者运用了计量经济学的方式探索产能过剩的测度方法。Koopmans，T. C.（1960）提出了峰值分析法，它利用一定时期内最高峰值产量和实际产量的比较来测度产能过剩；D.J.Aigner（1977）提出了随机参数生产前沿面方法，Charnes. A（1978，1989）提出了非参数生产前沿面的数据包络分析方法，这两种方法都是通过基础的效率分解来刻画产能过剩状态，不同之处是生产前沿面的构造是参数方法还是非参数方法；R. L. Fare（1980）及 P. LBrockett（1988）提出了要素拥挤度方法，将生产效率测算结果进一步分解后得到的要素不再发生替代而是按相同比例增减。

而在我国，由于政府及相关部门没有产能、产能利用率等方面相关指标的统计和发布制度，缺乏定期的统计数据，产能过剩的评价与测度一直是学术界的主要难点，关于这方面的研究成果也相对较少。周劲（2007）曾做出过积极有益的探索，较为系统地提出了产能过剩的判断指标，并尝试在部分行业测算中应用。她提出，以产能利用率和企业存货水平作为考察产能是否过剩的直接指标，以产品价格、资金利润率、企业亏损面等其他经济效益指标作为考察产能是否过剩的间接辅助性指标，并结合考虑市场环境、政策环境、原材料供应等诸多其他因素的影响，同时综合考虑体制因素、资源、环保的低成本因素等其他非市场化因素。利用这些经济指标进行产能利用分析时，也要参考正常条件下的指标估值水平，设定预警区间，在这个基础上进行比较分析。此外，还应在一个较长时期内进行动态分析，有条件还可进行横向比较。卢峰（2010）认为，识别产能过剩时可采取包括"单指标—弱识别"与"多指标—强识别"两阶段过程。首先利用静态产能利用率指标得到"疑似产能过剩"的弱识别结论，然后结合价格走势、财务盈亏、需求增长等多方面情况，对是否存在产能过剩提出比较严格的强识别推断。也有一些学者尝试对具体行业的产能过剩问题进行评价，如窦彬（2009）围绕钢铁行业投资过度、产能过剩问题展开，从中国钢铁业投资和产能的现有状况调查和趋势分析入手，提出了评判钢铁行业产能过剩问题的核心指标。

可见，已有的评价体系和测度方法的研究仍然处于探索初期阶段，针对不同的发展环境、不同产业部门，在实际操作中往往面临着适用性和可操性的问题，并且数据获取也存在较大难度，常常需要选取替代型指标来弥补产能相关数据不足的缺陷，因而操作思路和方法仍然有待进一步改进和提升。

三、产能过剩问题的成因

关于产能过剩的成因，学术界一直试图从多个不同的方面进行解释。而关于是"市场失灵"还是"政府失灵"也一直是争论的焦点。

1. 从市场组织结构和企业行为角度的解释

一些学者试图运用微观经济学的分析框架，从市场组织结构和企业行为方面来解释产能过剩现象。

贝恩（Bain）（1959）在《产业组织》一文中，认为在部分低集中度的产业中存在持续性过度供给或过剩生产能力且经济绩效比较差的情形，并将这一情形定义为过度竞争。但同时指出，原子型市场结构不应被指责，最终的过错是企业生产能力的退出被阻止和劳动力资源的不可流动性，当出现某些历史事件时，造成了多余的生产能力和富余劳动力。鹤田俊正（1988）认为在低集中度的产业中，尽管许多企业利润率很低或陷入赤字状态，但生产要素（主要是劳动力）和企业却无法退出，使低或负的利率长期存在。但二者对低集中度产业易于发生产能过剩缺乏严格的理论论证。

Spence（1976）、Dixit 和 Stigler（1977）、VonWeizsacker（1980）等人

运用博弈论的方法论证了寡头市场结构下自由进入的企业数目可能会大于社会福利最大化情况下的企业数目，也就是存在"过度进入定理"。国内学者张军（1998）、曹建海（2001）、罗云辉（2004）都曾运用关于过度进入的理论模型来说明市场经济中过度竞争的存在性。但"过度进入定理"成立需要严格依赖于两个强假设，即次可加性的成本函数和"商业盗窃效应"。竞争性行业的成本函数并不能满足成本次可加性的基本假设，多数竞争性行业中也并不存在"商业盗窃效应"，因而"过度进入定理"在竞争性行业中并不成立，也就很难对中国近年来的产能过剩问题做出合理的解释。

Wenders（1971）认为产能过剩是一种竞争策略，一旦面临新的进入者和竞争者，已进入者可以通过扩大产量，降低价格的方式对新进入者实施打击。植草益（2000）构筑了一个同质企业无限期重复博弈模型，说明保有多余的生产能力能够促进企业间形成合谋，来说明过度的产能投资。罗运辉（2004）借用植草益的模型来说明市场经济中过度竞争存在的可能性。植草益和罗运辉试图通过模型说明，企业越是增加生产能力，保有的过剩生产能力越多，彼此间合作和增加利润的机会越大，因而企业为了获取合作利润会尽可能保有比较多的过剩生产能力。而现实中，保持较多的过剩生产能力也需要付出较多的额外成本和风险，在企业数量较多的行业中，由于信息不对称，现有企业合谋保持较高产能的默契也较难达成。

一些学者从进入和退出壁垒的角度进行了分析。吕政和曹建海（2000）认为低进入壁垒和高退出壁垒的结构性特征导致了产能过剩。他们认为，进入比较容易，并且容易受经济景气的上升或者其他瞬间的暴利所诱发，情况不妙时生产能力无法撤离，如果政府不能有效控制企业进入或疏导企业的退出，很可能导致企业之间强度过大的竞争，生产能力持续聚集在该产业而使利润长期低下。杨蕙馨（2000，2004）、牛桂敏（2001）表达了类似的观点，他们认为，地方政府的权力过大、融资渠道的多样化、融资成本的降低、地方政府的地方保护主义和对本地企业的支持，使得进入壁垒降低，同时地方政府由于本地就业、税收与社会安定等因素考虑，往往阻止企业的退出和破产，导致退出壁垒很高，从而导致过度竞争的出现。

2. 从信息不对称和产业特性角度的解释

一些学者认为，即使在竞争性的市场中，企业在猜测未来市场需求过程中，可能因为预期偏差或后续形势变动发生误判，增加产能过剩发生概率。卢锋（2010）认为产能过剩基本发生根源包括两方面因素：一是预期偏差因素。微观投资主体总是具有赢利预期，从事前视角看应满足投资决策与其盈利目的一致性的广义理性条件。但是受到信息和其他条件约束，可能事后看来存在预期偏差和失误。如果由于事先预期失误导致事后看投资过高则可能出现产能过剩。二是沉没成本因素。投资形成固定资本，由于资产专用性等原因部分变成沉没成本，难以通过变现回收其原有价值。这时当市场条件发生不利变动后，虽然价格和利润已下降到无利可图，然而由于难以很快退出不得不继续经营，从而面临产能过剩困境。张红松（2008）通过一个不完全和非对称信息下的简单理论模型，解释了两个事实：一是产能过剩主要发生在经济体的新升级的产业中，而且新升级产业的产能过剩程度比传统产业更为严重；二是产能过剩在发展中国家比发达国家发生得更为频繁，也更严重。刘世锦（2006）认为应当注意在产能过剩上的信息不对称或信息扭曲问题。现在估计产能过剩，不少是企业在行业增长处在上升期时预期和规划的产能，当市场发生变化，企业将做出调整。把这些已经调整或作为策略行为的规划产能作为产能过剩的依据，显然会造成信息扭曲。

周枝田等人（2006）实证研究表明，资本密集型核心产业的边际成本在产量接近全产能之前是不会上升的，产能利用率上升时，边际生产成本通常只是维持固定不变甚至下降。这种现象在 IT 及通信行业中尤其明显，它们拥有巨大的固定成本，但却拥有极小的边际成本，因而具有强烈的追求规模经济的倾向。同时，由于大部分具有生产力的资产都有不可移动性及不可还原性，退出一个产业会给厂商带来巨大的损失，因此，就算在获利情况最不清楚、产能过剩最严重的时期，大多数厂商只要能维持基本运作，都不愿意承受原有资本支出损失而退出市场。这是长期性产能过剩的一个原因。当一个市场已经存在过剩的生产能力时，具有规模经济的厂商可通过较低的平均生产成本发起价格战，打击产量较小、平均成本较高的厂商，迫使它退出市场。这是长期性产能过剩无法消除的另一个原因。巴曙松（2006）认为，造成产能和产量之间差距的最重要的原因是由这些行业自身特点决定的，其产品供给的弹性很低，产量的大幅提升不仅需要增加人工、原料等可变成本，而且需要大量的资本投入，包括增加设备、生产技术改造等，这意味着产量很难在短时间内大幅度提高，因而这类行业在发展过程中普遍存在着相对充足的产能，或者说是产能过剩，以应对需求的突然增长。对于我国这样一个刚开始进入快速工业化阶段的发展中大国来说，经济扩张时期对于工业原材料的需求扩大十分迅速，对于这种需求的爆发式增长幅度很难用一个固定的比率来衡量，因此，生产厂商需要保持一个相对高的产能储备，以应对这种爆发式增长。

3. 从体制机制、政策和发展阶段角度的解释

除了市场经济引发产能过剩一般原因外，一些学者试图从转轨时期的体制机制、政策特点和缺陷方面寻找产能过剩的原因。

科尔奈（英文版，1992，中文版，2007）指出在社会主义经济体制转轨过程中，投资决策的分散化，放松了政府对企业投资的外部控制，但是却没有通过利润动机或者对财务困境的担心建立起任何自我控制机制，这使得改革往往加重了经典社会主义体制固有的投资领域过热倾向，而并非使之降低。科尔奈的开创性研究为我们认识转轨经济中产能过剩的形成机理开辟了一个独特、有益的视角。

延续科尔奈的分析思路，一些学者剖析了导致中国产能过剩问题的特殊体制机制原因。张维迎和马捷（1999）建立了一个所有权和经营权分离条件下的库托特模型，来说明国有企业的所有权缺陷和落后的技术水平，将导致恶性竞争。上述分析非常符合中国改革初期的实际情况。但随着改革的深入，国有企业内部约束机制不断完善以及民营企业不断增加，其适用性有所减弱。杨培鸿（2006）建立了一个基于委托代理框架的模型，从政治经济学的角度分析重复建设的形成机理。在模型中，中央政府作为投资委托人，地方政府作为投资代理人，在信息不对称的条件下，地方政府利用（对中央政府）信息优势寻租的行为会导致重复建设问题。但这一分析较符合中央政府几乎主导和出资条件下的投资项目，并不符合一般性行业的投资行为。谢国忠（2005）也表达了相似的观点，认为生产能力过剩的根本原因是对资本的行政性配置，中国经济中潜在的行政和金融基础设施包含了结构性的过度投资动

机。过多的投资主导了中国经济增长的过热，并导致了随后出现的生产能力过剩问题。然而，宏观经济政策紧缩力度不足应该只是受到部分指责，微观问题是中国经济趋向于过度投资的根本原因。不管最终的拥有者是谁，地方政府部门是中国绝大部分投资行为的主要推动者。它们的动机是尽可能多地创造更多的生产能力以锁定未来的 GDP 总额。同时，如果没有国有金融系统的支持，地方政府将不能创造出过剩的生产能力。

王建（2006）将我国目前大范围的产能过剩与我国产权制度和分配制度改革的深化相联系。认为在传统计划经济条件下，总供求格局的长期态势是需求大于供给。20 世纪 90 年代，我国产权制度和分配制度改革，导致基本经济运行机制的改变，也改变了中国经济运行的基本特征，就是从社会总供给小于总需求转变为供大于求，我国经济增长中的供给制约转变成需求制约，这种转变主要是发生在本轮经济增长的高潮中。因此，目前我国的产能过剩是产权制度改革导致分配关系开始发生变化，分配差距拉大导致储蓄率大幅度上升，储蓄过剩导致投资高增长和消费率不断下降形成的。另外，他也指出，部分行业产能过剩，还在于生产要素成本价格扭曲，如资源价格被低估、环境成本没有估计足，而导致存在大量的技术水平低、工业落后的高耗能型企业。

袁钢明（2003）对 21 世纪初的新一轮产能过剩原因进行了比较分析，认为本轮过剩不同于 1996 年工业品、生产资料出现的销售困难和价格滑坡。本轮过剩则是在鼓励非公资本大量进入投资领域的情况下，民间投资需求得到了前所未有的释放，是产能第一次在得到释放后的过剩，也是第一次由民间投资主体投资热而引发的产能过剩。也就是说，行政垄断与自然垄断结合或其他因素形成的"暴利效应"使一些行业投资增长不断强化，使得社会资金加倍流入，最终使这些行业产能过度扩张。

此外，国经文（2006）、王小广（2006）、罗蓉（2006）、上证研究院（2006）、梁金修（2006）等均对导致我国产能过剩的具体原因进行了有益的探讨，除了涉及上述政府主导型增长模式的体制机制缺陷外，还提出形成产能过剩的诸多其他因素：（1）经济增长方式不合理。我国由于产业结构长期不合理，使得经济增长方式粗放、技术研发落后、管理水平低下。企业的竞争主要体现在资源投入、产出的数量扩张以及价格的竞争上，而不是集中在自主创新能力提高和质量的改善上。（2）生产要素价格形成机制改革滞后。价格杠杆难以有效发挥作用，在生产要素价格只升不跌的预期下，过低的生产要素价格助长了盲目投资。（3）国际产业分工的影响。外商企业主要生产高端产品，我国企业则主要为外资企业配套，提供能源动力和基础设施。这客观上推动了一些行业的超常规发展。由于我国市场体系建立不完善，运行效率低，导致部分行业，特别是重要生产资料行业出现产能过剩。（4）一些产业政策偏差，主要是国家和地方政府对房地产行业长期采取过度刺激的政策，特别是中国经济过度依赖于房地产增长和出口及外资增长，扭曲了行业的供需结构，也加剧了产能过剩的矛盾。（5）产业组织结构不合理不发达，未形成垄断竞争的格局，而且市场中介组织不发达，使得行业发展的自控能力差。

可以看出，导致产能过剩的形成因素是多方面的，既有市场经济的一般规律性因素，也有中国经济体制转轨时期的特殊性因素。不同的因素对产能过剩的影响机制不尽相同，各因素与因素之间又存在着相互影响的复杂关系，并且在经济发展变化中也不断出现新的影响因素，因而，针对产能过剩原因的研究需要综合考察各种因素及其相互关系，并结合不同的历史时期，动态地进行下去。

第二节　产能过剩的评判标准

当前，中国工业部门较为严重的产能过剩问题是国民经济发展中最为突出的结构性矛盾。部分行业严重的产能过剩，为整个国民经济的平稳发展带来了极不稳定的影响，并对这些产业的转型升级乃至整个国民经济结构调整带来了极为不利的影响。金融危机以来，我国制定了一系列化解过剩产能的政策与措施，这些政策和措施取得了一定成效，但是也存在诸多问题，部分行业产能过剩问题日趋严重，化解产能过剩将是当前以及未来较长一段时间内经济结构调整工作的重中之重。

判断和评价"产能过剩"需从产能过剩程度和产能过剩效应两方面入手。

当某行业的实际产出数量（或产值）在一定程度上低于该行业的生产能力时，通过行业的相关经济指标所反映出来的这种程度超过了行业的正常水平范围时，并导致其对经济社会发展产生的负面效应大于正面效应时，即出现了"产能过剩"。根据与经济周期的关系，"产能过剩"可划分为"周期性产能过剩"和"非周期性产能过剩"。根据不同的成因，"非周期性产能过剩"又可进一步划分为"结构性产能过剩"和"体制性产能过剩"。"产能过剩"的判断和评价既包括产能利用程度指标，又包括产能过剩正、负效应指标。

一、产能过剩界定的必要性

1. 产能过剩概念存在差异化

在目前我国的经济研究领域，对"产能过剩"的界定存在着不同的解释，并没有形成统一的认识。有人认为，生产能力的总和大于消费能力的总和，即可称之为产能过剩；有人认为，从供给和需求的角度，产能过剩应有一个相对概念，具有阶段性特征，应随着需求的变化而变化；有人则认为，产能过剩是一个结构性概念。甚至还有人认为"产能过剩"是计划经济的概念，在市场经济条件下，没有一定的产能过剩，就不会有充分的市场竞争。因此，产生了对"产能过剩"判断上的较大差异，由此而引发了许多争议。

2. 产能过剩判断指标比较含混模糊

一些效益指标作为判断指标，比如，产品库存、产销率、产品价格、亏损面、资金利税率等。但这些指标都只能间接反映产能利用的情况，根据这些指标进行判断时往往是依据经验，缺乏预警体系。而且，影响效益指标变动的因素有很多，产能过剩只是其中一个方面，还应结合其他条件综合考虑。另外，对产能是否过剩的判断往往是对趋势的判断，如果只进行较短时期内的数据比较，缺乏长期的连续的跟踪分析，对产业未来的走势很容易产生错误的判断。

3. 评判标准的行业差异性

在不同的经济发展阶段下，产能过剩会表现出不同的特征；不同行业处于不同的发展阶段，产能形成过程也不尽相同；不同类型的行业产能可能变动的幅度也不一样；同一行业内不同企业产能利用水平也有区别。因此，有必要对不同的产能过剩特征加以具体分析。

基于上述观点，一般认为要研究目前一些行业出现的产能过剩问题，首先应对产能过剩的概念、判断指标等进行更为明确的界定，在此基础上，再对不同行业进行纵向或横向的比较分析，对产能过剩问题才能有更为清晰的认识。

二、产能过剩的界定

关于产能过剩概念的内涵，存在着微观层面和宏观层面上的不同解释，具有代表性的主要有以下几个观点。

1. 产能过剩是指实际产出数量小于生产能力达到一定程度时而形成的生产能力的过剩

这是从微观企业的角度来对产能过剩加以定义。产能是指在正常生产条件下（如不延长工作周期、含常规假期、机器正常维护）所能达到的产出水平。对于产能有各种各样的计算方法：成本函数的最低点；总生产函数的最大投入点；一个平衡系统的瓶颈点等。例如，最佳成本函数是在给定时段内由平均工资率、资本使用价格、产出水平决定的最佳运行时间的总成本，这个最佳运行时间下的产量为最佳生产能力。当实际产量小于最佳生产能力达到一定程度时，就可以称之为生产能力过剩。在实际产量与生产能力之间总是存在差异，当实际产量小于生产能力达到一定程度时才可称之为产能过剩。对这个差异程度还要做进一步的界定，这是判断指标解决的问题。

2. 产能过剩是指供给和需求不平衡的总量上的概念，即生产能力大于需求而形成的生产能力的过剩

这是从市场供求关系的角度来对产能过剩加以定义。这种观点认为，产能过剩是一个市场经济现象，即它是经济周期性波动中，市场供求关系的特殊表现；它是一种潜在的生产过剩，只有当实际生产能力超过有效需求能力达到了一定程度时，可能对经济运行产生危害，这时才能构成产能过剩。因此，不能简单地将"供过于求"理解为"产能过剩"。生产能力大于需求是市场经济条件下的正常现象，由于需求的波动，需要在低谷时期存在某些剩余能力来满足高峰时期的需求，生产能力总是不能得到充分利用。那么，对生产能力超过有效需求能力的多少才能被认定为产能过剩，这同样也是判断指标解决的问题，对"产能过剩"要在超出程度上做更进一步的限定。

此外，还有人提出"宏观产能"的概念。所谓宏观产能，是指整个社会在给定技术、偏好以及制度前提下，所有各类资源（如资本、劳动力等）正常限度地得到充分有效利用时所能实现的产出。由于受到社会总需求的限制，经济活动没有达到正常限度的产出水平，从而存在着资源的未充分利用。资源的未充分利用，既包括劳动力没有达到充分就业，也包括资本没有得到充分利用，因此而存在着产能一定程度的闲置或过剩。这实际上是从总量上来考察供给与需求平衡的问题。

这两个观点并不矛盾，从企业生产的角度对产能概念的内涵有了明确的解释，从供给与需求关系的角度对"过剩"的含义及其形成原因则有了更进一步的认识。在市场经济条件下，由于市场需求的变动会传导到企业的生产活动，而生产的过剩自然也体现了生产能力的过剩。

微观经济学观点认为"生产能力"是平均成本达到最低时的最优产出。在一定的要素价格下，以利润最大化为目标的企业的最优产量是由最低平均成本决定的。当要素价格和产品价格都变化时，企业一般选择边际成本小于市场价格时生产，边际成本大于市场价格时，企业就会放弃生产。管理经济学观点认为"生产能力"是指一个作业单元满负荷生产时所能处理的最大限度，是产能的上限。从上述两个观点中不难发现，由于受要素价格变动的影响，最优产能会随要素价格的变动出现上移或下移，但最优产能不一定是最大产能，最大产能是不会随价格的变动而变动的。也有一些观点认为，即使是最大产能也不是固定不变的，通过改变资本和劳动力的配置方式或延长劳动时间还能创造出新的产能。美国普查局的"工厂产能调查"对于产能的定义是："在正常运营情况下，工厂通过充分利用已有机器和设备，所能合理获得的最大产出。"这一定义体现了考察产能主要是考察固定资本的利用情况。

对于"产能过剩"问题的研究应着眼于中观行业层面，主要考察行业内企业不变投入的总体利用水平。因此，我们将行业层面上的"产能"定义为，不考虑价格因素情况下，该行业领域内企业最大产能的集合。在市场经济条件下，产能利用程度是随着市场需求的变化而变化的。由于市场需求的变动会传导到企业的生产活动，行业需求的萎缩会导致大范围的微观个体产能的过剩，从而也体现在行业产能的过剩上；而行业需求的增长会令大部分的微观个体产能利用提高，行业产能利用水平也会有相应的反映。但是，由于微观个体企业的技术、管理水平或其他方面存在差异，微观个体产能的过剩并不意味着行业产能就过剩，行业产能过剩时微观个体产能也不一定都过剩。另外，从产能利用管理的角度来看，对于微观企业，产能的充分利用是以满足企业盈利的最大化为目的；而对于宏观决策者，产能的充分利用则是以资源有效配置及经济社会总体福利最大化为目的。

从研究行业产能过剩的角度，可以这样定义"产能过剩"：一定时期内，当某行业的实际产出数量（或产值）在一定程度上低于该行业的生产能力，通过行业的相关经济指标所反映出来的这种程度超过了行业的正常水平范围时，表明该行业在此时期内出现了产能过剩问题。之所以要在一定时期内来界定产能过剩，是因为它是一个相对概念，与经济周期的波动密切相关。按时间来划分，产能过剩也可分为"即期过剩"和"预期过剩"。即期过剩是指当前时段内所表现的产能过剩；预期过剩则是指未来某时段内可能出现的产能过剩。

在市场经济条件下，市场均衡的出现往往是短暂的、相对的，而不均衡则是长期的、绝对的。因此，产能过剩是与市场经济相伴而生的。总体而言，一定程度的产能富余对经济社会发展具有正、负两方面的效应。从正面效应来看，产能富余有利于市场竞争机制的有效发挥，推动企业优胜劣汰，促进技术与管理创新，提升消费者福利，调节和平滑需求波动等；从负面效应来看，过度的产能富余可能导致资源浪费和非有效配置，市场价格大幅下滑，企业效益状况恶化，失业增加，并间接导致银行坏账增多以及金融风险等。因此，当产能过剩超过一定限度时，会导致其对经济社会发展产生的负面效应大于正面效应。

根据与经济周期的关系，"产能过剩"可以划分为"周期性产能过剩"和"非周期性产能过剩"。一般而言，当经济走向萧条或衰退时，需求萎缩可能导致多数产业领域的富余产能增加，达到一定程度时即形成"产能过剩"；而当经济由复苏走向繁荣时，富余产能减少，产能过剩得到化解。也就是说，市场经济在派生产能过剩的同时，也通过价格下跌到供应下降再到需求上升等调整的路径，为自动调节化解产能过剩提供了有效的机制和手段。这种由经济周期引发的产能过剩，称为"周期性产能过剩"。而在经济周期的影响之外，由其他因素作用而形成的产能过剩，称为"非周期性产能过剩"。"非周期性产能过剩"又可进一步划分为"结构性产能过剩"和"体制性产能过剩"。在产业发展过程中，当供给结构不能适应需求结构的变化时，部分落后产能由于无法满足现实需求而形成富余产能，从而导致产能过剩，称为"结构性产能过剩"。在"结构性产能过剩"中，往往出现落后产能的相对过剩和先进产能的相对不足共存的现象。此外，在不同的国情环境中，一国的体制机制和政策等非市场因素往往直接或间接地影响市场供需关系，使产能利用水平变化脱离经济周期而形成"产能过剩"，称为"体制性产能过剩"。

当前，在我国由计划经济向市场经济转轨的背景下，经济运行受到市场和非市场因素的混合作用，在一定时期内，在多数制造业领域出现的产能过剩往往表现出"周期性产能过剩"与"非周期性产能过剩"的"混合型"特征。因此，正确应对我国制造业领域的产能过剩问题，既要结合市场经济的一般规律，又要考察我国的特殊体制和发展阶段特征。

三、产能过剩的标准和评价体系

基于上述对"产能过剩"概念的界定，判断和评价"产能过剩"需从两方面入手（见表 1-1）：一是根据产能利用率对产能过剩程度的评价；二是对产能过剩正、负面效应的判断和评价。前者是必要条件，后者则是充分条件。

表 1-1　产能过剩的判断和评价指标

类　别		评价内容	具体指标
程度指标		产能利用水平	产能利用率
效应指标	经济效应	市场价格	工业品出厂价格
		盈利水平	成本费用利润率、资金利税率
		亏损状况	企业亏损面
	社会效应	资源浪费	闲置资产
		就业减少	失业人数
		金融风险及其他	银行呆坏账等
	环境效应	环境污染	三废排放等

1. 产能利用率与产能过剩程度

"产能利用率"是表示生产能力利用程度的指标，可以最为直接地反映产能过剩的程度。该指标对市场需求（价格）的反映较为灵敏，统计数据的监测和披露应该具有一定的频度和连续性，才能真实有效地反映产能利用随市场的变化而变化的情况。美国、日本等国家20世纪70年代前后就开始了工业行业产能的统计监测和发布体系。美国将产能利用率作为产能监测的核心指标，美联储每月收集代表制造、采掘、电力、燃气的295个行业的数据，计算出工业产能指数和产能利用率，每月15日前后公布上月的产能指数和产能利用率。其时间序列值反映了行业产能利用程度的变化，对美国有关部门政策制定、企业投资导向非常重要。日本经产省定期公布包括工矿业生产指数、生产能力指数、生产开工率指数等来衡量与评价工业活动情况特别是产能利用状况。发达国家的实践经验表明，通过对工业领域各行业"产能利用率"进行监测和评价，既有助于宏观决策部门从总体上把握宏观经济的发展趋势，为制订宏观经济政策服务；又有助于企业了解市场供求信息进行正确的微观决策。目前，我国还没有建立一套完整的监测和评价"产能利用率"的统计体系，对于工业领域一些行业的"产能过剩程度"的判断并没有十分可靠的、连续的和系统的"产能利用率"数据进行支撑。因此，在这种情况下，对行业产能过剩程度进行分析和判断时，除采用有官方统计的年份的"产能利用率"数据外，只能寻找其他一些连续的、系统的替代指标数据来进行计算、分析和判断。另外，值得注意的是，不同类型行业的产能利用率的合理范围也可能存在较大差别，用"产能利用率"的数值大小来判断该行业是否出现了产能过剩问题只是其中的必要条件，还要充分考虑产能过剩带来的正、负面效应。

2. 效应分析与对产能过剩的判断

多数工业行业在发生产能过剩时会对经济社会发展产生正面和负面效应，尤其是在我国制度建设尚不完备、要素市场发育不充分的情况下，判断和评价是否产能过剩不能单纯从经济效应来分析，还必须从社会效应和环境效应方面进行评价。在具体的研究过程中，考虑到我国统计数据的可获得性，经济效应可以从工业品出厂价格、企业效益水平、亏损状况等方面来反映，社会效应和环境效应可以从资源浪费、就业减少、金融风险、环境影响等方面来反映。利用相关指标进行产能过剩效应分析时，要考虑比较不同经济周期运行条件下指标值的变化，进行一个较长时期内的动态分析。另外，还需考虑行业特性、发展阶段、市场环境、政策环境等诸多其他因索的影响。

（1）经济效应评价指标

经济效应可以从工业品出厂价格、行业效益水平、亏损状况等方面来反映。在市场经济条件下，产能过剩市场效应的变化往往会直接反映在产品价格的涨跌上，而产品价格的涨跌与产能利用的变化则是相互影响、相辅相成的。产品价格下降会使产能利用率下降，保持较低水平的产能利用率目的是为了减少供给，从而稳定价格，使其不再继续下滑。当价格上涨时，供给自然会随之增加，产能利用率也会提高；而当产能利用率提高到一定程度，供给大量增加时，价格又会回落。一般而言，价格与产能利用率的变化会呈现交替上涨或交替下降的特征。但在有些行业中，价格也可能由于受到其他因素影响而不随产能利用率的变化而变化，如部分垄断行业或政府干预行业，价格与产能利用率相关性也许较弱。另外，行业效益水平、亏损状况等也可以用来反映产能过剩带来的经济效应。具体执行中，经济效益水平可以成本费用利润率、资金利税率等指标考察，企业亏损状况可以企业亏损面等指标考察。当某一行业的产能利用率下降时，如果经济效益水平也在大幅下降，企业亏损状况恶化，表明该行业存在产能过剩的可能性加大；如果经济效益水平和企业亏损状况变化幅度不大，表明该行业产能过剩的风险不大。

（2）社会效应评价指标

根据不同行业的特性，还可以选取一些反映社会效应的指标来评价某些行业出现产能过剩时所造成的社会影响，如资源浪费、就业减少、金融风险等方面，可以相应地分别用闲置资产、失业人数、银行呆坏账等具体指标评价。当某些行业的产能过剩所造成的社会影响较大，而通过市场机制难以有效调节时，需要政策的适当干预和调节。

（3）环境效应评价指标

对于环境影响较大的行业，评价产能过剩还需要考虑其对环境造成的影响即环境效应。具体可以运用行业废气、废水、固体废弃物排放水平等指标来考察。当一个行业产能利用水平较高而环境负面效应较大时，该行业也可能存在着潜在的产能过剩，因为如果将过高的环境负面效应合理地计入企业内部成本后，价格上升可能使需求下降从而改变供需关系形成现实的产能过剩。

此外，要准确判断和评价一个行业产能过剩程度和类型，在运用定量指标的分析外，还需要结合体制机制、市场环境、产业阶段等方面的各种因素进行定性分析、综合判断。

第二章　我国典型制造业产能过剩的表现特征

第一节　钢铁行业

我国钢铁工业产能过剩性质已经由过去的"结构性过剩"转变为"全面过剩"，由"短期周期性过剩"转变为"中长期过剩"。除了下游需求市场增长放缓影响外，体制性因素是钢铁工业产能过剩问题积重难返的深层次原因。地方政府对钢铁企业。特别是国有钢铁企业的新增投资长期给予的税收、土地、环境治理等方面的各类"隐性补贴"是导致钢铁工业长期产能过剩的重要因素；渐进式改革背景下，钢铁工业市场化进程滞后，国有企业产能占比较大是钢铁工业长期反复产能过剩的另一重要原因。针对当前我国钢铁工业产能过剩问题的性质和特点，建议建立"短期与长期结合、引导与控制结合、增量与存量结合"的多层次治理体系。

一、钢铁行业发展现状与特征

1. 分布广泛，产能集中

2013 年，中国钢铁企业分布在全国 28 个省份，按照区域划分，产能分布情况为：① 河北省总产能 28 310 万吨，全国占比 28%；② 江苏省总产能 10 458 万吨，全国占比 11%；③ 山东省总产能 9 210 万吨，全国占比 9%；④ 辽宁省总产能 8 175 万吨，全国占比 8%；⑤ 山西省总产能 5 095 万吨，全国占比 5%。5 省产能合计比例高达 61%，其他 23 省市产能合计 39 218 万吨，占比仅 39%（见图 2-1）。

环渤海湾周边省市粗钢产量占全国 43.7%，是中国钢铁生产中心；中部省份粗钢生产占据重要地位，中国大陆 2 000 ～ 4 000 万吨粗钢规模级别的省份主要分布于中部；1 000 ～ 2 000 万吨粗钢规模级别的省份主要分布于中国大陆沿边沿海地区。

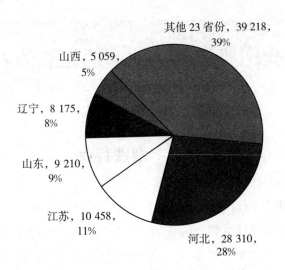

图 2-1　2013 年钢铁行业产能区域分布图

2. 产品产量增速明显放缓

国际金融危机以来，我国钢铁工业恢复增长，但较之危机前增速明显放缓。2013 年，我国钢铁行业的生产保持快速增长势头，企业生产不断创行业新高，市场弱势，生产强势情况下，钢铁行业仍在探索生产顶峰。2013 年，生铁、粗钢和钢材产量分别是 70 897 万吨、77 904 万吨和 106 762 万吨，分别同比增长 6.2%、7.5% 和 11.4%，增速比 2012 年提高。2014 年，生铁、粗钢和钢材产量分别是 71 160 万吨、82 270 万吨和 112 557 万吨，分别同比增长 0.4%、5.6% 和 5.4%，增速比 2013 年有显著下降（见表 2-1）。在宏观经济下行压力不断加大情况下，行业的产能释放压力大等因素推动钢铁行业在效益并无明显改善情况下，生产继续快速释放，从而导致钢铁行业的市场价格继续走低。

表 2-1　2005 ～ 2014 年钢铁行业产量情况表

年份	生铁		粗钢		钢材	
	产量（万吨）	增速（%）	产量（万吨）	增速（%）	产量（万吨）	增速（%）
2005	33 040.47	31.19	34 936.15	28.23	37 117	24.81
2006	40 416.7	22.32	41 878.2	19.87	46 685.4	25.78

续　表

年份	生铁		粗钢		钢材	
	产量（万吨）	增速（%）	产量（万吨）	增速（%）	产量（万吨）	增速（%）
2007	46 944.6	16.15	48 924.1	16.82	564 60.8	20.94
2008	47 067.41	−0.2	50 048.80	1.10	58 177.30	3.6
2009	54 374.80	15.87	56 784.20	13.5	69 243.70	18.50
2010	59 021.8	7.4	62 665.40	9.3	79 627.40	14.7
2011	62 969.30	8.4	68 326.5	8.9	88 131.3	12.3
2012	65 790.50	3..70	71 654.2	3.10	95 186.10	7.7
2013	70 897	6.2	77 904.10	7.5	106 762.20	11.4
2014	71 160	0.4	82 270	5.6	112 557	5.4

3. 消费量峰值或将到来

2013 年，国内粗钢产量 77 904.10 万吨；出口钢材 6 233.75 万吨，钢坯 0.40 万吨，钢锭 0.03 万吨，坯锭合计 0.43 万吨，折合粗钢出口约 6 632 万吨；进口钢材 1 407.76 万吨，钢坯 55.19 万吨，钢锭 5.90 万吨，坯锭合计 61.09 万吨，折合粗钢进口约 1 559 万吨；国内市场粗钢表观消费量 72 831.1 万吨，同比增长约 8.35%。2014 年，我国粗钢产量 82 270 万吨，出口钢材 9 378 万吨，同比增长 50.5%；进口钢材 1 443 万吨，增长 2.5%，折合净出口粗钢 8 153 万吨，占我国粗钢总产量的 10.2%，粗钢表观消费量 74 117 万吨，比上年增长 1.76%（见表 2-2）。随着我国经济进入新常态，过度依赖投资驱动的经济增长方式将发生转变，粗钢消费量峰值或将到来。

表 2-2　2008～2014 年粗钢表观消费量变化情况

年　份	粗钢表观消费量	同比增长
2008	45 285	2.89

续　表

年　份	粗钢表观消费量	同比增长
2009	56 497.53	24.8
2010	59 939.55	5.02
2011	64 849.89	8.19
2012	67 216	3.65
2013	72 831.1	8.35
2014	74 117	1.76

还要看到，在用钢行业对于品种、质量要求越来越高的同时，产品单耗正在大幅下降，高强钢使用更加普遍。从降低成本、环境约束、减轻自重等方面来看，高强钢都能满足家电、汽车、机械、船舶等行业转型升级过程中的用钢需求。当然，各行业所需要的高强钢在具体品种、性能上会有不同要求，如工程机械用钢除了高强度外，还要求有高耐磨等特种性能；汽车用冷轧薄板除要求有高强度外，还要求有良好的加工性能。板材使用厚度出现不断减薄趋势。这在家电产品中表现尤为明显。例如，大型家电箱体板材厚度普遍出现减薄趋势，对厚度为 0.3mm、0.4mm、0.5mm 的高强度薄规格板材需求量大幅增加；家电产品中具有高表面要求的涂装钢板、覆膜板应用领域拓宽、需求量上升；具有抗菌性、散热性等新功能钢板，以及环保后处理钢板等需求快速增加。产品单耗大幅下降。由于下游行业生产装备、工艺水平、产品档次的提高，以及高强钢材的普遍使用，用钢产品钢材单耗呈现下降趋势。如机械工业抽样调查显示，与 2004 年相比，机械工业每万元产值的用钢量几乎下降了一半，船舶平均每载重吨的钢材消耗也从 10 年前的 0.39 吨下降到目前的 0.2 吨。此外，家电、汽车、集装箱等行业钢材单耗也均呈现下降趋势。

4. 近年来钢铁产业集中度水平下降

"十一五"期间，钢铁行业产业集中度稳步提高，2012 年后集中度开始明显下降。2005 年，中国钢铁行业产业集中度 CR_4、CR_{10} 分别为 16.34% 和

33.03%；2009 年，钢铁行业 CR_4、CR_{10} 分别为 24.4% 和 43.47%，分别较 2005 年上升了 8 个和 10 个百分点左右；2010 年，集中度进一步提高，CR_4、CR_{10} 分别为 27.8% 和 48.6%，较 2009 年分别大幅上升了 3.4 个和 5.1 个百分点；2011 年，钢铁工业集中度 CR_4、CR_{10} 分别为 29.0% 和 49.2%，较上年分别上升 1.2 个和 0.6 个百分点；2012 年，全行业利润微薄，需求增长持续放缓，钢铁工业并购风险加大，并购重组案例明显减少，大部分并购步伐放缓；2012 年，钢铁工业集中度 CR_4、CR_{10} 分别为 27.1% 和 45.9%，较上年分别下降 1.9 个和 3.3 个百分点；2013 年，我国钢铁行业前十家企业的粗钢产量集中度达到 39.41%，比 2012 年下降 0.6 个百分点，粗钢集中度水平有小幅下降；2014 年，粗钢产量前 10 家企业产量占全国总产量的 36.6%，同比下降 2.8 个百分点。近几年来，非钢协会员企业的产量增长快于钢协会员企业的产量增长，行业集中度指标在经过 2005—2011 年增长后，连续两年下降。按钢协统计，以钢产量排名前 4 位、前 10 位钢企占全国产量的比例衡量，2011 年分别为 22.6% 和 42.8%，2012 年分别为 21% 和 39.7%，2013 年分别为 21.06% 和 39.1%。

5. 民企产能过半

2013 年，民企钢铁企业数量已经占总钢厂数 81%，全国钢铁企业共计 221 家，总产能 10.05 亿吨，其中国企 41 家，产能 4.63 亿吨；民企 180 家，产能 5.42 亿吨。呈现"国企数量少，单体规模大""民企数量多，单体规模小"特点，41 家国企平均产能 1 130 万吨，180 家民企平均 301 万吨。

6. 中等规模企业数量占比较高

目前钢企数量大部分集中在 100 万～500 万吨区间（见表 2-2），这一部分企业共计 157 家，占比 71%，总产能 3.3 亿吨，占比 33%。其中 100 万～300 万吨区间钢企数量 115 家占比 52%，产能总量 1.9 亿吨，占比 19%；300 万～500 万吨区间钢企数量 42 家，占比 19%，产能 1.44 亿吨，占比 14%。民营钢企 100 万～500 万吨区间企业共计 140 家，总产能 3.0 亿吨。100 万～300 万吨区间民营钢铁企业数量 100 家，占全国同等规模企业的比重为 56%，产能总量 1.6 亿吨，占全国同等规模企业产能总量的 30%；300 万～500 万吨区间钢企数量 40 家，占全国同等规模企业的比重为 22%，产能总量 1.6 亿吨，占全国同等规模企业产能总量的 30%。

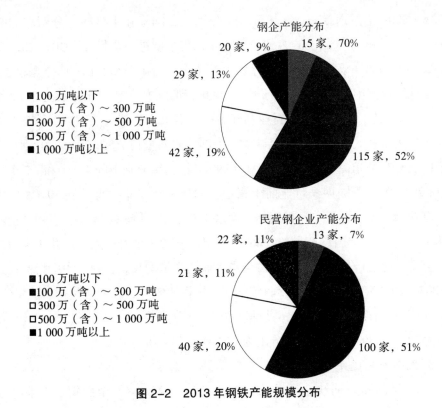

图 2-2　2013 年钢铁产能规模分布

二、钢铁行业近年的产业政策

《中华人民共和国国民经济和社会发展第十一个五年规划纲要》（以下简称《"十一五"规划》）对于原材料工业发展的基本思路是：按照控制总量、淘汰落后、加快重组、提升水平的原则，加快调整原材料工业结构和布局，降低能耗，减少污染，提高产品档次、技术含量和产业集中度。钢铁行业发展基本战略主要是：坚持内需主导，着力解决产能过剩问题，严格控制新增钢铁生产能力，加速淘汰落后工艺、装备和产品，提高钢铁产品档次和质量。推进钢铁行业发展循环经济，发挥钢铁企业产品制造、能源转换和废物消纳处理功能。鼓励企业跨地区集团化重组，形成若干具有国际竞争力的企业。结合首钢等城市钢铁企业搬迁和淘汰落后生产能力，建设曹妃甸等钢铁基地，积极利用低品位铁矿资源。

从钢铁行业"十二五"规划的指向看，钢铁行业发展重心将由纺锤形向哑铃形转变。钢铁行业规划侧重于满足下游行业转型升级和战略性新兴产业发展要求，以钢铁工业结构调整、转型升级为主攻方向，以自主创新和技术改造为支撑，提高质量，扩大高性能钢材品种，实现减量化用钢，推进节能降耗，优化区域布局，引导兼并重组，强化资源保障，提高资本开放程度和国际化经营能力，加快实现由注重规模扩张发展向注重品种质量效益转变，并发布了一系列相关政策。

1.《钢铁行业发展政策》

2005年，由国家发改委起草、国务院审议通过了国家级产业发展政策《钢铁行业发展政策》，包括政策目标、产业发展规划、产业布局调整、产业技术政策、企业组织结构调整、投资管理、原材料政策、钢材节约使用、其他等九章，共四十条，分别提出钢铁行业发展总体目标、产品结构调整、组织结构调整、产业布局调整目标以及技术经济指标和发展循环经济的要求等。

2.《国务院关于加快推进产能过剩行业结构调整的通知》

2006年，国务院下发《国务院关于加快推进产能过剩行业结构调整的通知》，该项政策为了抑制部分行业（钢铁、水泥、电解铝等）严重的产能过剩问题，同时为了加快产能过剩行业结构调整，提出八条重点措施，包括：切实防止固定资产投资反弹；严格控制新上项目；淘汰落后生产能力；推进技术改造；促进兼并重组；加强信贷、土地、建设等政策与产业政策的配合；深化行政管理和投资体制、价格形成和市场退出机制等方面的改革；健全行业信息发布制度。

3.《钢铁行业调整和振兴规划》

2009年，国务院颁布《钢铁行业调整和振兴规划》（以下简称《规划》），该《规划》阐述了钢铁行业现状及面临的形势，明确了指导思想，提出应对危机与振兴产业相结合、控制总量与优化布局相结合、自主创新与技术改造相结合、企业重组与体制创新相结合以及内需为主与全球配置相结合五项基本原则，从质、量恢复到合理水平、淘汰落后产能有新突破、联合重组取得重大进展、技术进步得到较大提升、自主创新能力进一步增强、节能减排取得明显成效等六个方面提出了具体政策目标。以此为基础，该《规划》要求重点做好八个方面工作。为完成政策目标和重点任务，规划提出共十二项政策措施。

4.《关于进一步加大节能减排力度加快钢铁行业结构调整的若干意见》

2010 年，国务院特别针对钢铁行业下发《关于进一步加大节能减排力度加快钢铁行业结构调整的若干意见》（以下简称《若干意见》），指导钢铁行业节能减排和结构调整工作的推进。《若干意见》中明确要求钢铁产能过快增长现象要坚决抑制，并将此工作列为节能减排工作重中之重。《若干意见》还对推动钢铁行业加快结构调整做出相关部署。其中要求钢铁行业加快兼并重组，提高产业集中度；加大对钢铁行业技术创新、技术改造的支持力度，提高资金利用效率，提高产品国际竞争力，促进产业升级。

5.《钢铁行业生产经营规范条件》

2010 年，工业和信息化部公布《钢铁行业生产经营规范条件》（以下简称《规范条件》）。《规范条件》从产品质量、环境保护、能源消耗和资源综合利用、工艺与装备、生产规模、安全生产和社会责任六个基本方面对钢铁企业生产经营规范条件进行了约束。也就是说，企业必须是上述六方面条件均满足方能具备钢铁生产资格。而六大方面的具体指标则是在遵循产业发展政策和发展规划下，结合当前行业发展水平，充分考虑实用性及可操作性，选取行业常用指标，其覆盖范围较广、综合性较强。《规范条件》的实施，将有力推动行业的结构调整和升级。

工信部于 2012 年 9 月 3 日发布了《钢铁行业规范条件（2012 年修订）》（以下简称《条件》）。当前我国钢铁工业正处于总结经验、转型升级重要时期，以往的粗放经营模式已经不适用于未来发展需要，钢铁行业的散乱局面需要得到治理。针对我国钢铁行业现状，《条件》从产品质量、环境保护、能源消耗和资源综合利用等方面进行了阐述，较为全面地对钢铁行业的生产经营做出了规范，并且还将严格按照上述条件对钢铁企业进行审核，对于不符合要求的企业，将无法得到相关的政策支持。

三、钢铁行业产能过剩深度解析

2012 年以来，我国国民经济增长放缓，钢铁产品市场需求与产量增速显著放缓。根据中国钢铁工业协会发布的数据，2014 年，中国粗钢表观消费量同比下跌 3.4%，至 7.38 亿吨，是 30 年来首次下降。基础设施投资、房地产投资增速明显放缓，以及机械、汽车、家电、造船等行业的低增长或增速大幅下滑，是钢铁产品市场需求放缓的主要原因。受此影响，我国钢铁工业主要产品产量增速大幅回落，2014年，全国累计生铁、粗钢和钢材产量分别为8.23亿吨、7.12亿吨和11.26亿吨，同比仅分别增长0.9%、0.5%和4.5%，增幅同比均有回落。

随着需求与产量增速的显著放缓以及新建产能的不断释放，我国钢铁工业产能过剩问题非常突出。2012—2013年，我国粗钢产能分别约10亿吨、11亿吨和11.6亿吨，而全年粗钢产量约7.2亿吨、7.8亿吨和8.23亿吨，产能利用率仅为72%、70.9%和70.9%左右。从产品上看，我国钢铁工业由结构性过剩转为全面性过剩。据2012年上半年的调查，我国螺纹钢、线材产能合计39 861万吨，不完全统计全年还将新增产能3 460万吨，而全年产量预计为31 000万吨，产能利用率不足75%。不只低附加值产品出现较为严重的产能过剩，由于较长一段时期以来不锈钢、重轨、宽厚板、热轧和冷轧薄板、电工钢等中高端产品产能快速扩张，这些产品也开始出现明显的产能过剩。以中厚板为例，在2012年产能仍继续增加情况下，前十个月特厚板、厚板、中板产量分别下降15.3%、10.4%和9%，产能过剩问题十分突出。2012年，中国热轧产能已超过2.2亿吨，冷轧产能已超过1.2亿吨，电工钢产能将超过1 530万吨，产能利用率均处于历史较低水平。

钢铁企业经济效益的急剧恶化表明，我国钢铁工业产能过剩形势非常严峻。国际金融危机以来，我国钢铁行业经济效益急剧恶化。2008年1—11月，黑色金属冶炼及压延加工业利润降为1 475亿元；2009年，随着金融危机的蔓延和扩散，我国钢铁行业1—11月利润更是下降到812亿元；2010年，随着经济复苏以及在国家各项刺激政策的作用下，我国钢铁行业1—11月利润升至1 283亿元，但仍未达到金融危机之前水平；2011年，钢铁行业利润总额上升至2 099亿元；2012年，行业利润总额急剧下降至1 229亿元。从销售利润率指标来看，2006年、2007年1—11月，规模以上钢铁企业销售利润率处于较高水平，分别为5.1%和5.5%；受金融危机的影响，2008年、2009年1—11月销售利润率急剧下跌至3.5%和2.1%；2010年销售利润率小幅回升至2.6%；2011年销售利润率为2.89%，略有上升。

2012 年以来，随着宏观刺激政策的退出以及新增产能的释放，钢铁行业经济效益显著恶化。2012 年，钢铁企业效益大幅下降，钢铁工业亏损面达到19.06%，比上年同期增加 6.2 个百分点，销售利润率急剧下降至 1.73%。2013年、2014 年，钢铁行业销售利润率为 2.2%。重点统计钢铁企业 2014 年实现利税 1 091 亿元，增长 12.2%，盈亏相抵后实现利润 304 亿元，增长 40.4%。但行业销售利润率只有 0.9%，仍处于工业行业最低水平。这并不意味着钢铁行业经济效益略有好转，这两年多数钢铁企业大幅度调低了固定资产的折旧率，导致账面效益看上去略好些，钢铁行业正面临比 2008 年更为严峻的形势。

我国钢铁行业已经步入低速增长的"高位平台期"，如果没有及时有效的治理措施，我国钢铁工业产能过剩问题将可能在未来很长一段时期存在。我国国民经济经过 30 年高速增长，已经进入必须转变发展方式与调整经济结构的新阶段。进入新阶段后，经济增长速度将放缓，以往过度依赖投资拉动和出口增长方式也难以持续，粗钢的需求强度将明显降低，需求增速将显著放缓。目前我国人均钢铁消费量已经接近甚至高于发达国家的水平。2012 年，世界人均钢材消费量为 216.9 千克，而我国人均钢材消费量为 477.4 千克，虽然不及韩国人均 1 114.1 千克的水平，但已经远远超过欧盟 287.5 千克的平均水平。考虑我国人口密度大、因而桥梁和建筑等钢结构基础设施使用效率高的特点，人均钢铁消费量缺口已经不可能成为驱动我国钢铁工业快速增长的主要动力。同时，鉴于当前我国已形成 11.6 亿吨粗钢生产能力，钢铁工业固定资产投资仍维持较高水平，加之我国钢铁工业优胜劣汰机制尚未真正建立，市场自发调节供需平衡与产能的机制不能很好发挥作用，未来较长一段时期较为严重的产能过剩将是困扰我国钢铁工业发展的重要问题。

第二节　平板玻璃行业

一、平板玻璃行业发展现状

在改革开放政策的指导下，我国经济高速发展，促使我国平板玻璃行业由小到大，从弱变强，不断成长与成熟，发生了翻天覆地的巨大变化。经过多年实践，我国在平板玻璃的生产制作方面积累了丰富的经验，技术水平、节能减排和产品种类等方面都取得了长足进步，基本满足了国民经济和社会发展需要。通过优化设计方案，至2010年底，平板玻璃生产线的建设周期由以往的18～22个月大大缩短至仅10个月左右；单位产品综合能耗大幅降低至14.5千克标准煤，比2005年下降25.7%；总成品率达85%以上；窑龄普遍达到5～8年；平均劳动生产率达到5 147重量箱/人。我国利用国产技术建成了900～1 000t/d水型浮法玻璃生产线，产品品种从普通厚度扩展到超薄（0.55～1.3mm）玻璃、超厚（15～25mm）玻璃，并开发了在线镀膜玻璃、超白玻璃、微晶玻璃、防火玻璃等众多高新品种。在平板玻璃行业取得以上成绩的同时，我们应该清醒地认识到，平板玻璃行业发展模式总体上属于粗放式发展，这一模式与中国宏观经济的增长模式相一致。长期的粗放式发展使得中国平板玻璃行业出现诸多问题，主要体现在以下几个方面：

1.产业集中度偏低

我国平板玻璃产能和产量总量位居世界第一，目前全国共有300多家平板玻璃生产企业，企业数量呈逐年递增趋势，如图2-3。

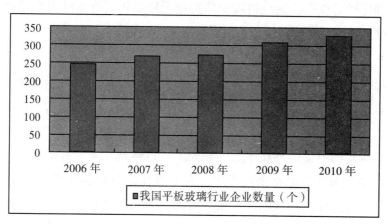

图2-3 2006—2010年我国平板玻璃行业企业数量增长趋势图

尽管该行业内企业数量众多，产业集中度却很低。在国际上排名前4位跨国玻璃集团板硝子、旭硝子、圣戈班和加迪占据了全球（不包括中国）的

65%以上的产能，掌握着全世界除中国外近80%的平板玻璃、62%的优质浮法玻璃和超过50%的深加工玻璃产量。而且这些跨国玻璃企业资金雄厚，拥有较强的自主研发能力，产品不仅品种多样而且附加值高，具有强大的市场竞争力。而我国截至2010年，大中型企业集团仅为60多家，其平板玻璃产量仅占全国总量的73%。尽管近几年中国平板玻璃企业通过兼并重组、结构调整等手段，排在行业前十位的企业集中度已由2006年的47%提高到2010年的57%，但与"十一五"玻璃工业结构调整目标中提出的至2010年实现70%集中度尚有较大差距。在行业竞争日趋激烈的情况下，我国平板玻璃产业大而不强，经营分散，这不但加剧了国内平板玻璃市场的竞争程度，也大大降低了中国平板玻璃行业在国际平板玻璃市场中的竞争力。由于集中度偏低，很多小规模的平板玻璃企业科技应用水平较低，生产装备小型化，造成我国低水平平板玻璃产品同质化问题严重。而且这些小规模企业还存在工艺水平低和设备老化等现象，有的企业甚至还在使用早已被国家淘汰的装备，这就必然导致高污染、高消耗、低产出和低效率。一些低档玻璃生产企业或为扩大销量减少库存或迫于生存压力求自保，将其产品以成本价甚至低于成本价的价格进行销售，导致平板玻璃市场产品质量良莠不齐、产品价格混乱，扰乱了市场经营秩序，造成过度竞争甚至无序竞争，可持续发展后劲严重不足，这对企业以及全行业的长远发展是极其不利的。

2. 产品结构不尽合理

目前我国浮法玻璃占总产量的比重为87%，而发达国家采用浮法工艺生产的玻璃比例已高达95%以上；我国平板玻璃深加工比率仅为36%，显著低于国际上平均水平的60%左右，与国际发达国家的80%更是相距甚远。平板玻璃的结构问题不仅体现在工艺和规模上，也体现在质量和品种上。我国平板玻璃产品与国际先进水平的差距主要表现在：微缺陷较多，如存有气泡、夹杂物等影响深加工的缺陷；产品质量的长期稳定性较差；光学变形斑马角偏低；优质浮法玻璃的数量和质量还不能完全满足深加工玻璃对所需原片的要求等。由于产权保护机制不完善和研发投入较低，平板玻璃企业的技术创新动力不足，尚未形成健全的创新体系，各企业往往更倾向于对低投入、易掌握的平板玻璃生产工艺进行抄袭和模仿，导致低水平的平板玻璃产品同构、扎堆，而高水平的平板玻璃产品生产则严重不足。目前，一方面，我国普通平板玻璃、功能单一的加工玻璃等中低端平板玻璃已可以完全满足国内市场，且普遍存在供大于求的状况，部分企业产品出厂价格甚至已经跌至成本水平以下；另一方面，由于受到技术和资金的限制，国内高档优质浮法玻璃的生产线过少，应用于高档建筑、汽车和电子信息产业的高档平板玻璃十分短缺，市场存在很大缺口，国家每年需要花费数亿美元从国外进口。平板玻璃产品的结构性短缺与结构性过剩的矛盾突出，在一定程度上制约了该行业的发展。

3. 进入壁垒过低，退出壁垒过高

我国平板玻璃的生产经过多年发展已步入了成熟期，但由于缺乏完善的准入和退出机制，导致该行业进入较易而退出较难。近年来国家针对平板玻璃行业出台了一系列政策法规，如《平板玻璃单位产品能源消耗限额》《平板玻璃准入条件》等，但总的来说平板玻璃行业的进入门槛并不高，有较强资金实力的企业或个人都可以涉足该行业。当市场景气时，不仅原有平板玻璃企业会通过大规模新建生产线的方式扩大生产能力，许多潜在进入者也被该行业表象的大幅盈利所诱惑而盲目进入。此外，有时地方政府为了实现充分就业和经济增长等目标，采用政策措施降低产业的准入门槛以吸引平板玻璃项目开工。而对于已经进入该行业的企业而言，行业缺乏完善的产业退出机制，退出壁垒较高，导致企业退出有一定的难度。平板玻璃生产需要较高的固定资产投入，建设一条普通浮法玻璃生产线投资至少要2亿元左右，且生产线要连续生产5～8年才停产检修。由于厂房设备、生产资料都是配套的，无法转为它用，而且我国要素市场不发达，无法在二手市场上出售或出售价格远低于其机会成本的部分，退出将意味着巨额损失。此外，如果平板玻璃企业退出市场，将不可避免地对地方政府的利益产生影响。因此，地方政府为了保护和发展地方经济，往往会对这些企业给予财政、税收、信贷等多方面的优惠政策。在此环境下，不仅大中型平板玻璃企业得以继续发展壮大，而且那些本应面临淘汰退出的企业也可以继续存活。弱势企业没有被及时淘汰出局，而是继续投入大量的资金和原料加入生产大军，这必然导致社会资源的极大浪费。进入壁垒过低和退出壁垒过高从根本上扭曲了中国平板玻璃市场的竞争机制，优胜劣汰的作用没有发挥，市场供过于求的局面没有得到有效缓解。

4.能源资源消耗偏高，环境污染严重

近年来，我国平板玻璃生产采取了若干节能环保措施降低能耗，并取得了一定的成效，但总的来说，各项节能减排技术还有待提升。在能源消耗方面，"十一五"期间，平板玻璃的节能减排工作使得 2010 年每千克平板玻璃融化热耗为 6 520 千焦耳，比 2005 年的 8 160 千焦耳年均减少 4.9%，二氧化硫排放量年均降低 4%。但总的来说其能源消耗仍然偏高，比国外平均水平高出 20%，比国际先进水平高出 32%。在资源综合利用方面，作为生产平板玻璃重要原材料的硅质原料，其选矿回收率仅为 65% ～ 80%。硅质原料一般占平板玻璃原材料的 70% 左右，按目前平板玻璃产量计算，每年消耗硅质原料约 2 500 万吨，无效排放高达 700 万吨左右。如此大量的硅质原料缺乏有效利用，不仅造成资源浪费，成本上升，而且对环境造成严重污染。在污染物排放方面，目前大多数平板玻璃厂家以重油或煤焦油为燃料，而且当前只有少数企业安装了脱硫除尘设施，绝大部分企业未对大气污染物排放进行有效的治理。未经治理排放的二氧化硫、氮氧化合物等初始排放浓度均在 2 000 毫克 / 标准立方米以上，高出标准 2.5-3 倍，导致大气污染排放问题严重。

二、平板玻璃行业产能过剩特征

1.粗放式发展

近年来，我国经济保持高速增长，然而平板玻璃行业粗放式的发展方式没有得到根本转变，即高度依赖投资、缺乏自主创新能力，投资者往往只追求眼前利益的提升，而忽视结构升级的调整，导致平板玻璃产品供给与需求结构脱节，形成了低水平产能过剩和高水平产能不足共存的格局。一方面，房地产、汽车等平板玻璃下游产业快速发展对平板玻璃需求量加大，由于资本的逐利性特点和企业追求利润最大化目标的客观存在，企业对未来市场形势的预期过度乐观，致使各企业不断进行新线开工建设，潜在进入者也积极建线想分一杯羹。据国家统计局数据显示，2003—2011 年，平板玻璃行业固定资产投资年均增长率达到了 33%，远超过同期全社会固定资产投资的年均增长率 4 个百分点。在过度投资的驱动下，生产线迅速增加，其产能也急速扩张。另一方面，我国平板玻璃行业自主创新能力不足，尽管近年来我国各

大平板玻璃生产企业加大研发投入，取得了一批重要的自主创新科技成果，但总的来说，研发投入比例较低，只占其销售收入的 2% 左右，而且由于产权保护机制不完善，各企业更乐于直接从国外引进成套先进技术或进行简单的产品模仿和抄袭。然而进口设备成本昂贵，导致应用成本上升，不利于普及推广，导致该行业内许多中小企业更倾向于低水平重复建设。如此一来便出现中低端玻璃产能扩张速度远远超过需求扩张的速度，而优质浮法玻璃及其深加工产品却供不应求，远远无法满足国内高端市场需求的现象。产品供给结构与需求结构脱节，产能结构不能满足产业升级的需求，使全行业陷入结构性产能过剩的困境。

2. 周期波动影响大

平板玻璃行业属于周期性行业，一般 3～4 年为一个周期。当国家宏观经济形势大好，固定资产投资规模持续增长时，平板玻璃行业也保持较高的整体盈利水平，一些企业受行业的高额利润所驱动积极投资建线进行扩张；当国家为了警惕经济过热和投资增长过快而采取一些调控措施时，平板玻璃各企业也极易随之出现大范围的亏损。由于平板玻璃属于特殊的高温热加工生产工艺，其生产线一经点火就必须连续生产，既不能停产也不能压产，要连续生产 5～8 年才停产检修，对产量的自我调节能力较差。当行业陷入低谷出现阶段性产能过剩时，平板玻璃无法像其他冷加工产品如水泥工业那样立即停产。除非企业的生产经营出现极度困难，一般不会提前停产进行放水冷修，因为若停产后想要再复产，复窑成本很高，一般需要 3 000 万～4 000 万元左右。因此，即使在市场不景气的情况下，很多企业往往选择通过亏本经营的方式熬过低谷以等待行业的复苏。刚性产能与周期性需求波动之间的矛盾无疑会对平板玻璃的产能埋下过剩的隐患。

3. 地方政府干预频繁

在财政分权的背景下，考核地方政府政绩的指标过于单一化，各政府往往对其所管辖区域的 GDP 增长盲目崇拜，使得地方新增的投资项目出现与国家的整体规划相背离的情况。这使得地方政府更为关注局部利益和地方利益，片面追求 GDP 的增长，与中央政府考虑的全国和全社会的总体利益无法达成统一。

一方面，地方政府为了发展当地经济积极招商引资，促使平板玻璃新线建设大批量开工。在政府干预下的投资水平并不是企业真实投资的需求。实质上，政府通过其"看得见的手"将过多的社会资源引向某一领域、某一行业或某一企业，其长期结果必然是导致该行业或领域生产能力超过社会总需求，造成产能过剩。另一方面，出于对财政、税收、就业等问题的考虑，地方政府对国家强烈要求淘汰的落后产能不果断贯彻落实，并没有积极关停平板玻璃落后产能企业。许多小企业按照国务院相关规定属于应该淘汰之列，但却有可能是地方县市的支柱企业，若关掉这些企业，对地方政府来说损失重大。因此地方政府缺乏主动淘汰落后产能的积极性。此外，由于我国土地所有权的模糊产权问题、金融体系的预算软约束和环境保护机制存在严重弊端，使得政府能够为企业提供低价土地，帮助企业融资，减免企业税收，甚至纵容企业污染环境的行为。这些都大大降低了企业的投资成本和生产运作成本。有利可图的企业或是为了实现规模经济，或是为了追求利润最大化的目标，不但不会因为出现产能过剩而退出，反而会进一步激发扩张产能的冲动，导致企业行为的非理性，使得重复建设和产能过剩的问题愈演愈烈。地方政府的缺位与越位行为，对平板玻璃产能过剩的问题推波助澜。

4. 信息不对称

及时有效的信息是企业投资经营决策的重要参考，对规避企业盲目投资起到了一定的积极作用。当前我国缺乏信息动态发布制度，政府、行业协会和相关网站等未能做到及时准确地向企业等市场当事人提供市场信息、技术信息以及国内外最新资讯等。信息不对称导致企业无法对未来市场的发展趋势予以准确把握和掌控，很大程度上增加其判断失误的可能，导致企业盲目投资现象突出，加大了其产能过剩风险。全国31个省（不含港澳台地区）中有27个省拥有平板玻璃生产线，在信息不对称的情况下，可能从单个企业或单个地区角度来看其新线建设以及扩大产能的行为符合市场需求，是理性的；但是由于多方介入，则造成全国范围内产能的过度增长，导致供求倒挂、产能失衡。

由此可见，我国平板玻璃产能过剩并不是整个行业和所有产品都出现过剩，而是由于结构性矛盾、体制性矛盾以及周期性矛盾等方面造成的中低端产品的产能过剩。

三、平板玻璃行业产能过剩深度解析

我国是世界上最大的平板玻璃生产国，产量占世界的 50% 以上。近年来，随着房地产业和汽车制造业的发展，以及太阳能和电子产业等新兴产业的崛起，对平板玻璃行业的发展提供了强劲的动力。在巨大的市场需求刺激下，我国平板玻璃产量逐年上升，产能更是扶摇直上，且生产能力的扩张速度远远超过需求的扩张速度。如图 2-4，2006 年，我国平板玻璃产量为 4.4 亿重量箱，产能为 4.82 亿重量箱。之后各年产量和产能逐年增长，至 2011 年，产量增至 7.38 亿重量箱，年均增长 10% 以上，产能增至 10.55 亿重量箱，超过产量 3.17 亿重量箱，产能利用率仅为 70% 左右。欧美等西方发达国家一般将产能利用率作为产能是否过剩的评价指标。产能利用率的正常值范围应在 79% ～ 83% 之间，在此区间内，则表明行业处于良好的运营状态；若该数值超过 90% 则可以认为产能不足，存在超设备能力发挥的现象；若产能利用率低于 79%，则说明可能存在产能过剩的现象。2011 年，我国平板玻璃的产能利用率仅为 70% 左右，明显低于 79% ～ 83% 的正常值范围，可以认为其存在产能过剩的现象。

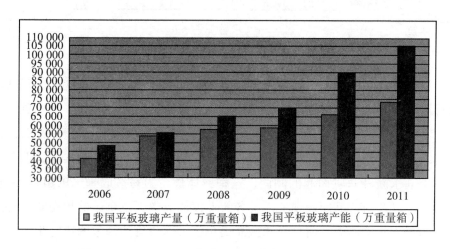

图 2-4　2006—2011 年我国平板玻璃产量与产能变化图

平板玻璃行业同时存在比较突出的潜在产能过剩，即其产能扩张仍在继续进行。我国平板玻璃新线建设十分密集，由图 2-5 可以看出，从 2001 年至

今，平均每年有近 20 条新线开工。近两年来的新线建设更是增长迅猛，2010年，新增平板玻璃生产线 34 条，新增平板玻璃产能 1.3 亿重量箱，增加的生产线数量为历年之最；2011 年，平板玻璃新线开工势头并未缓和，全年新增31 条生产线，新增产能 1.65 亿重量箱。若这些新线全部建成投产，将进一步加剧产能过剩。

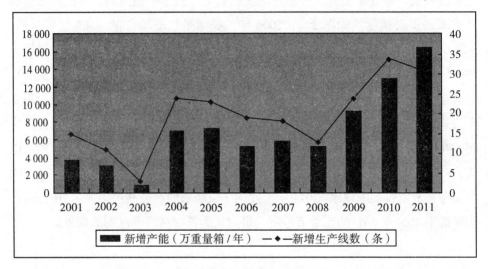

图 2-5　2001—2011 年我国平板玻璃新增产能及新增生产线数统计

尽管近几年来的新线建设中大部分是在 2009 年 9 月 30 日《关于抑制部分行业产能过剩和重复建设引导产业健康发展若干意见的通知》后，打着建设"超薄玻璃""超白玻璃"和"太阳能玻璃"等高新技术的旗号获得的批文，带有结构性调整和产业升级的因素，单线日熔化量有了明显的提高，但存在盲目求高求新和一哄而起的倾向，这种群体性行为易造成未来的市场拥挤、行业不济以及与产品同构现象。若各企业没能有效形成自己的核心竞争力和相应的科研开发能力，而是一味地靠简单引进西方发达国家的成套生产技术和生产线，或是对别人的技术进行简单克隆而不进行二次创新，则极易陷入"引进—落后—再引进—再落后"的恶性循环。此外，由于某些地区对于玻璃生产线建设审核不严，致使某些企业打着建设高新技术的申报旗号却依然建设普通平板玻璃生产线，进一步恶化低端平板玻璃产能过剩的问题。

我国平板玻璃总体上还处于粗放式发展阶段，尽管产品的数量增长迅速，但是产品的品质与品种的提升却未与之协调发展，投入产出失衡。在我国出现平板玻璃产能过剩的同时，其每年的进口额不降反升。根据国家海关发布的数据显示 2007—2011 年，平板玻璃及其深加工产品的进口金额逐年上升，如图 2-6 所示。进口的各类平板玻璃产品主要是我国不能生产或达不到客户质量和品种要求的产品，如建筑工程所需的超白玻璃、加工玻璃业所需的某些优质玻璃原片以及电子产品使用的超薄玻璃等。

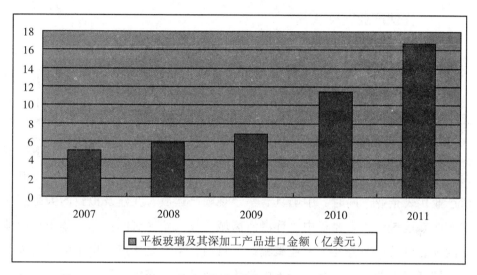

图 2-6　2007—2011 年我国平板玻璃及其深加工产品进口金额统计

应该清楚地认识到，一方面我国中低端平板玻璃已经严重供过于求，随着市场竞争加剧和能源等原材料价格的上涨，属一般竞争领域的普通浮法玻璃已几乎无利润可言，甚至有部分生产线被迫停产；而另一方面由于我国平板玻璃行业尚未自主掌握高端技术，上游材料、零部件和生产装备不能完全由国内自给自足，配套产业的不足和高端人才的匮乏，使得每年不得不大量从国外进口优质平板玻璃及其深加工产品。这些高附加值、高技术含量的平板玻璃产品不但没有出现过剩，而且供不应求，市场存在很大缺口。从总量上看，平板玻璃的产能过剩，不仅反映了表面的产能盲目扩张使其远高于产量，产能利用率低，同时也存在十分突出的潜在产能过剩，即其产能扩张仍在继续发展。从结构上看，平板玻璃的产能过剩，不仅仅反映出该行业中供求总量不协调的矛盾，而且突出地反映在该行业内部结构性不协调矛盾，造成结构性过剩与结构性短缺并存。

第三节 光伏产业

一、光伏产业发展状况

2008 年，我国太阳能多晶硅产量为 4 500 吨左右，电池片产量为 2 000 兆瓦左右，光伏组件产量为 2 000 兆瓦左右，占全球产量的 1/3，超过了之前一直居全球市场份额首位的日本，成为全球第一大生产国。2009 年，中国太阳能电池产量达到 4.3GW，占全球份额已达到 40%。

目前，中国已经成为世界上产量最大的太阳能产品生产国之一，生产规模迅速扩大，涌现出无锡尚德、天威保变 / 江苏中能、江西赛维等太阳能光伏产业代表企业。同时，中国具有一定规模已建成、在建及拟建的太阳能光伏产业基地 5 个，主要集中于环渤海区域、长三角区域的江苏、华中华南地区的湖北以及广东等几个产业聚集区。目前，主要光伏产业聚集区已形成明显区域特点，四川、河北、江苏的光伏产业链最为完整。其中，四川地区是国内光伏产业链完整的产业聚集区，江苏与河北以下游组件为主，江西、深圳等以下游组件企业为主，河南、内蒙古、宁夏等地则以上游多晶硅原料为主。

东中部地区以下游组件为主，四川则成为国内产业相对较完整的光伏产业聚集地，西北地区以上游多晶硅原料为主是全国光伏产业地区分布的基本格局。

1. 高纯度硅料生产

硅提纯形成的产业处于太阳能光伏产业最上游，对资金、技术、环保要求高、能耗高。由于资金和技术问题，我国太阳能电池原料生产大多数从国外进口。2004 年我国多晶硅有 99% 靠进口，随着我国经济实力的提高，技术有所突破，现在我国的多晶硅50%以上可以不用靠进口，但还有一半需要国外进口，总体来说我国硅提纯技术还要进一步研发。海关数据显示，2011年上半年累计进口多晶硅达到30 389吨，累计出口多晶硅680吨。从进出口状况看，中国多晶硅仍然无法满足自身需求。

在过去几年，国内多晶硅产量和产能都处于快速扩张之中。2007年，国内投产的项目有洛阳中硅、新光硅业、江苏中能、东汽峨嵋，这4家当年产量1 130吨。2008年新投产项目有10家，2009年1月投产2家，在建的还有30家左右，总产能超过8万吨，这些项目绝大多数用的是西门子改良法生产工艺。2008年以前由于晶体硅产业的产量有限，硅锭、硅片的生产对原材料依存度高，受到一定阻碍，硅原料供应量少使硅片行业产生高额利润。2008年之后，由于多晶硅的大量生产，使得硅锭、硅片的生产的原料供应不再是问题，由此出现了大量硅锭生产企业。此环节的产量变化，直接影响下一环节的生产成本，对产业发展意义重大。

2. 太阳能电池

2002年以来，我国的光伏电池生产能力、组件封装、制造能力迅速提升，实现了跨越式的发展，迅速向世界光伏制造大国迈进，尤其是光伏电池的产能扩展迅速。2007年，我国成为世界最大太阳能电池制造国。2009年世界光伏电池总产量为9 340MW，同比增长36.35%；中国光伏电池产量为4 382MW，同比增长66.24%，占全球产量的46.92%，但以上产品出口国外。2010年，我国太阳能电池产量已达8GW，占世界产量的50%。虽然此环节对技术要求比较高，但是经过努力我国在这方面的技术已经与国外水平相当，存在的问题是，技术一般是借鉴、吸收，缺乏自主创新研发能力，没有完全掌握核心技术。出于多方考虑，比如风险利润，我国太阳能电池制造的企业比较多，但是良莠不齐。

3. 光伏系统应用环节

光伏系统应用综合要求比较高，光伏系统主要在边远地区、农村地区应用。2007年，我国光伏应用系统利用在农村电气化所占份额为42%，通信和工业应用上占30%，光伏产品（路灯、交通信号灯、LED照明灯具等）占22%，而光伏并网系统只占6%。世界其他国家光伏系统主要以光伏并网系统为主，而我国主要以独立系统为主，光伏并网发电还处于初期，从而制约了我国光伏产业发展。

依据上述对产业链的分类，在上游硅料、中游组件和下游电站所构成的光伏产业链中，中国光伏产业呈现出两头小、中间大的畸形发展态势。国内光伏企业大多集中在多晶硅片、电池组件等产品的生产和销售上，各家产品大多同质化，生产门槛不高、产能急速扩张，而依靠规模建立的成本优势并不高。由于缺乏核心技术，中国光伏电池生产规模虽已居世界第三，却仍走不出"两头在外"挣小钱的老模式，并引发了环境污染等一系列难题。

2005 年中国光伏组件产业出现爆发性增长，至今该产业一直处于畸形发展状态。一方面，光伏产业市场与原料"两头在外"——产品的 70% 销往欧洲，同时从欧洲大量进口硅原料。在产业链中游环节，太阳能电池组件的制造封装属于劳动密集型产业，对技术资金的要求不高，由于其发展门槛低，我国有上百家企业从事该行业，2008 年太阳能电池的组装产量为 40MW，到 2011 年增加到 21GW，产量增速很快，但是产品的附加值不高。由于其下游产业的市场化程度比较低，电池组件大多数出口，很容易出现组件产能过剩问题，企业竞争力很小。另一方面，大量涌现的光伏组件制造商并未推动本国光伏发电项目发展。受制于电网并网问题及产业政策，国内光伏发电一直未取得与组件产业相称的发展速度。我国太阳能光伏产业是"两头在外"中间在内的发展模式，高技术高利润的产业都在国外，存在原料、产品发展隐患。中国光伏行业的发展主要以消耗中国的能源为基础，这种模式难以维系。

二、光伏产业近年的产能过剩特征

1.产品同质竞争激烈

同质竞争加剧了产品价格下滑，产品附加值进一步降低，企业普遍处于较低利润的生存水平。我国太阳能光伏产业是"两头在外"中间在内的发展模式，高技术高利润的产业都在国外，存在原料、发展隐患。

2.高度依赖国外市场，内需不足

我国太阳能光伏下游产业市场化程度比较低，电池组件大多数依赖国外市场。据欧盟计算，2011 年，中国向欧盟出口总价值 210 亿欧元的太阳能面板和相关部件，出口量占中国光伏制造业总产量的 70%。产品高度依赖国外市场，产品很容易受外界冲击而出现产能过剩现象，不利于企业提高竞争力。

3. 核心技术欠缺，生产成本较高

近 10 年间，中国光伏产业产能已经超过全世界装机容量近一倍，但核心技术却依然捉襟见肘。以多晶硅企业为例，目前国内绝大部分多晶硅企业生产成本在 33～40 美元/千克，约比国外高 10 美元/千克。而多晶硅进口价格快速下滑，国际多晶硅产品将进一步通过低价策略，融入中国市场。成本如此之高，利润何来？目前，绝大多数中国光伏企业的生产业务都集中在技术含量低、生产工艺简单、劳动密集型、污染和耗电严重的硅片生产、电池片生产、组件组装等低附加值环节。在多晶硅提纯环节，中国企业采取的依然是"非闭环改良西门子法"，而德国、美国、日本等国已经开始采用技术更高、污染较小的"闭环改良西门子法"。但由于"三头（设备、原材料、市场）在外"的不利处境，许多企业宁愿把资金用来扩充产能获取短期的高额利润，却不愿用来更新设备或研发新的生产技术而获取长远的多方面利益。

4. 光伏市场信号扭曲

太阳能光伏作为国家战略型新兴产业，需要一定的产业政策引导和扶持，以适应全球新的能源竞争。也可以说，各国的光伏产业的发展壮大都离不开政府。我国光伏产业的发展在很大程度上盲目地由政府推动，企业变相获得土地、资本等方面的扶持，造成市场价格信号扭曲，不利于光伏产业的进一步发展。在全国有 31 个省市自治区把光伏产业列为优先扶持发展的新兴产业。在 600 个城市中，有 300 多个发展太阳能光伏产业，有 100 多个建立了太阳能光伏产业基地，而身处其中的光伏企业则数不胜数。如此之多的光伏产业基地，不断推进光伏业产能疯狂扩张，以至于 2011 年中国光伏的产能达到了 40GW，而全世界的装机容量才 28GW。

三、光伏产业近年的产业政策

"十一五"以来，我国光伏产业迅猛发展，国家连续出台各类产业政策。主要有产业规划政策、产业扶持政策、产业标准政策以及产业法规政策四大类。具体政策如表 2-3 所示。

表 2-3　我国太阳能光伏产业相关政策

类别	名称	发文单位	年份
规划类	《国家中长期科学和技术发展规划纲要（2006—2020）》	国务院	2006
	《关于加快培育和发展战略性新兴产业的决定》	国务院	2010
	《可再生能源中长期发展规划》	国家发改委	2007
	《可再生能源发展"十二五"规划》	国家发改委	2012
	《关于促进战略性新兴产业国际化发展的指导意见》	商务部	2011
	《可再生能源产业发展指导目录》	国家能源局	2005
	《国家能源科技"十二五"规划》	工信部	2011
	《产业关键共性技术发展指南（2011）》	财政部	2011
	《太阳能光伏产业"十二五"发展规划》	财政部	2012
	《太阳能发电发展"十二五"规划》	国家能源局	2012
	《"十二五"国家战略性新兴产业发展规划》	国务院	2012
	《关于加快推进太阳能光电建筑应用的实施意见》	财政部、住建部	2011
扶持类	《可再生能源发电价格和费用分摊管理试行办法》	国家发改委	2006
	《可再生能源发展基金征收使用管理暂行办法》	财政部	2011
	《金太阳示范工程财政补贴资助资金管理暂行办法》	财政部、科技部、能源局	2009
	《关于实施金太阳示范工程的通知》	财政部	2009
	《产业结构调整指导目录（2011）》	国家发改委	2011
	《关于完善太阳能光伏发电上网电价政策的通知》	国家发改委	2011
	《关于加强太阳能光电建筑应用示范后续工作管理的通知》	财政部	2011
	《关于组织2012年度可再生能源建筑应用相关示范工作的通知》	财政部	2011

续　表

类　别	名　称	发文单位	年　份
扶持类	《关于做好 2012 年金太阳示范工作的通知》	财政部	2012
	《关于申报分布式光伏发电规模化应用示范区的通知》	国家能源局	2012
	《关于组织实施 2012 年度太阳能光电建筑应用示范的通知》	财政部	2011
	《关于做好分布式光伏发电并网服务工作的意见（暂行）》	国家电网公司	2012
	《可再生能源发电有关管理规定》	国家发改委	2006
标准类	《多晶硅行业准入条件》	工信部、发改委、环保部	2011
	《400 伏以下并网光伏专用逆变器技术条件和试验方法》	北京鉴衡	2009
		认证中心	
	《外商投资产业指导目录（2011 年修订）》	国家发改委、工信部	2011
	《多晶硅太阳能组件生产标准》	海关总署、国家发改委	2011
	《光伏并网发电关键技术标准研制》	国家质检总局	2011
法规类	《可再生能源法》	全国人大常委会	2005
	《节约能源法》	全国人大常委会	2007
	《中华人民共和国可再生能源法修正案》	全国人大常委会	2009

1. 产业规划政策

产业规划政策对于光伏发电产业整体具有全局性、战略性和方向性引导作用，是光伏产业发展的重要指引和目标。这些规划对于促进太阳能光伏发电产业的快速发展有很大的方向性作用，是太阳能光伏产业开发利用和引导光伏产业发展的主要依据，基本决定了我国未来一定时期光伏市场规模。

近年来，国家陆续出台《可再生能源中长期发展规划》《可再生能源发展

"十一五"规划》《国民经济和社会发展"十二五"规划纲要》《太阳能光伏产业"十二五"发展规划》《太阳能发电发展"十二五"规划》《"十二五"国家战略性新兴产业发展规划》及《国家能源科技"十二五"规划》等。

2006年2月，国务院发布的《国家中长期科学和技术发展规划纲要（2006—2020）》将太阳能发电确定为我国科学和技术发展的优先主题。

2007年，国家发改委发布的《可再生能源中长期发展规划》确定了太阳能发电中长期目标：到2010年，我国可再生能源年利用量将达到2.7亿吨标准煤，其中太阳能发电将达到30万千瓦；到2020年，我国一次性能源消费结构中可再生能源比例将由2007年的7%提升到16%，太阳能发电达到180万千瓦。

2008年3月，国家颁布《可再生能源发展"十一五"规划》。规划明确指出，风能和太阳能是未来10年发展的重点领域。2006—2010年，预计太阳能光伏装机容量的年均增长率将达到80.86%；到2020年，我国光伏装机容量将达到180万千瓦时，年发电量达21.6亿千瓦时。

《新能源产业振兴规划》明确规定，到2020年，我国光伏发电累计装机容量目标为20千兆瓦，是原规划的12.5倍。《太阳能光伏产业"十二五"发展规划》提出，2015年实现装机200万千瓦、2020年实现装机2 000万千瓦的发展目标。

2012年底以来，我国不断上调光伏发电装机目标。国家能源局《太阳能发电发展"十二五"规划》提出，到2015年底，我国太阳能发电装机容量达到2 100万千瓦以上（这意味着未来3年我国光伏发电装机容量有望扩大6倍以上），2020年达到5 000万千瓦。

2. 产业扶持政策

2006年1月，《可再生能源发电价格和费用分摊管理试行办法》公布。提出可再生能源发电价格实行政府定价和政府指导价两种价格。其中，太阳能发电项目实行政府定价，价格主管部门制定标杆电价，电价标准由各省2005年脱硫燃煤机组标杆上网电价加补贴电价组成（补贴电价标准为每千瓦时0.25元）。

2006年5月，《可再生能源发展专项资金管理暂行办法》（财政部）规定，重点扶持太阳能等在建筑物中的推广应用，将以无偿资助和贷款贴息两种方式提供可再生能源发展专项资金。

2009年3月，为了实施我国"太阳能屋顶计划"，财政部、住建部推出《关于加快推进太阳能光电建筑应用的实施意见》指出，加快光电在城乡建设领域的推广应用，从而激活市场供求，启动国内应用市场，积极推进太阳能屋顶、光伏幕墙等光电建筑一体化示范，支持在农村与偏远地区发展离网式发电。

2009年3月，财政部出台《太阳能光电建筑应用财政补助资金管理暂行办法》。"太阳能屋顶计划"采用美国模式。补助标准原则定为20元/瓦，补助后发电成本约为1元/度，增强了光电竞争力，有利于更好地开拓国内市场。

2009年7月，财政部、科技部、国家能源局联合印发《关于实施金太阳示范工程的通知》，决定采取财政补助、科技支持和市场拉动综合方式，进一步加快太阳能光伏产业化和规模化发展，计划在2～3年内，安排294个示范项目，总投资近200亿元，发电装机总规模为642兆瓦，年发电量约10亿千瓦时，采取财政补助方式支持不低于500兆瓦的光伏发电示范项目总投资额50%～70%的补贴。金太阳示范工程是财政部继光伏建筑补贴政策推出之后的最大举措，同光伏建筑补贴政策互为补充，共同涵盖了光伏产业下游的主要应用领域，以用户侧并网光伏发电项目、无电地区光伏发电项目和大型并网光伏发电项目三项为主要补贴范围。

2011年7月24日，为规范太阳能光伏发电价格管理，国家发改委推出《关于完善太阳能光伏发电上网电价政策的通知》，对全国非招标太阳能光伏发电项目实行统一的标杆上网电价。通知要求，以2011年7月1日为核准建设、2011年12月31日为建成投产的时间分界线，除西藏外，上网含税电价统一核定为每千瓦时15元与每千瓦时1元。

2012年3月14日，为了规范可再生能源电价附加的资金管理，财政部、国家发改委、国家能源局出台《可再生能源电价附加补助资金管理暂行办法》。《暂行办法》规定可再生能源发电项目上网电量的补助标准，并且按上网电量专门针对可再生能源发电项目接入电网系统而发生的工程投资和运行维护费用给予适当补助。对于由国家投资或补贴建设的公共可再生能源独立电力系统销售电价，其合理运管费用超出销售电价部分，补助标准暂定为每千瓦每年 0.4 万元，执行同一地区分类销售电价。

2012 年 9 月和 10 月，扶持分布式光伏发电产业的两个重要文件《关于申报分布式光伏发电规模化应用示范区的通知》《关于做好分布式光伏发电并网服务工作的意见（暂行）》相继推出，让分布式光伏发电产业成为令人瞩目的新星。

为落实可再生能源发展"十二五"规划，促进太阳能发电产业可持续发展，中国国家能源局发布《关于申报分布式光伏发电规模化应用示范区的通知》，以此展开对分布式光伏发电应用示范区建设。通知提出，示范区的分布式发电项目应具备长期稳定的用电负荷需求和安装条件，所发电量主要满足自发自用。优先选择电力用户电价高、自用电量大的区域及工商企业，集中开展应用示范，选择具备规模化利用条件的城镇居民小区或乡镇（村）开展集中应用试点。在补贴方面，国家对示范区光伏发电项目实行单位电量定额补贴政策，对自发自用电量和多余上网电量实行统一补贴标准。项目的总发电量、上网电量由电网企业计量和代发补贴。通知要求，电网企业配合落实示范区分布式光伏发电项目接入方案并提供相关服务，规范并简化分布式光伏发电接入电网标准和管理程序，推进分布式光伏发电的规模化应用。

为了落实国家能源局《关于申报分布式光伏发电规模化应用示范区的通知》，应对我国光伏产品遭遇欧美双反调查的严峻挑战，国家电网公司出台了《关于做好分布式光伏发电并网服务工作的意见（暂行）》。《意见》明确，对单个并网点总装机容量不超过 6 兆瓦，且 10 千伏及以下电压等级接入电网的发电项目，国家电网免收服务费、系统备用费，并承担分布式光伏接入引起的公共电网改造，接入公共电网的接网工程全部由电网企业投资。根据测算，单个并网点总装机容量不超过 6 兆瓦的范围能涵盖所有屋顶和光电建筑一体化项目。分布式光伏发电项目免收系统备用费。

3. 产业标准政策

1987 年，全国太阳光伏能源系统标准化技术委员会成立，制定了部分太阳光伏能源系统领域的基础类标准，并且对部分国际通用的 IEC（国际电工委员会）光伏标准进行了转化，替代了原有的部分标准。目前，主要由国家标准化管理委员会牵头制定光伏标准。

"十一五"以来，为了推动光伏产业健康发展，优化产业结构，国家出台《可再生能源发电有关管理规定》《多晶硅行业准入条件》等一系列光伏产业标准政策，对于规范光伏产业健康发展意义重大。

2006年2月6日，国家发改委公布《可再生能源发电有关管理规定》，明确了可再生能源发电项目的审批和管理方式，给企业进入可再生能源发电产业提供了指导方向和实施标准，以鼓励国内各类经济主体参与可再生能源开发利用。

2009年8月，按照国家认监委《认证技术规范管理办法》和《认证技术规范管理办法实施细则》要求，中国电力科学研究院等单位共同起草了认证技术规范，即CGC/GF001：2009《400伏以下并网光伏专用逆变器技术条件和试验方法》，为我国并网光伏逆变器的健康发展提供了科学、合理的技术依据。

2011年1月，为促进多晶硅行业节能降耗、淘汰落后和结构调整，引导行业健康发展，工业和信息化部、国家发展改革委、环境保护部会同有关部门制定了《多晶硅行业准入条件》。准入条件本着坚决抑制行业重复建设和产能过剩目的，按照优化布局、调整结构、节约能源、降低消耗、保护环境、安全生产的原则，制定了多晶硅行业准入条件。该条件规定，太阳能级多晶硅项目每期规模大于3 000吨/年，半导体级多晶硅项目规模大于1 000吨/年。严格控制在能源短缺、电价较高的地区新建多晶硅项目，对缺乏综合配套、安全卫生和环保不达标的多晶硅项目不予核准或备案。

2011年底，以我国知名光伏企业英利集团生产工艺为基础的多晶硅太阳能光伏组件加工贸易单耗标准通过国家海关总署审定。我国多晶硅太阳能光伏组件生产诞生第一个国家标准。

2011年，为了提高光伏发电整体水平，保障电网运行安全，公益性行业专项科研项目《光伏并网发电关键技术标准研制》由国家质检总局发布，这是我国关于光伏并网发电的最新标准，包括14项光伏并网发电国家标准、10项光伏并网发电行业标准。光伏并网发电新标准的出台，使光伏发电产业链各个环节有了规范性、约束性标准，将达不到标准的企业排除在外。

2012年，国家标准化委、工信部、能源局共同组建光伏发电及产业化标准推进组，负责光伏并网发电标准化日常管理工作，中国电科院、国网电科院等单位参与体系及相关标准制定工作，旨在通过研究国内外光伏并网发电标准体系，构建适合我国的光伏并网发电标准体系。

4. 产业法规政策

为了进一步促进太阳能光伏产业持续健康发展，"十一五"以来，我国出台了《中华人民共和国可再生能源法》等法规，从国家层面明确了光伏发电产业的重要地位，产业法规政策对于产业的发展起到保障的重要作用。

2005年2月28日，全国人大常委会通过《中华人民共和国可再生能源法》，确立了可再生能源总量目标制度、并网发电审批和全额收购制度、上网电价与费用分摊制度、专项资金和税收、信贷鼓励措施。这是一部关系国家能源和环境安全，关系国家可持续发展的重要法律。《可再生能源法》及有关政策共同构成促进可再生能源发展的电价政策框架，确立了可再生能源电价政策方向。《可再生能源法》及其配套规章实施以来，光伏发电等可再生能源发电建设步伐逐年加快、发展环境明显改善，可再生能源发电装机容量和发电量快速增长，电网企业在可再生能源发电接入工程建设、上网服务、并网安全运行保障、电量优先调度、电费全额结算等工作方面有较大提高，进一步促进可再生能源产业的发展。

2009年12月26日，全国人大常委会通过《中华人民共和国可再生能源法修正案》，界定可再生能源范围，具体规定资源调查发展规划、产业指导、技术支持、价格管理、费用补偿、经济激励、监督措施及法律责任。

为了解决我国能源消费增长快、能耗高、能效较低问题，有效缓解节能工作的严峻形势，2007年10月，《节约能源法修订草案》出台，明确规定："国家实行节约资源的基本国策，实施节约与开发并举、把节约放在首位的能源发展战略。"新的节约能源法有助于解决我国经济发展与能源资源及环境之间日益尖锐的矛盾，进一步促进了光伏产业的长远发展，为我国科学发展再添法律利器。

5. 地方层面光伏产业政策

除了国家层面的光伏发电政策体系之外，一些地方政府也颁发了相关政策规划。主要有《北京市加快太阳能开发利用促进产业发展指导意见》《江西省光伏产业发展规划》《江苏省光伏发电推进意见》《上海推进新能源高新技术产业化行动方案（2009—2012 年）》《江西省光伏产业发展规划》《江苏省新能源产业调整和振兴规划纲要》《内蒙古光伏产业发展纲要》以及宁夏《自治区人民政府关于加快发展新能源产业的若干意见》《山东省关于加快新能源产业发展的指导意见》等。

四、光伏产业产能过剩深度解析

姜江（2010）、王立国等（2011）、韩秀云（2012）等学者近年相继提出新兴产业尤其是新能源产业中的"产能过剩"问题，他们或者是仅就某个时点的数据进行论述，或者是结合单一数据来源进行分析。虽然大家都承认以太阳能光伏产业为代表的部分新兴产业存在产能过剩，但是无法准确回答究竟这种过剩从何而来，产能过剩的程度是否严重，产能过剩在行业中的分布情况等问题。考虑太阳能光伏产业的新兴产业特性，虽然国家统计局公布了《战略性新兴产业分类（2012）（试行）》标准，但现行的官方统计数据与此标准不尽相符，因此单纯依靠官方发布的统计数据无法准确把握太阳能光伏产业链产能利用的实际情况。本书主要采用中国光伏产业联盟（CPIA）发布的《中国光伏产业年度报告（2012—2013）》以及国际半导体设备与材料协会中国分会（SEMI China）发布的《全球光伏制造数据库》所提供的 2004—2013 年数据，从产业链视角剖析太阳能光伏产业产能利用基本状况。

1. 多晶硅制造环节产能利用状况

多晶硅的制造是太阳能光伏产业链的首要环节，近年来我国多晶硅的产能、产量及产能利用率如图 2-7 所示。从产能与产量数据变化不难看出，2008 年以来的多晶硅的产能和产量齐增，其产量的快速增长势头于 2011 年达到峰值并在 2012 年开始呈现下降趋势，但由于滞后效应的存在，导致多晶硅的产能 2012 年仍有缓慢增长。图中显示的多晶硅制造产能利用率除了早期接近 70%，之后一直低于或接近 50%（2013 年的预测数值接近 60%）。值得注意的是，工业与信息化部发布的《2013 年上半年我国光伏产业运行情况》报告显示：2013 年上半年我国在产多晶硅产能约 9 万吨，产量 3.1 万吨，有近

80%多晶硅企业停产；但据工信部《2014年上半年光伏产业运行情况》和中国光伏行业协会秘书长王勃华等业内专家判断，2014年，我国多晶硅产能在15万吨左右，而产量则达到了13万吨，产能利用率攀升到了85%以上。从这些数据的变化中可以看出：2013年上半年之前的几年，太阳能光伏产业主要原材料多晶硅的制造产能利用情况不容乐观，但从2013年下半年开始这种状况便有了明显改善。

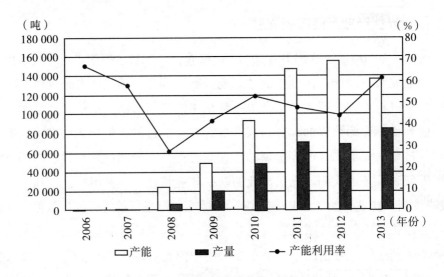

图2-7　中国多晶硅产能利用现状

2. 太阳能硅片制造环节产能利用状况

太阳能硅片是制造多晶硅太阳能光伏电池片的重要原料，2008—2012年我国硅片的产能与利用趋势如图2-8所示。2012年以前，我国的硅片产能利用率不断下降，据CPIA统计，2012年我国硅片产能超过40GW，产量达到28GW，产能利用率为70%左右，而NPD Solarbura的测算结果显示，2013年硅片行业的平均产能利用率只有60%左右，说明硅片的产能利用率比多晶硅虽然高出很多，但与标准值比较仍不够理想。中国光伏行业协会秘书长王勃华在《我国光伏产业2014年回顾与2015年展望》报告中指出，2014年，硅片行业整体产能利用率在72%以上，前十家企业产能利用率在85%以上。

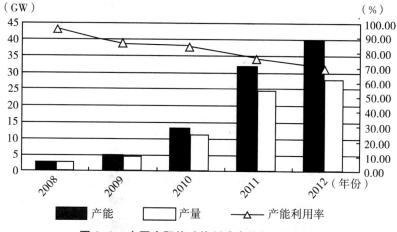

图 2-8　中国太阳能硅片制造产能与利用现状

3. 太阳能光伏组件制造产能利用状况

太阳能光伏组件（也称太阳能电池组件）是太阳能光伏发电系统中的核心部分，其作用是将太阳能转化为电能，组件的制造也是太阳能光伏产业链中最重要的部分。2006—2014 年，我国的光伏组件产能数据如图 2-9 所示。

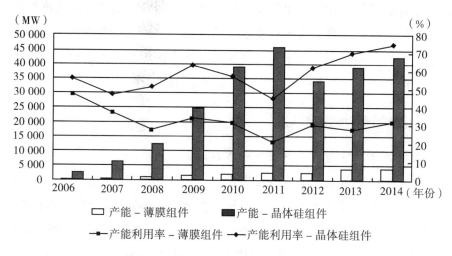

图 2-9　中国光伏组件制造产能利用现状

从图中的产能利用数据可以看出，2006 年以来，以晶体硅组件为主体的光伏组件产能持续扩张，虽然在 2012 年有所下降，但从 2013 年又继续增长。

相较多晶硅的产能利用状况，光伏组件的产能利用率更高。据王勃华判断，2014年我国太阳能光伏组件行业整体产能利用率较低，但前十家企业产能利用率近90%。

第四节　船舶制造业

　　船舶工业是关系国民经济发展和国防安全的战略性产业，也是中国对外开放起步较早、市场化程度较高、国际竞争力较强的重要工业行业。改革开放30多年来，中国船舶工业通过改革的新思路、发展的新举措、开放的新形象，得到长足发展，形成了包括开发设计、建造总装、设备配套、修理服务在内的比较完整的产业体系，船舶生产能力和产量迅速增长，造船技术水平不断提高，船舶出口在国际航运界已建立起良好的信誉，并在三大传统船型上保持了较强的国际竞争力。船舶工业已经成为中国总装工业中唯一能与发达国家竞争对手相抗衡的产业。国际金融危机爆发后，中国船舶工业发展遇到前所未有的严峻挑战，订单撤销、交船延期、船价下滑等现象逐渐在中国造船业中扩散，交船难、接单难、融资难问题日益突出，船舶企业经济效益明显滑坡。与此同时，经过多年的高速发展，中国船舶工业累积了产能结构性过剩、自主创新能力不强等诸多深层次问题亟待解决。

一、船舶制造业发展状况

1.船舶产量快速增长，产业规模不断扩大

　　近年来，中国船舶工业进入发展快车道，船舶产量连续突破几个千万载重吨新台阶。2008年，中国造船完工量首次突破2 000万载重吨，达到2 881万载重吨。2009年，中国造船完工量首次突破4 000万载重吨，达到4 243万载重吨。2010年，中国造船完工量更是突破6 000万载重吨的新台阶，达到6 560万载重吨。2011年突破7 000万载重吨，达到7 665万载重吨。2005—2012年，中国船舶工业造船完工量从1 212万载重吨增加到6 021万载重吨，增长了近4倍；新承接船舶订单量从1 669万载重吨增加到2 041万载重吨，

增长了 22.3%；年底手持船舶订单量从 3 963 万载重吨增加到 10 695 万载重吨，增长了 1.7 倍（见表 2-4）。

表 2-4　2005—2012 年中国船舶工业三大指标变化情况

	2005 年	2007 年	2009 年	2010 年	2011 年	2012 年	2011 年比 2005 年增长（%）
完工量	1 212	1 893	4 243	6 560	7 665	6 021	396.8
新订单	1 669	9 845	2 600	7 523	3 622	2 041	22.3
手持订单	3 963	15 889	18 817	19 590	14 991	10 695	169.9

按载重吨计算，2008 年，中国船舶工业的三大指标——造船完工量、新承接船舶订单量和年底手持船舶订单量占世界市场份额比重分别为 29.5%、37.7% 和 35.5%。2009 年，造船三大指标分别占世界市场份额的 34.8%、61.6% 和 35.2%，其中，全年新接订单量和年底手持订单量两项指标均已超过韩国跃居世界第一位。2010 年，三大指标分别占世界市场份额的 41.9%、48.5% 和 40.8%，三项指标均占据世界第一，而且所占份额领先世界第二造船大国韩国 10.0 个百分点、10.2 个百分点和 7.7 个百分点。2011 年，三大指标分别占世界市场份额的 41.2%、46.9% 和 44.9%，继续在世界造船三强中居领跑地位。2012 年，中国造船三大指标继续稳居世界第一。

以载重吨计算，2012 年，中国造船完工量占世界造船完工量的 40.7%，比世界排名第二的韩国高 7.9 个百分点，比世界排名第三的日本高 20.9 个百分点；新接订单量占世界 43.6%，比韩国和日本分别高 12.0 个百分点和 23.9 个百分点；年末手持订单量占世界 41.5%，比韩国和日本分别高 14.9 个百分点和 18.9 个百分点。

以修正总吨计算，2012 年，中国造船完工量占世界造船完工量的 41.6%，比世界排名第二的韩国高 11.9 个百分点，比世界排名第三的日本高 23.9 个百分点；新接订单量占世界的 38.0%，比韩国和日本分别高 5.4 个百分点和 25.3

个百分点；年末手持订单量占世界 37.6%，比韩国和日本分别高 7.8 个百分点和 21.3 个百分点（见表 2-5）。

表 2-5　2012 年世界主要造船国三大造船指标比较

国家		世界	中国	韩国	日本
造船完工量	万载重吨	14 777	6 021	4 844	2 930
	占比（%）	100	40.7	32.8	19.8
	万修正总吨	4 572	1 901	1 356	811
	占比（%）	100	41.6	29.7	17.7
新接订单量	万载重吨	4 686	2 041	1 479	921
	占比（%）	100	43.6	31.6	19.7
	万修正总吨	2 288	869	746	290
	占比（%）	100	38	32.6	12.7
手持订单量	万载重吨	25 763	10 695	6 860	5 822
	占比（%）	100	41.5	26.6	22.6
	万修正总吨	9 582	3 600	2 851	1 564
	占比（%）	100	37.6	29.8	16.3

在船舶产量快速增长支撑下，船舶工业产业规模也随之不断扩大。2005 年，中国船舶工业实现工业总产值突破 1 000 亿元，2007 年突破 2 000 亿元，2009 年突破 5 000 亿元，2010 年突破 6 000 亿元，2011 年突破 7 000 亿元。2005—2012 年，中国船舶工业实现工业总产值从 1 256 亿元增加到 7 903 亿元，增长 5.3 倍，年均增速达到 30.1%。其中，船舶制造业从 889 亿元增加到 5 951 亿元，增长 5.7 倍，年均增长 31.2%；船舶配套业从 191 亿元增加到 1 130 亿元，增长 4.9 倍，年均增长 28.9%；船舶修理及拆船业从 171 亿元增加到 498 亿元，增长 1.9 倍，年均增长 16.5%（见表 2-6）。

表 2-6　2005—2012 年中国船舶工业及其主要子行业总产值变化趋势（单位：亿元）

	2005 年	2007 年	2009 年	2010 年	2011 年	2012 年	2011 年比 2005 年增长（%）
船舶工业	1 256	2 563	5 484	6 799	7 775	7 903	529.2
船舶制造业	889	1 795	4 176	5 135	5 983	5 951	569.4
船舶配套业	191	533	620	769	909	1130	491.6
船舶修理及拆船业	171	228	677	825	811	498	191.2

2. 自主技术创新取得新进步

近年来，中国船舶工业围绕增加品种、改善质量、节能降耗、提高造船效率发展主线，坚持引进技术与自主开发相结合、以自主开发为主的技术开发路线，船舶产品的自主开发水平有了新提高。目前，中国已经建造出8530TEU 超大型集装箱船、10062TEU 超大型集装箱船、40 万吨超大型矿砂船、第六代 3 000 米深水半潜式钻井平台、14.7 万立方米 LNG 船、储油船（FPSO）、13 500 立方米挖泥船、32 万吨超大型原油船（VLCC）、38.8 万吨超大型矿砂船（VLOC）、6 200 车位汽车滚装船、84 米圆筒型可移动海洋平台、3 000 吨级小水线面综合科考船、海洋天然气水合物综合调查船、国内最大 60 米全铝合金穿梭双体船、新一代 20.6 万吨好望角型散货船等高附加值、高技术含量船舶新产品。满足涂层新标准的 5.3 万吨散货船、5.3 万吨特涂化学品船、40 万吨矿砂船、10 万吨级穿梭油船和 11 万吨级原油船完成开发设计，标志着中国在实施造船新规范、新标准上有了新进展。2010 年，沪东中华（集团）有限公司"14.7 万立方米大型液化天然气（LNG）运输船国产化"项目获得首届国家能源科技进步奖一等奖，并推出自主研发的舱容为 16 万立方米、17.5 万立方米和 22 万立方米的 3 款新型 LNG 船，使中国成为世界上少数能够自主研发、设计、建造 LNG 船的国家之一。其中，采用低速柴油机液化装置推进的 17.2 万立方米 LNG 船获得埃克森美孚 / 商船三井 LNG 项目 4 艘实船国际订单，实现了中国造 LNG 船出口零的突破。

与此同时，船用设备自主研制取得重大进展，6K80、7S80、7K90 大功率低速柴油机研制成功并已装船，新一代自主品牌 6CS21/32 船用中速柴油机研发成功，大型船用曲轴和甲板机械实现自主生产，研制出大型锚机、海洋平台吊机等一批自主品牌船用设备，高端配套产品实现突破，机舱自动化系统已实现国产化。同时，中国第一台自行设计、自主集成研制的载人潜水器"蛟龙"号在 7 000 米级海上试验取得成功，成功交付了海上作业浮式起重船、海上风机安装船、国内最大的 6 200 车位汽车滚装船（PCTC）、深水半潜式起重生活平台、第六代深水半潜式钻井平台、世界顶级深水三用工作船。中国研制的、满足《2004 年国际船舶压载水和沉积物控制和管理公约》（BMW 公约）要求的首批两型使用活性物质的船舶压载水管理系统，通过了国际海事组织（IMO）最终批准。

3. 产业国际竞争力明显提高

从国际市场占有率看，中国船舶工业三大指标——造船完工量、新订单量和手持订单量占世界船舶工业比重呈现逐步提高态势。2005—2012 年，造船完工量占世界造船完工量的比重由 17.0% 提高到 40.7%，提高 23.7 个百分点；新订单量所占比重由 23.0% 提高到 43.6%，提高 20.6 个百分点；手持订单所占比重由 18.0% 提高到 41.5%，提高 23.5 个百分点（见表 2-7）。

表 2-7　2005—2012 年我国船舶工业三大指标统计表

		中　国	世　界	中国所占份额（%）
2005 年	完工量	1 212	7 129	17
	新订单量	1 699	7 387	23
	手持订单	3 963	22 017	18
2006 年	完工量	1 452	7 440	19.5
	新订单量	4 251	14 160	30
	手持订单	6 872	30 426	22.6

续　表

		中　国	世　界	中国所占份额 （％）
2007 年	完工量	1 893	7 820	24.2
	新订单量	9 845	24 090	40.9
	手持订单	15 889	50 149	31.7
2008 年	完工量	2 881	9 771	29.5
	新订单量	5 818	15 438	37.7
	手持订单	20 460	57 710	35.5
2009 年	完工量	4 243	12 203	34.8
	新订单量	2 600	4 219	61.6
	手持订单量	18 817	48 884	38.5
2010 年	完工量	6 120	14 607	41.9
	新订单量	5 845	12 060	48.5
	手持订单	19 291.5	47 259.6	40.5
2011 年	完工量	7 665	17 002	45.1
	新订单量	3 622	6 942	52.2
	手持订单	14 991	34 610	43.3
2012 年	完工量	6 021	14 777	40.7
	新订单量	2 041	4 686	43.6
	手持订单	10 695	25 763	41.5

　　从船舶出口额看，2007 年，中国船舶出口额迈过 100 亿美元台阶，2009 年迈过 200 亿美元新台阶，2010 年迈过 400 亿美元新台阶。2005—2011 年，中国船舶工业出口额从 46.63 亿美元增加到 436.21 亿美元，增长 8.4 倍，年均增长速度高达 45.2%（见表 2-8）。2012 年 1—11 月，中国船舶出口额为

365.7 亿美元，同比下降 8.1%。

从出口地区分布看，中国船舶产品出口地区已经遍布世界 177 个国家和地区，亚洲和欧洲仍是出口的主要市场。2012 年 1—11 月，中国向亚洲出口船舶金额为 212.5 亿美元，占比 58.1%；向欧洲出口船舶的金额为 57.6 亿美元，占比 15.7%。

从贸易竞争力指数看，"十一五"时期，尽管出现了国际金融危机，但我国船舶工业的贸易竞争力指数却基本稳步上升。2005—2011 年，中国船舶工业贸易竞争力指数值由 0.81 提高到 0.91，提高了 0.1，提高幅度为 11.3%（见表 2-8）。一般认为，贸易竞争力指数值大于或等于 0.8 的产业就是具有高比较优势或强竞争力的产业。因此，从贸易竞争力指数看，我国船舶工业不仅具有较强的国际竞争力，而且竞争力还处于上升发展态势。

表 2-8   船舶工业贸易竞争力指数变化趋势

年　份	2005	2006	2007	2008	2009	2010	2011
出口（亿美元）	46.63	81.1	122.2	195.71	238.64	402.96	436.21
进口（亿美元）	4.82	5.31	9.93	12.88	24.81	16.78	20.4
竞争力指数	0.81	0.88	0.85	0.88	0.81	0.92	0.91

4. 骨干船舶企业迈上新台阶

近年来，伴随船舶工业规模的不断壮大，中国骨干船舶企业发展势头强劲，造船指标继续迈上新台阶。2005 年，中国造船完工量前 10 名企业合计产量为 895.5 万载重吨，平均每个企业的造船完工量不到 100 万吨，而到 2009 年，前 10 名企业的造船完工量增长到 2 217.6 万载重吨，平均每个企业造船完工量超过 200 万吨，比 2005 年增长了 147.6%。到 2010 年，中国造船产量突破 100 万载重吨的企业达到了 19 家，比 2009 年增加了 8 家，前 20 家企业造船完工量达 4 434 万载重吨，占全国总量的 67.6%。其中，上海外高桥造船有限公司完工突破 700 万载重吨，大连船舶重工集团完工超过 580 万载重吨，江苏新时代造船有限公司、江苏熔盛重工有限公司造船完工量超过 300 万载重吨。当年有 2 家中国船舶企业进入世界造船完工量前 5 强，7 家中国船舶企业进入世界造船完工量前 20 名。2011 年，中国造船产量突破 100 万载重吨的企业达到 22 家，比 2010 年增加了 3 家，前 10 家企业造船完工量为 3 654 万载重吨，占全国总量的 47.7%。其中，上海外高桥造船有限公司年完工量突破 800 万载重吨，大连船舶重工集团有限公司超过 600 万载重吨，江苏新时代造船有限公司、江苏熔盛重工有限公司超过 400 万载重吨。

5. 船舶配套业持续发展

在船舶制造业快速增长带动下，"十一五"期间中国船舶配套业也获得长足发展，配套能力不断增强。

2010 年，中国船舶配套业交付国内首台 7RT-Flex84T-D 智能型电控共轨柴油机，交验首台国产化 6UEC43LS Ⅱ 型船用低速机、首台满足 Tier Ⅱ 排放要求的 YB-1926S43MC 低速柴油机，交付全球首台满足 Tier Ⅱ 排放要求的 8L32/40 中速机；研制成功中国首只 6RT-flex50B 船用大型柴油机曲轴和拥有自主知识产权的国内功率最大的船用柴油机 DN8330。到"十一五"末期，中国三大主流船型本土化设备装船率接近 60%，较"十五"末期提高了 20 个百分点。

2011 年，中国船舶配套业又研制出一些重大设备及关键件装船替代进口。如大连船用柴油机有限公司交付世界首台 6S50ME-C 智能机、6RT-flex68-D 智能机和国内首台 6RT-flex58T-D 智能机；大连华锐船用曲轴有限公司成功下线国内首支最大型号 82T 型船用曲轴，为 40 万吨矿砂船主机配套；重庆跃进机械厂有限公司生产出全球首台 6RT-flex68-D 供油、共轨单元，实现了智能柴油机功能部套的系列化和型谱化；中船重工柴油机动力有限公司研制出船用中速机 6CS21/32，满足 Tier Ⅱ 排放要求，并低于限制值 15% 以上，国产化率超过 60%；辽宁五一八内燃机配件有限公司制成长 7.4 米、重 9.2 吨的国内最大全纤维船机曲轴；杭州前进齿轮箱集团股份有限公司自行研制的 GCD750 型大功率船用齿轮箱成功为"粤海铁 3 号""粤海铁 4 号"渡船配套；南京高精船用设备有限公司自主研发的 NCP120 型可调桨、NFT275 侧推、CGS 和 CKV 船用齿轮箱 4 种产品技术指标达到国际先进水平，可替代进口；武汉船用机械有限责任公司开发出 190 吨 9 米国内最大海洋平台起重机，为 91 米自升式海洋平台配套；中船华南船舶机械有限公司设计、制造的

YQHA3550 大型海洋伸缩起重机通过美国船级社检验并成功交付。

2012年，中国多家船配企业研制的海洋平台起重机、多功能管子装卸机、AR 绞车、天然气发电机组、数据采集设备、系泊链、齿轮箱、压载水处理系统、推进系统、管子及自升式平台抬升系统、钻井设备包、液压升降系统等已在多种海工产品安装使用。

二、船舶工业产能过剩特征

1. 总量过剩严重

我国船舶工业三大指标增速放缓，近五年频繁出现负增长。从我国造船完工量增长幅度从 2010 年开始直线下滑，2007—2011 年是造船完工量增速最快的时期，这五年的年均复合增长率达到 29%。2011 年之后，造船完工量出现负增长，2012—2014 年我国完工量三年复合平均增长速度为 -22%。手持订单方面，2002—2014 年年均复合增长率达到了 22%，2005—2008 年，中国手持订单数迅猛增长了 5.1 倍，年均复合增长率为 72.8%，增长速度惊人，但是从 2009 年开始出现负增长，2010—2014 年年均复合增长率为 -7.3%。新接订单量每年随机因素比较多，变化较大。整体来说，我国三大指标下滑严重，造船业整体低迷。

2. 中国造船业结构化过剩矛盾突出

近三年我国造船业各船型新接订单量与造船完工量平均数之间对比一定程度反映出造船业过剩情况，其中，三年平均造船完工量与新接订单量相对比例越大，该船型市场供需情况更不乐观，产能过剩情况更严重。表 2-9 为我国各船型完工与接单情况。

表 2-9　我国各船型完工与接单情况

指标名称	油船	散货船	全集装箱船	总计
新接订单量	151	482	89	2 180
造船完工量	228	720	79	2 730
相对比例	1.51	1.49	0.89	1.25

通过分析可以看出，中国造船业存在较为严重的结构化过剩，其中散货船与油船过剩较为严重，集装箱船供需情况较好，不存在较大的产能过剩。表中数据显示，三年平均每年完成油船订单228艘，但是仅接到订单151艘，相对比例达到1.51，过剩情况最为严重；其次是散货船，相对比例也达到了1.49。相比之下技术含量较高的集装箱船型近几年新接订单量呈现逆向增长趋势，需求形势乐观。

3. 新船价格下跌压低船企利润

新船成交价格下跌严重，不少中小船企甚至亏本接单。金融危机造成国际航运市场对船舶需求的下降。2008年以来，全球造船业新船成交价格持续下滑，下滑幅度远远超出人们预料。目前，船价比高峰期已经跌去50%。2008—2012年，全球船舶订单量从5 438万载重吨下降到548万载重吨，下降幅度达到71.6%。世界船舶市场需求严重失衡，供需关系的严重不平衡造成船企之间明争暗斗，新船成交价格不断降低，造船企业利润不断减少，一些中小船企甚至亏本接单。

2008年以来，金融危机导致全球新造船市场船价持续走低。克拉克松统计数据显示：2009年，新船价格指数下降至137.7点，价格下跌了约22%，达到13年来的最低点。一些集装箱船价格下跌幅度达到41%。2013年克拉克松新造船价格指数为126点，比2009年下跌9%，价格基本稳定于历史低位。

例如克拉克松船价指数，2013年1～5月持续稳定在126点，6月上升1点，为2011年8月持续下滑以来首次上升，7月份为128点。从主要船型船价分析，大部分船舶船价略有上涨，但涨幅大多仅为1%-3%，未能随成交量放大而上扬，支付条件也未能改善，多数船厂依然亏损接单。

三、船舶工业产能过剩深度解析

1. 资金压力逐渐加大，融资难问题日益突出

船舶工业是资金密集型产业，回收周期长且航运风险波动大，企业靠自有资金完成新船建造很难，而中国航运融资起步晚、发展慢、专业人才少，使得船舶工业融资难问题一直比较突出。国际金融危机以来，一方面，全球航运业持续低迷，多数航运企业亏损经营，造成船东已订船舶资金支付困难，

新船预付款已从危机前的 40% 下降至目前的 10% 左右，比例大幅下降，且船东接船意愿不强，延迟交船、更改船型、延期付款等现象日趋增多，造船企业流动性资金大幅收紧，多数造船企业经营活动产生的净现金流为负数，多数造船企业流动性生产资金不足现象日益严重。另一方面，2011 年以来，国内实行稳健的货币政策，持续加息，金融机构收紧银根，部分境内外融资银行把船舶行业列为高风险行业，实行信贷调控，收缩放贷额度，使得船舶企业获得流动资金贷款难度加大，特别是中小型企业困难更大，造船企业"融资难、交船难"问题更加突出。据调查，目前仅威海市船舶企业的生产流动资金缺口就在 10 亿元左右，大部分企业面临资金链断裂，其中，乳山造船因船东弃船出现经营风险，资金链已经断裂。同时，船舶企业在承接新订单时，由于银行不愿出具还款保函而失去订单，使困境中的船舶企业雪上加霜。

2. 核心技术创新能力低，研发水平亟待提高

船舶工业的市场竞争，主要体现在产品开发能力特别是船型开发设计能力的竞争。因为在激烈的国际市场竞争中，谁拥有性能优良的创新船型，谁就能赢得市场。虽然近年来中国船舶工业技术创新能力有了较大提高，特别是在主流船型优化、高新技术船型研发方面取得了丰硕成果。但是，与日韩企业相比，中国造船企业在技术与设计上的差距还比较明显。

（1）船型开发和设计能力仍显薄弱

在船型开发和船舶设计方面，真正属于中国自主开发设计的船型，大多数是普通船型，而且船型技术升级缓慢，不具备引领市场的能力，也缺乏前瞻性、先导型的技术创新，尤其是概念创新能力差距明显，对决定未来造船业竞争力，代表未来发展方向的重大先导性、前沿性技术与创新性概念，如新型动力、全新船体结构超高速货船等基本没有开展研究。高技术高附加值船舶和海洋工程装备的国际市场占有率均只有 10% 左右，船型少，比重低，不掌握核心技术，原始创新能力不强，只能跟随国外技术。例如，在 LNG 船舶上，目前国内船厂所建造的 LNG 船舶主要为 14.7 ～ 17 万立方米的远洋 LNG 船舶，而 3 ～ 4 万立方米及以下的小型 LNG 船舶，以及 FSRU 型 LNG 船舶尚属空白。"精细设计"水平较低，未能形成世界级精品品牌。由于设计水平的限制和船东的要求，不少技术复杂船舶，包括超大型集装箱船、豪华旅游船等，仍然主要依靠国外设计，这在一定程度上制约了中国船舶工业的发展。船舶设计技术和设计手段落后，造成设计周期长，成为影响中国船舶工业竞争能力的重要因素。

（2）船舶建造技术落后

中国船台利用率仅为日本的 20%～25%，人均造船量只为日本的 8% 和韩国的 17%。目前，日本、韩国和西欧各国已经广泛应用现代造船技术，而中国还沿用比较落后的技术工艺。再如，在船舶涂装环节，中国船舶企业的涂装技术与国外相比仍存在较大差距，突出反映在涂装周期长、效率低、成本高等方面。当前，中国一流船厂的涂装工时消耗率为 0.85h/m，是日本船厂 10 年前的（0.25h/m）3.4 倍；涂装材料消耗率是日本船厂 10 年前的 1.24 倍，其他船厂或平均水平则更低。有关资料介绍，目前中国船舶涂装生产效率仅相当于国外先进船厂的四分之一到三分之一，严重影响中国船舶产品的国际竞争能力。

总体上看，中国船舶科技整体基础薄弱，技术的研究、开发、储备不足，加上尚未形成有效的技术创新机制，科技资源利用效率低下，严重影响技术创新能力，技术水平提高缓慢。由于科技开发投入力度远远小于日、韩等国，中国船舶工业的技术装备水平、产品开发能力及生产制造技术均明显低于先进造船国家，使得中国船舶产业的技术水平并没有获得与市场规模同幅度的提高，严重制约着中国船舶产业的长期持续发展能力。因此，加快船型开发与技术发展，分期分批突破和掌握一批关键技术，不断加大设计的深度和广度，提高船型开发的整体能力和水平，全面提升中国船舶工业的技术创新能力，继续推进建立现代造船模式工作，尽快提升管理水平，提高造船效率和能源资源利用率，已经成为关系中国船舶工业长期可持续发展和实现战略性转型的关键问题之一。

3. 船舶配套能力发展滞后

船舶配套产业是船舶工业发展的主要基础。船舶配套产业技术水平的高低，产品质量的优劣，直接关系一国船舶工业国际竞争力的强弱。我国船舶工业"做大做强"中很重要的一环在于船舶配套。虽然近年来中国的造船市场份额大幅提高，但是中国船舶配套业的装船率水平并没有得到实质性提高。船用核心部件大部分需要依赖从国外进口；部分国内产能也都是授权许可生产，产量满足不了需求；中国自行设计制造的部分船用设备产品品牌的市场认知度很低，无法在世界范围享受维修等配套服务，得不到国际船东的认可，只能为沿海小型船舶和内河船舶配套。目前中国船用甲板机械缺口近50%；部分船用舱室设备、船舶通信导航自动化系统等其他设备技术水平滞后，配套能力缺口更大。目前中国三大主流船型（散货船、集装箱船、油轮）本土配套率只有55%～60%，液化天然气等高技术船舶的本土配套率只有30%，大量配套设备如低温阀门、深冷管系及附件、LNG船用蒸汽轮机和主锅炉、大型制冷压缩机以及目前在LNG船上应用越来越多的双燃料发动机等仍然完全依赖进口，而日本的船舶配套自给率高达95%～98%，韩国高达90%～95%，中国船舶工业的配套能力和水平远远落后日韩等先进造船国。从船舶配套业整体来看，大功率低速柴油机曲轴、船舶通信、导航和自动化系统等科技含量高、附加价值大的高端产品的技术空白仍然存在，高端产品配套能力弱的局面也没有取得实质性突破，对新业务领域如海洋工程的配套能力仍然稚嫩，真正掌握自主知识产权的产品寥寥无几。因此，加快船舶配套产业发展，全面提升关键配套产品技术能力，积极推进船用设备的本土化市场，实现造船与配套的协调发展，已经成为未来中国船舶工业赢得竞争优势、实施战略转型必须解决的重大战略任务之一。

4. 船舶生产服务业严重滞后

长期以来，中国造船业的产业链过于简单，产业发展过于依赖制造环节，围绕船舶生产建造的信息咨询、技术服务、软件开发、物流、金融、法律服务等生产性服务业没有得到足够重视。在金融危机冲击下，中国船舶工业缺乏有效的"防火墙"。由于中国船舶工业在融资、法律咨询、物流、软件开发、信息服务等现代船舶制造服务业方面短板频现，造成船舶企业在危机冲击下缺乏分担和转嫁风险的机制和手段。虽然近年来中国船舶工业在丰富和完善产业体系方面取得了一些进展，尤其是2009年佳豪船舶登陆创业板标志着中国船舶设计服务业的发展取得了实质性突破，但是与国外相比远远不够。即便单纯从船舶建造环节来看，目前中国造船业与现代总装化造船模式相匹配的各类专业化加工、配送中心等辅助性生产流程也仍然不够完善，严重制约大型造船基地整体效率水平的进一步提升。

从更高角度看，产业体系过于简单不仅仅是降低了产业抵御风险的能力，还在相当大程度上遏制了产业发展的生机和活力。由于产业的整体链条缺乏拓展性，产业发展的模式必将逐步趋于僵化，也限制了产业间相互融合从而衍生出新兴产业的可能性，其最终结果必然是严重削弱产业的可持续发展能力。一个真正的造船强国应该具备发达的多层次的产业体系，要有一个强大的现代造船服务业提供强有力的支撑。因此，要实现中国船舶工业由大到强的转变，急需大力发展船舶生产服务业，拓展船工业产业链、完善产业体系。拓展产业链条有两大层面，除完善产业内部体系外，另外一个重要层面就是促进造船业与上下游产业链条的整合，形成集群式发展。如船舶工业与上游的钢铁产业及下游的航运产业的整合就是中国船舶工业未来产业整合的一个重要方向。因为目前中国钢铁产量世界第一，中国船东的手持订单居世界第三位，中国造船产量已居世界第一，如何让钢铁、航运和造船这个"铁三角"真正形成合力，是未来中国船舶工业必须做好的一篇大文章。

5. 积极应对"低碳化"造船发展趋势的严峻挑战

在提倡低碳经济和低碳社会的当今时代，船舶的低碳化已经成为船舶工业发展的重要趋势。2010 年，国际海事组织（IMO）讨论或通过一系列新的公约修正案，如目标型建造标准（GBS）、船舶建造档案（SCF）、原油船货油舱保护涂层性能标准、柴油机 NOx 排放标准以及燃油硫含量标准、MARPOL 附则 IV 防止船舶生活污水污染规则等，目前 IMO 正在积极推进温室气体减排规则、船上噪声防护标准、国际船级社协会（IACS）的协调共同规范（H-CSR）等。

日韩等造船国家都把研究新标准、新规范，开发绿色环保型船舶作为其占领夺得未来市场的关键。日本政府最新制定的《日本造船、舶用工业今后发展方针》明确指出：2012 年前，日本造船业将努力使所建造船舶的二氧化碳排放量降低 30%。同时，日本国土交通省已经将"船舶排放二氧化碳削减技术开发"作为重点支持专项，凡是列入这一专项的课题国土交通省将提供课题总经费 1/3 的补助，其余 2/3 由企业和日本财团均摊。在日本政府政策引导下，以节能环保为代表的低碳船舶技术正成为日本船舶企业共同的研发重点，日本造船业正掀起一轮低碳船舶技术研发热潮。万国造船目前正在积极研发削减温室气体排放的船舶海上航行导航系统，预计该套系统至少将降低温室气体排放量 5%。三井造船目前正在开发能够将二氧化碳排放量削减 30% 的新型环保船。日本常石造船也已经将环保技术研发作为公司发展的一项重要战略目标。到目前为止，常石造船已经先后开发出了"降低风压居住区""船用吸收式冷冻机"和"MT–FAST"等多种环保产品。大岛造船从2008 年开始着手进行节能环保的新船型研发，能够降低 30% 温室气体排放的新型巴拿马型散货船目前已经基本完成开发。同时，大岛造船还成立"战略性船舶技术研究开发本部"，以期进一步加速在节能环保领域的技术开发。三菱重工在 2008 年末建造了世界上第一艘搭载太阳能电池面板的 6 200 车位汽车船"AURIGALEADER"号，该船的部分推进动力来源于甲板上装载的太阳能电池面板，这一太阳能发电系统年节约燃料约 13 吨，相当于减少二氧化碳排放约 40 吨。

韩国知识经济部也将发展低碳船舶列入造船业中长期发展路线图，并重点支持研发环境友好型新一代燃料，而不是继续依赖柴油动力。在政府推动下，低碳造船同样成为韩国造船舶企业的重要战略发展方向。韩国 STX 造船2011 年宣布其已经成功研发出了一种名为"绿色之梦"的生态环保船舶，该船可以减少二氧化碳排放 45%，并使燃油效率提升 1%。韩国三星造船早在2001 年就研发出了电力推进型 LNG 船舶，这种船舶的航行效率要比一般的LNG 船高出三成多。近期，三星造船开发出一套名为"三星最优航线评估系统"的软件，这一系统能够根据海浪和海风状况选择出最优航行路线，从而最大限度降低能源消耗。韩国现代重工最近开发出一种混合动力巡逻舰，该舰可以减少燃料消耗约 25%。

欧盟近年也先后出台一系列船舶技术研发政策，并开展大量研发项目，如《船舶领袖 2015 计划》(Leadership2015)《欧盟第六研发框架计划》(FP6)《欧盟第七研发框架计划》(FP7)，船用超低排放燃烧高效率柴油机研发项目(Hercules)欧洲突破船舶和造船技术研究项目(BESST)等。受益于这些政策和项目，欧洲船舶工业在船舶设计建造技术、船舶配套设备领域始终保持世界先进水平和主导地位。

可见，低碳化造船已经成为世界船舶工业发展的趋势，并且很可能通过国际平台采取标准、规范等方式使低碳船舶上升为绿色壁垒，以达到提高产业门槛，打压竞争对手的目的。在这种背景下，如果中国不加快研究和积极应对低碳化造船发展趋势，未来几年中国船舶工业将严重落后于世界船舶工业发展潮流，中国船舶工业的海外市场份额会下降，部分船型甚至将面临退出世界船舶市场的风险。

第三章　我国制造业产能过剩具体原因分析 —产业组织角度

第一节　产业组织的概念

一、产业组织内涵

尽管产业组织研究最早可以追溯到亚当斯关于市场竞争机制和分工协作的论述，但是马歇尔最早意识到"组织"的重要性，并明确提出"产业组织"及相关概念。他在分析规模经济成因时首次发现了规模经济与垄断的弊病之间的矛盾，这对矛盾被后人称为"马歇尔冲突"。"马歇尔冲突"，也就是规模经济与竞争活力之间的关系，正是现代产业组织理论所研究的核心问题。

1890 年，马歇尔（A. Marshall）在其名著《经济学原理》一书中，论及生产要素时，首次提出了劳动、资本和土地之外的第四种生产要素——组织。他说，知识是我们最有力的生产动力，而组织有助于知识，知识和组织"具有很大的和日益增长的重要性"。鉴于组织的重要性，马歇尔认为有必要把组织分开来算作一个独立的生产要素。马歇尔说："组织有许多形式，例如单一企业的组织，同一行业中各种企业的组织，相互有关的各种行业组织，以及对公众保障安全和对许多人提供帮助的国家组织。"马歇尔这里所提出的"组织"概念非常宽泛，包容了企业内的组织形态、产业内企业间的组织形态、产业间的组织形态和国家组织等多层次多形态的内容。后来的产业组织理论正是在"同一行业中各种企业的组织"的基础上发展起来的。

19 世纪 60 年代，西欧进入从自由竞争的资本主义到垄断资本主义过渡的阶段。在这一背景下，马歇尔研究分工与机械的影响、专门工业集中于特定的地方、大规模生产及企业的经营管理、企业形态等问题时，触及了"规模经济"现象。马歇尔在研究规模经济时，发现大规模生产为企业带来规模经济性，使企业产品单位成本不断下降、市场占有率不断提高，其结果必然导致市场结构中垄断因素的不断增强，而垄断的形成会阻碍竞争机制在资源配置中所发挥的作用，使经济丧失活力，从而扼杀自由竞争，产生"马歇尔冲突"。事实上，马歇尔本人在《经济学原理》中并未明确提出"马歇尔冲突"，亦未明确提出垄断与竞争的矛盾，这些思想比较模糊地出现在他对工业组织和垄断理论的论述中。因为是他在分析规模经济成因时首次发现的，所以后人称之为"马歇尔冲突"。

马歇尔在《产业与贸易》一书中强调指出，"尽管垄断和自由竞争非常不同，但实际上两者是相互渗透的：在所有的竞争性行业中都有一些垄断成分；几乎在所有的垄断中……垄断势力持存的期限是不确定的，如果垄断者忽视竞争的直接和间接的可能性，垄断势力不久就会丧失殆尽。"事实上几乎所有的竞争中都有垄断性因素，并根据市场的不确定性而起着作用。这一观点为后来哈佛大学张伯伦教授所吸收，他提出了"垄断性竞争"概念。

20世纪初，随着资本主义的进一步发展，企业规模扩大、生产集中度日趋提高，垄断与寡头垄断以及卡特尔、托拉斯等垄断组织也大量出现，竞争和垄断问题吸引了许多经济学家的研究。1926年，剑桥经济学家斯拉法（Sraffa）发表了著名的《竞争条件下的收益规律》一文，从质疑完全竞争的立场，进一步论述了成本递减条件、规模经济与长期的马歇尔完全竞争的不相容性，引发了一场有关"马歇尔冲突"的理论争论。包括斯拉法、杨格、罗宾斯、熊彼特、哈罗德、肖夫、罗伯特森等在内的著名经济学家参与了这场始于20世纪20年代的大争论。这场争论之后，"马歇尔冲突"作为一个重要的问题得到理论界的重视。

1933年，美国哈佛大学的张伯伦（E. H. Chamberlin）和英国剑桥大学的罗宾逊夫人（CJ. Robinson）分别出版了各自的新著《垄断竞争理论》和《不完全竞争经济学》，不约而同地提出了垄断竞争理论。这两部著作纠正了传统自由竞争概念的垄断竞争理论，围绕着竞争和垄断的关系进行了更接近实际的全面探索。该理论将市场形态划分为从完全竞争到独家垄断的多种类型，研究了不同市场形态下价格的形成和发挥作用的特点。张伯伦还着重分析了厂商进入和退出市场、产品差别化、过剩能力下的竞争等问题。这些概念和观点成为现代产业组织理论的重要来源，直接推动了产业组织理论向市场结构方向发展，并推动经济理论从规范研究到实证研究的转变，为哈佛学派正统产业组织理论的形成奠定了坚实基础。

作为一门完整而系统的理论体系，产业组织理论以 20 世纪 30 年代美国的哈佛大学为中心逐步形成。到目前为止，产业组织理论研究已经有 80 年的历史。在垄断与竞争的激烈争论中，产业组织理论不断发展，并逐渐形成了各具特色的重要流派，比较有代表性的有哈佛学派、芝加哥学派、奥地利学派、新产业组织理论等。主流的产业组织理论一般以 1970 年为界，将产业组织理论分为"传统的产业组织理论（TIO）"和"新的产业组织理论（NIO）"。基本完成于 60 年代，并在后来与之一脉相承的产业组织理论称为传统的产业组织理论（TIO），主要包括哈佛学派和芝加哥学派；70 年代以后用博弈论和信息经济学等新方法研究的产业组织理论称之为"新的产业组织理论（NIO）"需要指出的是 70 年代发展起来的奥地利学派，由于其研究方法与新产业组织理论不同，作为一个独立的流派，一般不将其划分到新产业组织理论中。

产业组织合理化研究兴起于 90 年代的中国，并且是作为一个明确的问题来进行研究的。理论上这源于国外产业组织理论的研究及其隐含的产业组织合理化思想，现实中则源于转轨时期中国产业组织的乱象。

西方发达国家的产业组织演进是一个市场集中度不断提高的过程，它伴随着资本主义国家的市场经济由自由竞争走向垄断；战后日本则从规模经济的起点上制定产业政策，致力于大企业集团的塑造，从而在一个集中度相对较高的起点上开始产业组织的演进。但是中国产业组织演进经常处于无序状态，既没有通过市场竞争、优胜劣汰而出现市场集中度不断提高的过程，又没有政府制定统一的、稳定的产业政策，以达到特定产业组织目标的过程。从 60 年代大力发展"五小企业"到 80 年代乡镇企业异军突起，中国的企业结构一直大起大落。1994 年以后，虽然中国确立了建立社会主义市场体制的改革目标，但是市场机制仅发挥基础性作用，政府之手随时可以伸出来干预经济，产业政策更多的是短期的政策干预，而缺乏长期的宏观调控，又加上中国市场机制尚不能完全发挥作用，中国企业的发展环境整体欠佳，因此，中国产业组织的历史演进过程缺乏规律性。

如何实现产业组织合理化在中国成为产业组织理论研究中的一个重要问题得到了关注。国外产业组织理论中关于产业组织合理化的思想被消化、吸收并引进过来，成为我国产业组织合理化研究的基础。虽然国外产业组织理论的研究中并没有明确提出产业组织合理化问题，但是隐含在产业组织理论研究中的两种产业组织合理化思想还是被我国学者敏锐地捕捉到了。因此，国外产业组织理论的研究对我国产业组织合理化研究的兴起提供了理论基础。

二、产业组织合理化的必要性

1. 合理的产业组织是产业结构升级和优化的基础

产业结构是指产业间的技术经济联系与联系方式，既包括产业间技术经济数量比例关系，产业间投入与产出的量的比例关系，也包括其变化发展的趋势。产业组织是指同一产业内企业间的市场关系和组织形态，它包括同类企业间的垄断、竞争关系。简单来说，产业组织是指产业内企业之间的关系的总和，而产业结构是产业间企业或者产业关系的总和。

经济发展包含两个重要内容，一是经济的总量增长，二是增长所依赖的结构优化。产业结构调整作为经济结构调整的重点之一，也是当前迫切需要解决的问题。产业结构调整和升级需要依托合理的产业组织，同时产业组织合理化也是产业结构调整和升级的重要内容。

首先，合理的产业组织是产业结构调整的微观基础。产业结构调整的实质是生产要素在各个部门或产业之间的配置，而合理的产业组织是实现生产要素在产业内各个企业或企业内的配置。生产要素在产业内得到合理配置是在产业间能得到合理配置的微观基础。其次，合理的产业组织可以促进产业结构调整目标的实现。产业结构调整的对象是企业，企业对产业结构政策做出反应，进行生产要素的重新配置和适应调整，使产业结构向既定的产业政策目标转变。如果没有合理的产业组织，产业政策作用机制就会遭到破坏，企业的反应将会扭曲政策的作用，从而不能实现产业结构升级的目标。产业组织合理化与产业结构调整和升级相互促进、彼此依赖，但是在中国无论是研究还是政府制定产业政策大多是基于产业结构的角度，忽略了产业组织的基础性作用。

2. 合理的产业组织能够提高资源配置的效率

一般情况下，市场竞争越充分，资源配置效率就越高；而市场垄断程度越高，资源配置效率就越低。理论上，在完全竞争的市场结构中，资源在产业间和企业间自由流动，各产业、各企业的长期利润率最终趋于平均化，并且所有的产业和企业都只能获得正常利润。若市场上所有企业都只能获得正常利润，且不同产业的利润率水平趋向一致，则实现了资源配置最优化。现实中，完全竞争的市场结构是不可能实现的，而且随着经济全球化的发展，垄断越来越成为发达国家产业竞争力的优势，实现规模经济与竞争活力的均衡成为产业组织合理化的目标。

改革开放以来，我国社会主义市场经济体制初步建立，但是很多领域政府配置资源的现象还存在，市场竞争还没有发挥应有的作用，很难通过自由竞争实现资源的优化配置。一方面，过度竞争、重复生产、重复建设现象严重，大量企业进入市场，即使不盈利甚至亏损也不退出市场，造成资源滥用和浪费；另一方面，由于行政性垄断的存在，部分大企业可以凭借行政性手段获得廉价资源，即使缺乏竞争活力却仍然可以获得巨额利润，在国内竞争中获胜，但是这些行政性垄断企业往往不具备国际市场支配力和竞争力，导致产业经济效率、效益根本无法实现。不合理的市场结构在一定程度上使我国制造业资源配置失调，优势企业不能在竞争中获胜，劣势企业无法顺利退出。

3. 合理的产业组织能够促进技术进步

根据卡曼和施瓦茨关于技术创新的理论，竞争程度、企业规模和垄断力量是决定技术创新的重要因素。产业内的企业在市场上激烈的竞争是经济活力的源泉，竞争促使企业不断进行技术创新活动，技术创新使创新者在与对手们的竞争中获得较多的利润。企业是技术进步和创新的主体，大企业与小企业在研究开发与技术进步中都具有重要的地位和作用。

尽管有学者认为处于垄断地位的大企业缺乏创新的动力，仅依靠垄断地位就可获得高额利润，容易变得懒惰和不思进取，但毫无疑问，大企业更有能力进行创新。首先，大企业能够利用规模经济而采用先进、高效的技术装备；其次，研究开发通常周期较长、需要大量的投资而且存在相当的风险，大企业有雄厚的资金支持研究开发并且能够承担研发失败所带来的风险；最后，大企业具有一定的垄断优势，能保护其专利技术并获得垄断利润，从而会投入更多的费用进行研究开发。

小企业面对市场上激烈的竞争，随时都有被淘汰的可能，为在市场竞争中求得生存和发展，小企业更具有创新的动力和压力，而且实际上也是小企业更具有创新的活力。有数据表明，从20世纪初至70年代，美国科技发明项目中有一半以上是由小企业完成的；进入80年代以后，这一比例提高到大约70%左右，小企业的人均创新发明是大企业的两倍。事实上，创新动力来自于竞争的压力和对高额利润的追逐，小企业作为"潜在进入者"时刻威胁着大企业的垄断地位，成为大企业创新的动力源泉也是小企业对创新的重要贡献之一。

最有利技术创新的市场是介于垄断和完全竞争之间的产业组织结构。因为在垄断市场上，虽然企业具有技术创新的资金，但创新的动力没有像完全竞争的市场上那样迫切；而在完全竞争市场上，小企业缺乏创新的资金和资本，也很难进行创新。泰勒尔曾对此进行过详细的论证，结果表明垄断市场结构中的垄断企业的确比自由竞争市场结构中的竞争企业缺乏创新激励，但在有进入威胁的垄断市场结构中，垄断企业的技术创新激励不仅不比潜在进入者（竞争企业）的创新激励低，而且前者大于或等于后者。最有利于推动技术创新的市场结构是垄断竞争型市场结构和寡头垄断型市场结构，所以合理的产业组织能够促进技术进步。

4.合理的产业组织有利于产业国际竞争力的提升

合理的产业组织是培育产业国际竞争力不可或缺的条件。经济全球化背景下，各国企业的竞争扩展到整个全球大市场，国家利益被摆在了第一位，企业追求垄断利润已经成为不争的事实。西方发达国家市场集中度有逐渐提高的趋势，在许多制造业中，寡头垄断向世界市场扩展，多个行业在世界范围内的寡头垄断格局开始形成，规模经济和垄断的矛盾发生了转化——大企业能够把由垄断造成的损失转嫁到世界市场，而把垄断利润留在跨国公司的母国，垄断优势成为发达国家产业竞争力的重要基础。产业国际竞争力说到底是"以产业内企业的生产效率为基础、以产品的国际市场占有率和盈利率等指标反映出来的竞争能力"。中国作为制造业大国，产业国际竞争力并不强，不合理的产业组织是其重要原因。

首先，中国制造业大企业的利润率不高，甚至可以说很低。2013《财富》世界 500 强企业中上榜的 95 家中国企业总收入为 5.2 万亿美元，平均利润率仅为 3.9%，中国上榜企业中包括钢铁、有色、化工、船舶等行业在内的制造业产业利润率极低甚至亏损严重。以钢铁为例，鞍钢集团公司亏损额达 15.93 亿美元，首钢、沙钢与武钢等钢铁企业虽没有亏损，但利润率极低，分别为 0.39%、0.27% 和 0.10%，钢铁行业利润率最高的宝钢仅为 2.01%。与中国钢铁行业低利润甚至亏损形成鲜明对比的是，美国钢铁公司净利润率为 8.9%，俄罗斯谢韦尔钢铁公司净利润率为 9.1%。其次，中国制造业的国际化程度不高。全球最大的 100 家跨国公司平均跨国指数已经达到 67%，其中 82 家跨国指数超过 50%。而中国，即使 500 强中排名靠前的大型企业，其营业收入的 80% 以上来自国内，并没有走出国门。

中国的工业部门是以模仿或者说引进起步的，一开始就面临激烈的国际竞争，尤其是 2001 年加入 WTO 之后，国际化程度加深，这对于中国的企业或者产业来说都是巨大的挑战。我国制造业不尽合理的产业组织问题已经成为产业国际竞争力提升的制约因素。实现产业组织合理化，促进产业国际竞争力的提升迫在眉睫。

第二节　产业生命周期的限制

一、产业生命周期概念

熊彼特（Schumpeter，1942）提出了产业生命周期（Industry Lifecycle）的概念。他试图修正产业静态均衡的分析，假定任何产业都存在生命周期，早期是增长和扩张，然后是成熟阶段，最终下降或消亡，市场将被新的企业所统治。

此后，生命周期方法逐渐被重视，Cox（1967）年研究了美国的药品市场，并粗略描绘了 700 余种药品的生命周期曲线。Polli 和 Cook（1969）详尽描述了杂货店产品和消费者购买的生命周期曲线。在这段时期，生命周期被视做外生的，不能由参与企业控制的自我实现（Self-fulfilling）的规律曲线。

此后，企业行为影响被引进了生命周期的分析中。Londregan（1987）考虑了成本和规模，分析了一个行业内两个企业（一大、一小）在整个生命周期中的进入与退出策略。他指出，在不同阶段，企业应该具有不同的市场策略，在增长阶段，高进入成本将阻止或延迟对手的进入，并影响企业的地位；在衰退阶段，策略优势转向小型企业，大型企业将避免损失首先退出市场。这个衰退时期的策略拓展了格玛沃特（Ghemawat，1985）的观点。

生命周期的不同时期对于收购是极为重要的，同时，企业管理者内在增长持续的要求推动了企业在特定产业周期收购的行为。穆勒（Mueller，1972）指出，如果企业的内生增长不能满足企业增长的速度，那么企业将会寻求外生增长的动力，这样，就发生对外部的并购。他同时提供了两个可以测度的标准，即企业的成熟度指数和技术创新指数。

在不同生命周期中，进入和退出壁垒将影响产业的发展。Wells（1985）指出，氧化铝冶炼厂必须在接近全产能利用的情况下才能赢利。而且，再次启动氧化铝冶炼厂是非常困难和费时的，再次进入市场的费用极高。

目前，在运用企业生命周期理论的诸多文献中，一般都沿用美国学者伊查克·爱迪思（Ichak Adizes，1989）的理论框架。爱迪思在《企业生命周期》中提出了生命周期概念，描述了生命周期各阶段的企业行为特征，提出了预测、分析及诊断企业文化的工具（PAEI 和 CAPI），以及改变企业文化的爱迪思诊疗法。

爱迪思认为，生命周期的概念不只是适用于生命体，而且也适用于企业这样的组织。企业的成长与老化同生物体一样主要都是通过灵活性和可控性这两大因素之间的关系来表现的。灵活性与可控性决定了企业在生命周期中所处的位置，成功管理的关键不是排除所有问题，而是把注意力集中到企业目前的生命周期阶段所存在的问题，这样企业才能成长并成熟起来，去面对下一个生命周期阶段的问题。企业年轻时充满灵活性，但控制力却不一定总是很强；企业老化时，控制力增加了，但灵活性却减少了。

爱迪思特别强调，规模和时间都不是引起成长与老化的原因，一家有传统的大公司不一定就老化，一家没有传统的小公司不一定就年轻。企业的生命周期可以划分为10个阶段：孕育期—婴儿期—学步期—青春期—盛年期—稳定期—贵族期—官僚化早期—官僚期—死亡期。

在管理理论研究中，爱迪思的研究是从企业文化入手的，此外，有学者提出了基于阶段发展的生命周期模型，比较著名的有 Greiner 模型、Quinn & Cameron 模型和 Dodgeetal 模型。Greiner 最早利用企业的年龄、规模、演变的各个阶段、变革的各个阶段、产业的成长率等五个要素，建立了一个企业发展模型，并把一个企业的发展分为五个不同的阶段：即创造力发展阶段与领导危急阶段、通过指导而发展与自主危急阶段、通过委派代表而发展与控制危机阶段、通过协调而发展与繁文缛节的危机阶段、通过合作的发展与未知的危机阶段。

在 Greiner 的基础上，Quinn & Cameron（1983）进行了更具体化的界定，提出企业发展存在四个阶段：即企业家阶段、集体化危机阶段、正规化阶段、精细化阶段。

生命周期的方法从对企业的管理研究逐步受到重视。特别是从组织文化方面对于企业进入成熟期的原因做了分析。Monsen 和 Downs（1965）强调在组织官僚化时的激励信息扭曲；Williamson（1967）指出，在层级之间过量的信息传递，导致系统失控，或者信息与制度的执行成本过高；Alchian 和 Demsetz（1972）年提出了企业管理层的逆向选择问题。

Kimberly&Miles（Kimberly，1980）于20世纪70年代中期指出，"企业要经历产生、成长和衰退，其后要么复苏，要么消失。"

现在我们通用的生命周期理论把企业的生命周期简化为四个阶段：投入期、成长期、成熟期和衰退期。现代企业提出可持续发展的概念，企业的经营不再是简单的投入期、成长期、成熟期和衰退期的依次轮流，直至企业的消亡，而在于企业采取各种经营措施促使企业一直处于增长状态，从而大大地延长企业的生命。

从生物的生命周期来看，一般认为生命周期是不可逆的，更不能循环，但是，对于企业而言，实际情况是构成企业的"基因"存在较大概率突变的可能性，经营有低谷和高潮的不断起伏，但企业可能通过快速组织"突变"，适应竞争环境的不断变化。

二、产业生命周期下的产能过剩形成机制

我国产能过剩的突出表现，主要发生在总需求受到严重冲击的情况下。对于处于不同产业生命周期的产业，这一形成机制又有着显著差别，主要可分为两类：一类是处于成熟期和衰退期的传统产业，另一类是处于形成期和成长期的新兴产业。

1. 传统产业产能过剩形成的第一个阶段

当总需求受到冲击时，会在短期内对经济造成两个层面上的直接影响，第一个层面是导致经济形势整体趋于恶化，整个经济面临较大下行风险，社会生活的各个层面受影响较严重。2008 年全球金融危机时期，我国经济所面临的便是这种情形。如前所述，中央政府的总体目标是经济社会协调发展，因此，在这种情况下，中央政府出于对经济下行风险的担忧，会果断而直接地干预经济运行，通过扩张性的财政政策和货币政策，主要是增加投资，刺激总需求迅速恢复到原来水平；这些政策虽然在短期内及制定时，可以保证经济快速恢复甚至增长，但从长期及实际执行过程来看未必合理，甚至明显有害。此时，地方政府给予对本地经济社会目标的发展考虑，以及官员对政绩考核的强烈依赖，会最大限度地争取政策支持，发展当地经济。由于决策时间较短，在政策利好上，很少有周密而完整的论证，导致资源投入不可避免地带有盲目性。本来应该减产限能甚至淘汰的传统产业，为了适应急速增长的总需求，会进一步扩张产能。例如，2008 年，中央政府为了刺激经济增长，实行了规模为 4 万亿的经济刺激计划，根据国家发改委公布的投资计划，可以看到这些资金投入的流向如表 3-1 所示。

表 3-1　2008 年 4 万亿经济刺激计划资金流向

投资项目	金额（亿元）
廉租房、棚户区改造等保障性住房	4 000
农村水、电、路、气、房等民生工程和基础设施	3 700
铁路、公路、机场、水利等基础设施建设	15 000

续　表

投资项目	金额（亿元）
医疗卫生、教育文化等社会事业发展	1 500
节能减排和生态建设工程	2 100
自主创新和产业结构调整	3 700
汶川地震灾后恢复建设	10 000
合　计	40 000

由表可见，中央政府的刺激政策主要用于增加基础设施建设的投资支出，如保障性住房建设、基础交通设施、文教事业、环保产业和汉川地震后的救援性资助，通过这些举措达到刺激经济增长的目的，并没有明确具体投资的产业或行业。不过，上述这些举措，以铁路、公路、机场、水利等基础设施建设所占的金额最多，加上民生工程和保障性住房，总规模占 4 万亿投资的56% 左右，而这些投资所涉及的产业大多需要钢铁、水泥、玻璃等行业的支撑，在如此巨大的需求下，必然将带动这些行业的扩张。可以说，4 万亿的投资计划，虽然没有直接投向已经明显产能过剩的行业，但实际上却带动了这些产业的增长。

同时，使这一情况更加恶化的是，为了配套中央政府的 4 万亿投资，地方政府陆续公布了十几万亿元的投资计划，即便这些投资最后没有完全实施，但光是这一预期，便足以导致了市场和企业的疯狂，为产能过剩的形成再出一份力。根据当时部分地方政府公布的投资计划，汇总如表 3-2 所示。

表 3-2　政府 10 万亿投资计划

省　市	金额（亿元）	投资项目
云南	30 000	石油石化、铁路
广东	23 000	轨道交通、客运专线
北京	1 200	轨道交通、高速公路、热电、南水北调配套工程
上海	5 000	轨道交通、跨区域主次干线

续　表

省　市	金额（亿元）	投资项目
吉林	4 000	哈大客运专线、城际、机场扩建铁路
海南	2 070	机场、农业、天然气、化工
安徽	3 890	铁路、公路、桥梁
浙江	3 500	铁路、航运
河北	5 889	安居工程、农村基础工程、铁路、公路、生态工程
河南	12 000	交通设施、城市基础设施
辽宁	13 000	重大基础设施、发展服务业
江苏	9 500	铁路、港口、机场、民生
合计	113 049	

　　光是表中 12 个省市公布的地方政府投资计划，便已达 11 万亿元之巨。并且，投资资金多是用于交通、住房等基础设施建设，虽然没有直接投向钢铁、水泥等产能过剩的产业，但是却直接拉动了这些产业的增长与扩张。

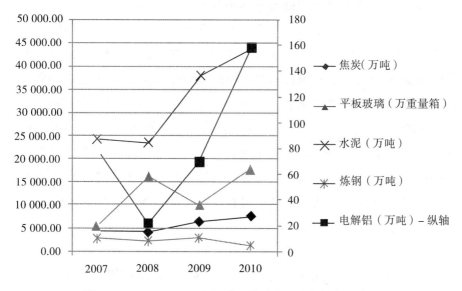

图 3-1　2007—2010 年间我国传统产业的新增产能情况

由图 3-1 可以看出，2008 年以来，焦炭、平板玻璃、水泥、炼钢、电解铝等传统产业的新增产能呈现明显增加的趋势。至此，经济增长方式没有发生明显改善，传统产业的产能反而进一步扩张，为产业政策退出的后续发展埋下了隐患。

另一个层面是总需求冲击导致的结构性冲击，在短期内对传统行业造成较大影响，而这些产业由于行业结构问题，难以顺利实现转型、升级，以这些行业为主导经济的当地政府将面临严重影响，例如，2008 年，由于全球金融危机导致的外需剧烈下降，沿海地区受到的冲击十分严重，尤其是以出口产业为主的地方政府，在短期内面临着巨大的财政压力。在这种背景下，地方政府有较大动力通过各种政策手段来对传统产业进行补贴，导致传统产业进一步扩张。

无论是中央政府层面，还是地方政府层面，刺激经济增长的政策一般不会持续太久，当政策退出时，总需求和行业需求将有较大概率产生一定的收缩，但需求的减少无法直接带来供给的减少，产能一旦达产，将具有明显的对需求回调的滞后性，短期内行业供给远大于需求，表现为产能过剩。在该阶段，主要是中央政府和地方政府根据市场环境进行的综合协调，对产能过剩的形成起主导作用，企业则主要是根据政策和市场采取相应措施。

2. 传统产业产能过剩形成的第二个阶段

随后，面对经济面的逐渐平稳和不断突出的产能过剩问题，中央政府受制于国内经济转型升级、经济增长方式的总体规划，以及资源环境利用和国际背景的综合考虑，并且通过对经济刺激政策效果的评价与反思，将重点从简单直接地刺激经济增长转向介入行业管制，从需求入手转向从供给着力，希望通过技术进步等内生方式来带动经济进步，从而制定一系列的调节政策，淘汰关闭部分落后产能，鼓励技术更新，扩大企业规模收益等。此时，中央政府的政策是在对之前危机时期政策的反思后提出的新政策，在中长期内更具有合理性。但是，中央政府的政策在执行过程中面临来自地方政府、企业和市场三方面的约束。

（1）地方政府

地方政府在现行的财税体制、政绩考核激励和地方政府之间的激烈竞争下，以及考虑到当地的就业、税收、社会稳定等综合目标，会优先保证本地企业不受到损失，通过设置各种行政退出壁垒，在政策执行上会有一定的"折扣"。同时，由于中央政府的政策一般是仅仅淘汰中小产能的企业，地方政府为了不影响当地经济发展，对大型企业的落后产能经常采取"睁一只眼闭一只眼"的对策。在政策执行上行动迟缓，给中小企业进行产能扩张提供了时间窗口。因此，由于地方政府基于自身目标的决策行为，导致落后产能无法完全顺利退出。更有甚者，虽然落后产能也淘汰了，但新增产能的增长速度却远远超过落后产能的淘汰速度，除了新增投资外，可能是由于企业通过技改等措施实现落后产能的更新换面。

（2）企业层面

传统行业的企业由于沉没成本过高等原因无法顺利退出，为了在激烈的调整中生存下来，避免因规模过小而被淘汰，就会进一步争相扩张产能，从而造成整个传统行业产能过剩的进一步加剧。同时，受到地方政府的变相鼓舞，企业虽然明知扩产只会增加亏损，却也要完成地方政府的目标而做出部分牺牲。在集中治理产能过剩的时期，达到规模以上的工业企业数量增加较快，如图 3-2 所示。

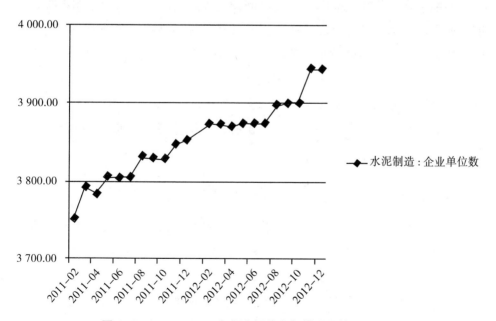

图 3-2 2011—2012 年间水泥行业规模以上的企业数量

例如，2011 年纳入规模以上工业统计范围的工业企业起点标准从年主营业务收入 500 万元提高到 2 000 万元。此时，正是政府集中治理水泥产业产能过剩的时期，在此之前，水泥行业规模以上（即年主营业务收入 500 万以上）的企业家数基本维持在 5 000 家左右，但新规颁布后，为了避免淘汰，在 2011—2012 年间，水泥行业达到规模以上标准的企业家数明显增加。

（3）市场层面

市场层面，由于行政干预、市场主体不成熟等因素导致的低效率竞争无法解决产能过剩，再加上我国特殊经济体制决定的生产要素流动受限、地区资源禀赋各有差异，产业剧烈调整将给当地经济水平造成较大影响。同时，在以往的产能过剩调整过程中，市场各方已经有了相应的经验和预期，在淘汰落后产能的问题上不能相互配合，导致市场的淘汰机制不能有效发挥作用，落后产能继续留在传统产业之中。

在本阶段，由于中央政府制定的产能过剩治理政策在执行过程中面临来自其他各主体的种种限制，导致"上有政策，下有对策"的情况时有发生，产能过剩现象进一步加剧。

归纳起来，传统产业的产能过剩问题更多是由于行业供给短期内难以适应行业需求变动，各主体面临的约束条件和目标不一致，在决策和行动上难以达成完全符合预期的效果，使得"由上而下"地推动产能过剩治理在实践过程中经常出现偏差，不仅无法完成当期产能过剩现象的治理，也为后续再次出现产能过剩埋下了隐患。

因此，传统行业在面临总需求冲击时，产能过剩形成机制的传导过程如图 3-3 所示。

三、新兴产业的产能过剩形成机制分析

当一个社会由于重大技术进步出现并顺利实施产业化，或者由于现有经济催生出新的消费需求，都会促进一个新兴行业的形成与发展。相对来说，新兴产业能够艰难但安然地度过形成期，却有可能在成长期遭遇产能过剩。

1. 新兴产业在成长期的产能过剩形成机制分析

首先，如果是完全基于自主创新、重大技术进步所带来的产业变革，在

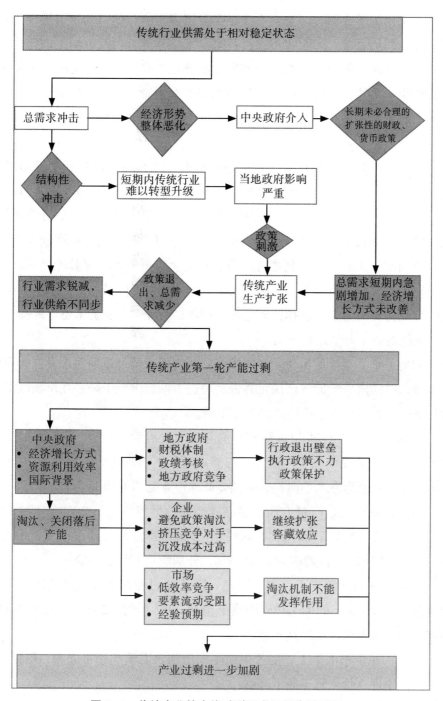

图 3-3 传统产业的产能过剩形成机制传导过程

新兴产业初步形成期时，整个产业存在着诸多劣势，如市场发展缓慢、基础设施无法满足要求、产业链不完善甚至不完整等等，以及市场不确定性所带来的巨大风险，新兴产业在发展初期步履维艰。但是，如果是由于承接国际产业转移，尤其是承接具有一定基础和相关上下游配套加工经验的产业，比如太阳能光伏和多晶硅产业，该类产业的引进将比较顺利，能够顺利度过形成期。

其次，不论是何种形式出现的新兴产业，当其在国内顺利度过形成期，进入成长期后，基于对行业发展的良好预期，各个主体将会积极关注新兴产业的发展，并随时准备加入以试图分得一杯羹。地方政府在产业升级或转型的强烈愿望与机遇下，结合当地特殊的资源禀赋，将积极支持产业发展，制定一系列招商引资、税收优惠等政策，扶持企业进入，并完善配套设施；企业短期高利润的强烈吸引以及在先入企业已经获得了巨额利润的示范效应下，有限理性将支配企业主选择快速进入该产业；同理，产业资本也会蜂拥而入，在产业链的各个环节进行布局。

如此一来，直接后果便是产能扩张的速度远远超过市场需求发展的程度，在很短的时间内，产能将会满足并进而超过市场需求。于是，在市场经济中，价格下降，行业利润水平随之将不断下滑。

例如，在经过21世纪最初几年的起步与发展后，从2008年到2012年，我国多晶硅产业便面临着产能产量与需求增长不相匹配的困境。到2011年，全球光伏产业遭遇寒冬的时候，我国多晶硅产业受到的冲击也十分严重。

第一，在产能、产量方面，多晶硅产能的世界占比从2009年的23.14%飞速发展到2012年高峰时期的46.83%，多晶硅产量的世界占比从2009年的18.77%达到2011年高峰时期的34.16%，分别增长了将近一倍。

第二，在消费需求上，同一时期，多晶硅的表观需求量虽然不断增长，但增速却从2009年的151.12%剧烈下滑至2012年的5.24%，表明多晶硅产业在短期内需求明显已经达到饱和。

第三，在价格水平上，随着供给不断增加，需求却趋于饱和，根据经济学的相关原理，价格将不断下降。

表3-3　多晶硅产业2008—2012年表观消费量及增速情况

年　份	表观消费量（吨）	增　速
2008	164 400	
2009	41 182	151.12%
2010	97 468	136.67%
2011	148 038	51.88%
2012	155 800	5.24%

为了弥补价格下降带来的利润空间缩小，企业将不断扩大产能，以期能够利用规模效应和协同效应降低生产成本，同时在技术水平不断改进、产业链发展越来越完善的背景下，产业内上下游的企业将有选择性地进行纵向或横向扩张，试图在危机时期增强自身的综合竞争力，于是产能进一步扩大。但是，经济规律不允许任何一个行业可以无限制、非理性地扩张发展，在经过开始时期的快速产能扩张后，新兴产业的行业需求在短期内无法跟上产能扩张的步伐，迅速扩大的产能无法消化，导致行业供给远远大于行业需求，价格下降，停滞的市场需求远远超过规模效益带来的成本节省，于是，企业压缩产量，大量产能闲置，新兴产业在短期内面临着产能严重过剩的局面。

2. 新兴产业产能过剩形成机制的自我调节分析

在过度竞争的产业背景下，为了不至于引起社会资源的过度浪费，以及考虑当地社会经济发展的总体目标，政府将采取调节措施，限制新兴产业的过快发展，通过区分重点企业、降低甚至取消行业补贴标准、提高准入门槛等措施，提高企业的成本收益比，以抑制新企业盲目进入。同时，在极度恶化的投资环境下，政府将允许部分企业破产，从而对市场予以警示作用。

例如，2009年起，中央政府和地方政府出台了一系列治理多晶硅产能过剩的政策措施，产能过剩得到初步控制。2013年初，全球四大光伏企业之一、国内最大多晶硅生产企业无锡尚德太阳能电力有限公司的破产重组，也宣告了多晶硅市场的寒冬。

企业在微薄的利润下，一方面将会在短期内压缩生产，并在中期内通过加速折旧等手段淘汰一部分产能，另一方面通过技术更新、工艺改进等内生方式来实现增长，等待着行业需求逐步扩张的机会来临。产能或许有所增加，但增长速度已经远不及之前的水平；潜在进入者的观望情绪浓厚，在短期内将不会考虑进入该产业，而在中长期内也将错失进入的机会，行业内的企业数量基本得到控制。

同时，市场的激烈竞争将发挥优胜劣汰作用，一批效率不高的企业将随着资本退出、经营不善而陆续倒闭，行业供给逐步回落，但在短期内也远远高于行业需求水平。

经过一段时期后，伴随着大量消费需求同时到来，新兴产业的行业需求将不断增长，并在一定时间后，和产能基本持平，产能过剩的问题得到缓解，此时，该产业已经趋于相对理性，行业也逐步进入成长后期和成熟期。

在新兴产业的产能过剩中，如果政府的介入处理得当，会加快行业的成长与发展，但如果政府在依据并不充分的情况下，仍然采用直接式的行政干预手段，则很有可能会在一定程度上加速产能过剩的形成，如此，新兴企业只能依靠自身的成长性来予以解决。

因此，新兴行业更多的是面临行业层面上的需求小于供给的问题，而不是总需求不足。

四、基于生命周期的我国产能过剩形成机制

传统行业的产能过剩形成主要是由于需求的突然变动，导致供给短期内远远大于需求所致，而新兴产业的产能过剩，则是由于供给的增加远远快于需求的增长所致。传统行业在成熟期后期和衰退期更容易受到需求冲击，而新兴产业则是在成长期初期就已经开始加速产能的形成。

对传统产业而言，产能过剩发生的诱因主要是总需求的急剧下降，而产能在短期内无法退出以适应需求变动。一般来说，传统产业的产能过剩要经历两个阶段。在第一个阶段，主要是中央政府和地方政府为避免经济下滑风险而采取扩张政策，这对产能过剩的形成起主导作用，企业则主要是根据政策和市场采取相应措施；在第二个阶段，当经济平稳后，中央政府重点转向产能过剩治理时，却面临着地方政府和企业在执行政策过程中的种种限制，

"上有政策，下有对策"的情况时有发生，导致产能过剩现象进一步加剧。

对新兴产业而言，产能过剩的形成主要是由于短期内供给的增长远远超过需求的增长。具体来说，政府、市场和企业在对该产业的良好预期下，不断投入新产能，对产能的迅速增加起到了共同推进的作用。不过，相对于传统产业而言，新兴产业的产能过剩可以进行自我调节，即中长期内，产能增速不断下滑，当大量消费需求快速到来时，产能过剩的现象将得到缓解，新兴产业也将逐步进入成熟期。因此，从整个产业生命周期角度来看，产能过剩问题可能多次发生，最容易发生在成长期早期和成熟期末期。

在上面的讨论中，关于行业本身的特征并没有区分。事实上，有较大沉没成本的行业和轻资产的行业，在产能过剩的各个阶段所面临的决策是不同的。各个主体的考虑因素和约束条件也是有所差别的，从而做出的决策也有所差异。例如，当沉没成本较高时，企业将选择继续留在行业，政府则保护当地企业，从而产能过剩的治理效果就会打上一定折扣，甚至会出现越治理越严重的态势。

第三节　区域经济发展重叠的因素

一、区域经济重叠概念

我国对于区域的划分以地理和经济特征为基础，从地理上来说，它是一个地域概念，但是区域在经济领域里被赋予了一些特定的经济属性。区域的划分应该是具有一定的自然、经济和社会等方面的因素，具有完整的结构并独立的发挥作用。

经济产业的活动一般是在一定区域空间内进行的，于是产业的经济活动与一定的空间区域相结合就出现了区域上的产业。区域产业以区域作为划分标准，在其发展的过程中会出现一个普遍的现象，那就是在不同区域之间，由于其发展水平、资源和要素禀赋不同，以及我国产业结构发展的不合理现象，区域之间容易出现结构大致相同的产业，不同区域内产业结构和其所生产的产品趋于相同，这样就容易出现不同区域之间没有优势突出的产业，产业之间的分工不明确，往往造成同一类产品过多的生产，从而造成资源的极大浪费。行业和产品在空间的分布上趋于相同，那么不同区域之间各种相似的产品供给就会引发激烈的竞争，这样的做法往往会导致社会资源配置的效率低下，并且从微观层面来看，会损害企业的规模经济效益和社会的经济分工效益。这种由于不同区域之间产业结构和行业发展趋于相同而导致社会资源的浪费，于是出现了区域之间产业重叠的现象。产业重叠并不是简单的产业重复的建设，产业重叠主要是以区域空间为范围，以产业和行业的划分为基础，应当重点关注区域空间范围内产业结构和产品的相似程度以及行业整体的变化趋势。而重复建设则针对的是同一产业在同一时期不同区域之间同时大量的建设和发展，从而极容易造成供给远远大于需求，造成资源浪费。一般而言，产业重叠往往导致重复建设。所以，产业重叠应该是由于经济结构不合理，科学技术创新的阻碍以及地方政府竞争等原因而导致的不同区域之间出现大量的产业结构和产品相似的行业，使这一产品或服务出现大量的过剩从而造成社会资源极大浪费的现象。

在价格体系合理、市场机制完善且政策体制公平的宏观经济环境下，区域的产业结构如果可以得到合理的布局，那么地区间的经济优势就会得到充分发挥，相关的产业也会迅速的发展壮大。但是，由于生产要素可以自由流动，这一发展壮大的产业就会在不同区域之间形成一个统一的市场，此产业也会得到迅速发展。进而，区域之间的产业重叠现象也会随着产业的发展而必然出现。此外，区域之间由于产业经济结构的不合理以及生产技术水平的限制，也容易出现地区间行业发展的不平衡，区域之间就会出现大量的结构相似产品同质的产业，这样大量低水平盲目的重复建设将导致企业的收益下降，从而影响宏观经济的质量提高，造成社会资源浪费和持续发展，引发一系列社会问题。那么，此时区域之间就出现了严重的产业重叠现象。除此之外，我们还应当通过对比生产供给能力与整体市场总需求、单位的预期成本与行业内需求以及此产业是否有利于发挥其比较优势等综合情况来判断某一区域是否出现产业重叠。

对于区域之间出现产业重叠这一现象，它是一把双刃剑，既有它好的一面也有消极的一面。我们应正确认识区域之间产业重叠对经济发展带来的影响，对于有利的一面，我们应该去发扬，让它更好地为经济发展做出贡献，对于不利的一面，我们应该针对问题，积极采取治理措施，正确引导它的发展。区域之间的产业重叠可以给经济发展带来正面效应。首先，重叠的产业具有一定的市场竞争优势。由于地区间资源要素禀赋的不同以及比较优势的存在，这些重叠的产业一定是在地区间具有很大比较优势的产业，在这样的优势下才不断地发展壮大以致形成了大量的重叠产业。这些出现重叠的产业在地理位置上比较集中并且生产的产品具有一定的专业化，技术水平也相对成熟，那么这些产业就比较容易形成一个相对系统的产业链，它在市场竞争中就会获得很大优势，这些具有竞争优势的产业也可以形成一个社会网络，在经济全球化趋势不断发展的同时，增加国际竞争优势，促进我国的经济发展。其次，重叠的产业具有一定的资源和成本优势。重叠的产业可以形成相对系统的产业链，所以它能够有效地组织起具有竞争优势的经济活动，也能在一定程度上保证社会资源的经济效率。在自然资源逐渐稀缺、人力素质不断提升的情况下，各种人力资源可以随着市场和产业的变化而出现并逐渐聚集，这些产业可以对一定区域内的资本、劳动力和资源的投入进行整合优化，这些产业还可以在一定程度上吸引社会其他资源的流入，推动这一区域产业的经济发展。区域之间这些重叠的产业在地理位置上相对比较集中，有利于形成对资源的共享，包括现代化的基础设施建设，便利的交通运输条件以及其他的相应配套的生产服务设施，这样可以减少企业之间的交通运输成本，也加强了企业之间的联系，有利于减少信息不对称性造成的影响。在这些较为系统的产业中，运输成本和信息交换成本的降低可以使企业产品成本减少，有利于提高企业的竞争力从而带动整个行业的发展。此外，重叠的产业还可以促使科学技术的创新，技术创新是企业进步和发展的不竭动力。大量的产业重叠使得该产业不断壮大发展，为技术创新创造了有利的环境。在某一重叠产业中，区域之间的企业存在竞争关系，迫使企业不断发展，促使企业内部不断进行技术创新，不断积极探索，不断完善企业内部的管理制度，加强了企业的创新意识。区域之间由于重叠的产业在地理位置上较为接近，使得某一创新的技术得以迅速地扩散，企业之间也较为容易彼此互相学习吸收，进而可以带动整个产业的技术创新。

虽然产业重叠可以在一定程度上促进地区经济发展，但是如果区域之间产业重叠的程度超过了一定范围，那么它不仅不会给经济发展带来有利影响，反而还会阻碍经济的发展。如果某一区域出现过量的行业，那么此产业的重叠程度相对会很高，这一产业生产的产品就会大量出现，市场上的供求平衡就会被打破，产品市场上就会造成供给大于需求的状况，产品会出现大量的剩余，进而企业就会减少这类产品的生产，但是对于对这类产品生产要素和人力资本的投入并不能在短时间内做出相应的变化，那么势必会造成生产要素和人力资源的浪费，进而影响社会资源配置的效率，导致经济效益的降低，给宏观经济的发展带来消极影响。所以说，区域之间产业的重叠既有它有利的一面，也有不利的一面。重要的是区域间的产业在重叠程度上要适度，要适应该地区的经济发展，这样才能促进经济的健康运行。

二、区域产业重叠对产能过剩的影响分析

产业在区域上的分布不合理往往会导致区域间产业重叠程度较高，不可避免的出现重复建设现象从而导致产业产能过剩。过度投资、产业分布不合理是导致产业在区域间重叠程度高的主要因素。在经济增长和固定资产投资的拉动下，各个地区引发各类资本的投资热潮，这样导致不同区域出现许多相同的产业，许多区域出现盲目投资盲目建设的现象，区域间产业重叠程度高，生产的同质产品就会大量增加，但需求量没有随之增加，投资增速偏高超过了需求的增长速度，从而诱发严重产能过剩。从全国社会融资规模看，2009 年到 2012 年社会融资总量分别为 13.9 万亿、14.1 万亿、12.8 万亿和 15.7 万亿，分别是 2008 年的 1.99 倍、2.01 倍、1.84 倍和 2.26 倍。银行对融资贷款的放松也是导致不同区域间出现大量生产企业的原因之一，周期内的货币环境整体宽松成为加重区域间产业重叠程度升高、产能过剩的外在资金因素。

区域之间产业的重叠对产能具有很大的影响，诸如我国产能过剩比较严重的钢铁行业，我国的钢铁企业在地理上分布是比较集中的，钢铁产业在区域上存在一定的重叠。我国各地区钢铁企业数量与该地区粗钢的产量呈正相关，企业数量越多其产量也就越大，区域之间产业的重叠程度也就越高，该地区的产业产能也就越大。诸如钢铁行业是典型的周期性行业，行业景气度

与宏观经济和投资密切相关，周期性十分明显。钢铁行业并不是针对大众服务的服务行业，这样的行业进出都较为困难，产业转型阻力也较大，行业供给无法在短时间内根据需求量进行及时调整，这样的行业比较容易出现产能过剩现象。区域之间产业重叠的程度是影响企业产能情况的重要因素，企业产能越高，而需求量并没有与该产能相匹配时，产能过剩问题也就随之而来。

第四节　政府投资过度的影响

一、政府投资概念

在市场经济中，政府投资和非政府投资构成了全社会固定资产总投资。对于满足公共需要，引导社会发展战略，这些目标都需要政府来实现，这些目标的实现无一不有赖于政府投资，政府利用政府投资来完成其职能，对社会发展战略进行引导。

政府投资一般指政府为提供公共服务而进行的投资性支出，它是政府的公共支出中扣除公共消费支出的剩余部分。公共消费是可以直接进入家庭效用函数的公共物品和服务，而政府投资则是能够对私人企业生产发挥互补效应（从而应该进入企业生产函数）的公共物品和服务。之所以需要将公共支出进行这种划分，是因为其不同组成部分对经济增长的意义也不同。

二、政府投资冲动下产能过剩的形成机制

在计划经济体制下，地方政府完全听命于中央政府，不具有独立经济利益和可自由支配资源的地方政府只需要按照上级指示来完成指令即可。随着财政体制的改革，中央政府开始放宽对地方政府的控制，地方政府开始拥有了独立的经济利益，并围绕着自身的经济利益而展开行动。

1. 经济转轨与政府间经济权利重新配置

讨论产能过剩不能离开其产生的宏观背景——中国目前处于经济转型时期。自 1978 年改革开放至现在，中国已经基本建立了社会主义市场经济制

度，但不可否认的是，中国的社会主义市场经济还不是完全西方经济学意义上的市场经济，而是带有明显的中国特色。总的判断是，中国目前仍处在经济转型期。迄今，在中国经济经历从计划经济向市场经济转型的过程中，摆脱"短缺经济"的时间并不长。但是，随着中国收入分配格局的急剧变化和社会保障制度建设的滞后以及人们对改革预期的不稳定，在中国正在进行快速城市化的进程中出现这种低水平的产能过剩，尤其值得人们深究。

就企业同政府的关系而言，虽然我国市场经济体制逐步完善，企业经济决策自由度越来越高，但很大程度上仍无法完全摆脱政府的制约。以国有企业为例，计划经济体制下国有企业完全受政府控制，现阶段政府依然掌握着国有企业项目的审批权，国有企业仍与政府有着千丝万缕的联系，国有企业在追逐自身经济利益的同时，还肩负着实现地方政府社会责任的任务。从这个角度来看，国有企业不再仅是政府的一个"生产车间"，也区别于市场经济机制下，政府与国有企业完全不相关的关系。政府仍然能够在很大程度上对国有企业施加影响，但是政府的作用力有多大却是不一定的。

在我国，私人企业同政府之间的关系，也较为特殊。一般说来，它们两者的关系是市场主体和经济管理者的关系。但是受我国政治经济体制所影响，私人企业也倾向于同地方政府结成利益团体。如在涉及要求中央政府审批地方企业的项目时，非公有制企业和地方政府结盟，与中央政府进行博弈。这种行为固然为地方发展带来一定的好处，但从某种程度上来讲，使中央政府的审批失灵，削弱了中央政府的宏观调控效果，不可避免地导致产能过剩。

2. 财政分权、官员晋升制度与地方政府投资冲动

（1）财政分权与地方政府投资冲动

在我国分税制财政体制确立之前，大致经历了统收统支的财政集中体制（1949 年到 1978 年）与分成和财政包干体制（1978 年到 1993 年）。

1994 年开始，我国开始进行分税制财政体制改革。这是因为虽然财政包干体制调动了地方发展经济的积极性，极大地促进了我国经济的发展，但在财政包干体制下，地方政府多滥用税收优惠政策，导致税收调节功能被弱化，同时国家财力被分散，中央财政收入占比下降，中央的宏观调控功能被弱化。面对这种情况，我国政府适时地开始了分税制财政体制改革。所谓分

税制财政管理体制，是指在合理划分各级政府事权范围的基础上，主要按税收来划分各级政府的预算收入，各级次间和地区间的差别主要通过转移支付制度来进行调节。分税制在克服包干制缺陷的同时，直接有利于提高财政收入及中央财政收入占比。数据显示，从 1995 年开始，财政收入占国内生产总值（GDP）的比例开始回升；中央财政收入占全国财政总收入的比重也一路回升，并且稳定在 5% 左右。财政收入占国内生产总值（GDP）比重的提升说明国家调控经济的能力进一步增强；中央财政收入占比的提升说明中央财政相对于地方财政对经济的影响力在增强。从根本上来说，分税制改革是要在提高中央财政宏观调控能力的基础上规范中央和地方的财政关系。

分税制的财政体制极大地促进了我国经济的发展，但与此同时，财政分权赋予了地方政府较多的事权，但未为其匹配相应的财权，地方政府为增加地方财力，对招商引资工作尤为重视。这是因为在地方经济的发展过程中，如果单纯依靠地区企业的积累和市场的作用，地方经济无法获得迅速发展，如果政府在地方经济发展过程中能够给予新建企业一定的优惠政策，或对地区项目进行宣传，兴办开发区等，往往更容易获得招商成功。正是基于此，地方政府在招商引资活动中倾注了大量的热情，包括公布招商资讯，完善地区基础设施建设，提供招商优惠政策，鼓励本地企业与注资企业合作等。虽然外来资金的引入促进了地方经济的发展，但是各级地方政府为了获得足够的财政资金，政府之间展开的激烈的竞争，引发了企业的过度投资，造成了严重的产能过剩现象。在巨大财政压力下，地方政府间竞争越来越激烈，各地方政府均努力向制度外发展、寻求制度外资源，因此，能够对财政收入有明显贡献的高税收项目开始得到政府的青睐。在激烈的招商引资角逐战中，为了达到企业在当地投资建厂的目的，地方政府不仅给予企业土地、资金方面的优惠，在安全生产、环境保护等方面也往往默许企业突破标准。除此之外，个别地方政府甚至会制定有利于本地企业发展的地方保护政策。可见，在分税制的财政体制下，地方政府有着强烈的动机影响企业增加投资，以此来加大地方财政收入。

（2）官员晋升制度与地方政府投资冲动

虽然分税制财政体制对地方政府投资冲动的形成负有巨大的责任，但是作为地方经济管理者的政府官员，其在关注地方财政收入的同时，更加关注自身的业绩及职位晋升。由于地方政府官员作为本地区的管理者，不仅在行政审批、土地流转及优惠政策的制定方面具有绝对的话语权，甚至在金融资源的分配方面也具有一定的影响性，而我国长期以来的属地化分级管理体制又进一步强化了地方政府的这种影响力。如果上级政府对下级政府的考核不以 GDP 为尺度，而以模糊的主管评价的方式来评判地方政府官员的政绩，则很可能导致政府官员的懒政及不作为，因为上级政府对地方政府具有的人事任免权及考核权，因信息不对称使得获得这方面信息时的成本非常高，而获得的成本越高，地方政府官员手中的自由处置权空间就越大，在这种情况下，对地方政府官员采取以 GDP 为标准的考核激励制度，会进一步削弱对地方政府的监督和制约，加大其自由处置权。周黎安等的实证研究验证了这一点，周黎安等通过对我国改革开放以来省区数据的研究发现，省区官员的晋升概率与该省 GDP 的增长率呈显著正相关关系。

地方政府间的经济竞争与政府官员间的政治晋升有着深刻的关联性，由于政治晋升零和博弈的特征，有限的晋升职位中，如果一个人获得晋升则导致其他人丧失竞争机会，在这样的激烈竞争中，会使得政府官员为了晋升而不顾社会经济利益，只追求与自身晋升有关的增长。在内需不足的情况下，我国经济的增长主要依赖于投资的增长，为了争夺有限的投资资源，地方政府会全力以赴的投入招商引资大战中。为了达到吸引企业来当地投资建厂的目的，大多数地方政府选择为企业提供各种优惠政策，对企业降低进入的各种硬性门槛，如环保、安全生产等，罔顾公众利益降低辖区内的劳动成本，一些手握土地资源的地方政府还往往以低地价、零地价向企业提供土地，在土地资源日益稀缺的情况下，这种行为不仅直接降低了企业的投资成本，企业还能够利用土地资源向金融机构获取生产发展的信贷资金。企业在招商引资大战中所享受到的各种优惠都降低着企业的投资成本，扭曲着企业的投资决策，使得企业的投资规模随着政府优惠力度的增加而不断扩大，导致企业产能迅速扩张。而一定时期内市场的需求规模是有限的，迅速扩张的产能进而演化为产能过剩的爆发。

3. 银行预算软约束及土地产权的模糊性

我国土地产权的模糊性使得地方政府能够以土地形式为企业进行投资补

贴，而银行预算的软约束又使得地方政府帮助企业向银行转移信贷风险及融资成本成为可能。这都使得企业的实际成本小于社会成本，从而影响着企业对于投资收益的预期，改变着企业的经营决策，为企业的过度投资和行业产能过剩的形成埋下隐患。

（1）银行预算软约束

在 1994 年以前，我国的金融系统实质上是由中央政府控制着的。由于缺乏自主性，金融系统本质上不能被视为独立的利益组织，以国有银行的基层单位为例，其全部经营理念只有两个，一个是依照揽储任务吸纳当地居民的存款，并将吸纳来的存款上交上级部门；二是依照政府的意愿向某些项目及企业提供贷款。在这一时期，金融系统实际上充当着政府资金分配工具的功能，政府对资金具有实质上的控制权。

我国政府于 1994 年对国有银行实施了商业化的体制性改革，这一改革使得上述情况得到了扭转。然而银行的性质决定了其本质上无法对其吸收的存款、发放的贷款进行负责，因此预算约束也无法有效开展，而银行的"预算软约束"，就是指政府干预金融活动。

在当前，正在变革中的商业银行的独立自主性比以往任何一个时期都要强。然而由于我国的公司治理结构仍有欠缺，国有商业银行的分支机构在一定范围内可以对小部分资金进行合理配置，同时，很多地方性商业银行的不断兴建也为地方政府干预金融活动提供了空间。在中央政府逐步放宽对金融活动控制的同时，地方政府却又开始对金融活动进行干预：首先，地方政府为使银行在当地加大金融资源的投放，多为银行提供形式多样的政策优惠；其次，对于本地企业到期不还甚至拖欠、逃避还款的行为，地方政府多鼓励纵容这一行径。由于国有银行预算软约束的存在，中央政府也通过"救助"等措施加强了这样预算软约束，使得地方政府在攫取全国性金融资源中更加如鱼得水，这也使得地方企业生产经营中的信贷风险及融资成本最终将由银行及中央政府来承担。

（2）模糊的土地产权

所谓模糊的土地产权，是对土地最终控制权的不明晰性的描述。处于转型期的中国，城镇化进程不断加快，大量的农村土地逐步向城市土地转变。

当前，农村土地性质是集体所有制，但因"集体"和"集体所有"本身的含混性，使得基于"集体"和"集体所有"而界定的农村土地性质并不是很清晰。在计划经济体制下，政府对土地采取划拨的形式使土地在不同所有制组织间进行流转，这种流转与市场经济体制下的商品交换不同，由于不涉及经济利益，这种模糊的土地产权并没有造成什么问题。随着我国市场经济体制的逐步建立，城镇化步伐逐渐加快，农村中与城市相邻的土地面临着被用来进行商业化的可能。这时依旧模糊的土地产权便会产生问题，由于产权的不清晰使得大量的土地处于开放状态，在现行的土地征管制度下，地方政府能够以合法的手段低价获取这些土地。

在我国实际的土地流转过程中，地方政府多凭借其政治地位以远低于市场价格的补偿价，半强制的从农民手中获取土地，农民由于地方政府的这一行为实际上丧失了因土地用途转变而产生的土地增值收益。地方政府在低价获地后，为了获得自身的业绩以及最大限度的可支配资金，会对不同性质的土地制定不同的出让价格，对于商业用地和住宅用地，地方政府会按照市场价格对这类性质的土地进行转让，由于这类土地的转让价格远高于其当时征用的价格，因而最终这类土地由于改变用途所获得的巨大的土地增值收益实际上被地方政府所获得。

对于工业用地，由于企业建厂投产后会给当地带来税收收入、新的就业岗位，并会增大当地的GDP，这对于地方政府的政绩和财政收入都是有利的，因此地方政府为了吸引企业来当地投资建厂，不仅不按市场价格对这类性质的土地进行转让，而且时常以较低的价格、甚至零地价的方式将这类土地转让给来当地投资建厂的企业。地方政府的这种行为实质上是在对这类企业进行投资补贴，以补偿价格获得土地的投资企业获得了土地由于改变用途而产生的巨大的土地增值收益，以低于补偿价格甚至零地价获得土地的投资企业还获得了地方政府所付出的征地成本。地方政府之所以能够以低于补偿价格甚至零地价的方式向投资企业提供土地，很大程度上依赖于其转让商业用地和住宅用地所获得的巨大收益。

作为最基本生产要素之一的土地，因其稀缺性而被金融系统视为优质抵押物之一。因此，获得土地的企业，不仅获得了土地的生产使用权，并且可以以土地作为抵押，向银行进行贷款，从而获得生产资金。正是基于这种考虑，地方政府官员为了政绩及晋升要求，会有倾向性的对企业进行安排，一些高产值的企业较易以低价获得土地，即使该企业本身能耗大，资金占用多。而产值低的中小企业往往无法获得政府的支持，在土地及资金筹措方面举步维艰。

正因为转轨经济下我国政府间权利被重新配置，分税制的财政体制和以GDP为主的晋升制度对地方政府的激励，使得地方政府与中央政府总是存在着行动目标上的差异，具体表现在两个方面：第一，中央政府作为宏观经济的管理者，保持全社会经济的正常运转和经济的稳定发展是其目标，而作为地方管理者的地方政府则以地方经济的最大化扩张为其目标，因为地方经济的增长速度同地方财政收入及地方政府官员的政治仕途正向相关，这种发展方式极易造成局部经济过热及产能过剩等问题，这是中央政府所不希望看到的。但是对地方来说，这些情况并没有什么危害，反而会使地方受益，因此地方政府在缓解经济过热及抑制产能过剩等方面并没有多少行动力。第二，由于地方独立利益的存在，因此地方政府在中央政府的宏观调控政策下，极可能采取相反的行动策略，从而使得中央政府的调控政策失效。中央政府不仅是宏观经济的管理者，更是国家整体利益的关注者，除了经济利益，中央政府更要协调包括社会政治、生态环境、治安文化等各方面利益。而地方政府作为国家管理的一个层级，虽然也需要关照各方面的利益，但由于受强烈激励的驱动，其更倾向于经济方面的发展，在巨大利益的诱惑下，地方政府很可能会选择损害其他方面利益来换取经济利益，以资源、环境、生态为代价来谋求局部经济利益的发展。

现阶段我国政府逐步放松了对产业经济的管制，但是由于产业进入限制与地方保护及地方分割现象的存在，仍然有很多行业具有较高的进入壁垒，对于民营企业尤为严重。在目前转型经济的背景下，我国的民营企业得到了空前的发展，但是长期以来遭受市场准入方面的政策"歧视"，尽管这种限制正在逐步放开，但在航空、电力、通信、石油、铁路以及金融等传统垄断领域，国有企业仍然占据主导位置，私人投资很难介入。一些行业领域甚至出现了允许外资进入但禁止民营私企进入的现象。但另一方面，诸如水泥、平板玻璃等传统产业以及国家鼓励发展的多晶硅和风电设备等战略性新兴产业，相应的制度性壁垒则较低，进入相对简单。社会资源尤其是民营资本由于缺乏投资渠道，极易在这些行业出现过度进入的现象，造成这些行业产能的严重过剩，而这些资本密集型行业的落后产能又会因为沉没成本的因素而难以及时退出。更为严重的是，中国的进入管制通常不像西方那样以某些技术标准为依据，比如环保、最低质量标准等，而往往在以往历史格局的基础上以直接的行政命令实现经营或进入的授权。因此，从本质上说，它是一种行政性的进入壁垒，从而容易使得企业对管制者进行寻租活动，造成管制的失效。

现阶段产能过剩的行业，多具有较高的退出成本，纵然该行业中产能严重过剩，产业中的企业也无法依靠市场调节自由退出，企业资源及资金无法及时流出。目前退出机制存在许多障碍：一是一些地方政府为了考虑 GDP，主观上存在着保留过剩产能的冲动，当企业生产经营出现问题甚至濒临破产时，地方政府出于政绩及经济利益的考虑会对企业采取挽救措施，不仅不引导企业迅速转产退出，反而给予企业进一步的政策帮助。二是对于企业进行信贷支持的银行迫于债务压力也不愿意看到企业破产关闭，因为一旦企业关停往往意味着银行债务灭失，所以银行也会加入到阻止企业退出的队伍中，宁愿维持企业的现状也不愿企业破产，尚德电力就是如此。无锡尚德是上市公司尚德电力的控股子公司，2013 年尚德电力因破产重组延迟递交 2012 年度财务年报而收到纽交所退市警告。对于尚德电力来说，通过无锡尚德的破产来保全上市公司是最佳选择，但是无锡政府和相关银行极其不希望无锡尚德破产的，这就导致无锡尚德和地方政府及银行间的矛盾，破产过程一波三折。仅就失业员工所需的补偿资金和安置费用而形成的退出壁垒而言，一旦企业关停或转业，就需要面临员工的辞退或者员工的再度培训及安置问题。尤其是新《劳动合同法》实施以后，要解雇员工需要支付较高的成本。即使厂商继续雇用员工，将员工转聘到新的部门，也无法回避支出培训费等成本。所有这些因素都会造成企业退出的困难，导致欲退不能的窘境，从而形成产能过剩。

第四章 我国制造业产能过剩具体原因分析 —出口导向角度

在开放经济条件下，外需和内需都是经济增长的重要动力，共同构成了一个国家对国内和国际市场的总需求。外需主要是指国际市场对国内产品和劳务的需求，而内需是指中国经济运行对国内产品和劳务的需求，其中包含了国内投资部分。

长期以来，相对于我国经济的快速发展，内部需求不足现象十分严重，特别是居民消费长期在低位徘徊。如果用我国社会消费品零售总额的增长速度扣除物价上涨因素以后，消费实际上呈现出下降趋势，由于种种原因，我国居民的消费需求在短期内难以得到有效提高。另外，我国出口的长期加速增长在一定程度上掩盖了我国工业产能过剩的真实性，大量投资被经济的快速发展和出口的高速扩张所支撑，产能泡沫并未破裂。然而，随着2008年以来全球性的金融危机和欧债危机的相继爆发，世界经济形势发生了重大改变，外部需求大幅萎缩使得我国实体经济遭受重创，出口大幅下滑，产品严重供大于求。政府随后采取的投资刺激计划在拉动产能过剩行业需求的同时，也增加了未来潜在的产能过剩，依靠政府投资启动经济的短期刺激政策带来了需求不足与产能过剩的双重矛盾。欧债危机的不断恶化、美国经济复苏困难等国际动荡因素加剧了我国外部经济形势的复杂形势。

制造业是中国国民经济的支柱产业之一，其出口规模一直处于世界前列，长期以来，制造业的出口促进了我国经济高速增长、国民收入的大幅提高和就业岗位的增长。但是，在全球经济一体化的大背景下，尤其是在2008年世界经济危机后，中国制造业出口正面临巨大难题和挑战，欧美等发达国家打着"重塑制造业"的旗帜，积极抢夺世界制造业分工生产价值链，采取种种措施限制中国制造业产品出口，不仅是发达国家在阻碍我国制造业的出口，连发展中国家也凭借劳动力禀赋优势抢夺中国制造业市场。如果不采取有效的应对办法，中国在世界中低端价值链分工的地位就会丧失掉。

第一节 我国制造业消费需求现状分析

一、我国制造业消费需求现状

改革开放以来，我国政府消费率一直保持稳定，波动幅度较小，因此，最终消费率与居民消费率的发展变化趋势呈现出同步状态。从表4-1可以看出，进入21世纪以后我国最终消费率（包括居民消费和政府消费）呈现下降趋势，从2000年的62.30%下降到2010年的48.19%。我国的居民消费率（居民消费支出占GDP的比重）在20世纪90年代相对稳定，进入21世纪以后也呈现下降趋势，并屡创新低，居民消费率从2000年的46.44%下降到2010年的34.94%，下降了11.5%，降幅高达24.76%。2011年和2012年的总体消费率分别达到49.08%和49.20%，其中居民消费率分别为35.42%和35.70%，增幅较小。从消费绝对值来看，我国最终消费和居民消费均呈现增长趋势，最终消费支出由2000年的61 516.00亿元增加到2010年的194 115.00亿元，增长了2.2倍；居民消费支出由2000年的45 854.60亿元增加到了2010年的140 758.60亿元，增长了2.1倍，相对于前十年（1990—1999年）最终消费支出和居民消费支出分别增长了3.6倍和3.4倍的水平，消费支出的增幅发生了大幅下降，消费支出趋缓。

通过表4-2可以看出，我国居民消费率显著低于其他国家。从各国近些年的居民消费率可以看出，在发达国家中，美国、加拿大、法国、德国、日本等国家的居民消费率接近或超过60%，巴西、印度、泰国等发展中国家的居民消费率也在50%以上，而同期我国居民消费率一直在50%以下并呈现明显的下降趋势，不仅低于发达国家同时期的水平，而且比与我国发展水平相当的发展中国家水平要低。2010年我国居民消费率为34.9%，比美国

1930 年以来的历史最低水平低了 16%，比日本 1955 年以来的历史最低水平低了 19%。

表 4-1　2000—2012 年我国消费变化情况

年份	最终消费支出 / 亿元	居民消费支出 / 亿元	最终消费率 / %	最终消费率	
				居民消费率 /%	政府消费率
2000	61 516	45 854.6	62.3	46.44	15.86
2001	66 933.9	49 435.86	61.39	45.34	16.05
2002	71 816.5	53 056.57	59.61	44.04	15.57
2003	77 685.5	57 649.81	56.87	12.2	14.67
2004	87 552.6	65 218.48	54.4	40.52	13.88
2005	99 357.5	72 958.71	53.02	38.93	14.09
2006	113 103.8	82 575.45	50.79	37.08	13.71
2007	132 232.9	96 332.5	49.6	36.13	13.47
2008	153 422.5	111 670.4	48.55	35.34	13.21
2009	169 274.8	123 584.6	48.53	35.43	13.1
2010	194 115	140 758.6	18.19	34.94	13.25
2011	228 561.3	164 945.2	49.08	35.42	13.66
2012	259 599.64	188 370.08	19.20	35.7	13.5

表 4-2　我国与世界一些主要国家同期居民消费率比较（单位：%）

国家	美国	加命大	法国	德国	日本	巴西	印度	泰国	中国
1990 年	56.8	56.2	55.3	56.8	53	—	68.1	56.6	18.8
1998 年	67.2	57.5	54.8	57.6	55.6	62.1	69.1	54.2	15.3
1999 年	67.9	56.7	51.8	58.2	56.1	61.6	66.6	55.9	16
2000 年	69	51.9	51.1	58.9	55.9	60.9	65.1	56.1	16.1
2001 年	70.1	55.8	51.7	59.1	56.1	60.5	65.5	57.3	15.2

续　表

国家	美国	加拿大	法国	德国	日本	巴西	印度	泰国	中国
2002 年	70.8	56.3	51.7	58.6	57.2	57.9	61.1	57.2	13.7
2003 年	70.9	55.9	55.5	58.6	56.9	59.2	64	56.7	41.7
2004 年	—	—	56.1	59.1	—	55.1	60.7	57.1	39.8
2005 年	70.1	55.3	56.7	59.1	57	60.3	57.2	57.8	38.9
2008 年	70.7	55.7	56.7	57	57.7	58.9	59.9	56	35.3
2009 年	71.2	58.9	58	58.9	59.3	61.7	56	54.8	35.4
2010 年	—	—	—	—	—	—	63.2	53.7	34.9

　　消费结构反映了人们在消费过程中所消费的各种类型产品和服务的比例关系，影响着产业结构和各种产品的供求关系。从表 4-3 可以看出，食品消费仍然是我国目前居民消费的主要部分，虽然总体上呈现下降趋势，但相比于其他国家来说，我国食品消费所占比重较高。2010 年，我国居民食品消费占居民消费的 35.67%，而同期美国这一比重仅占 6.6%，韩国这一比重为 13.06%，德国为 11.01%，法国为 13.37%，英国为 9.66%。我国食品消费占居民总消费的 1/3 以上，从侧面反映出我国居民消费水平较低。另外，我国医疗保健、交通通信、教育文化娱乐等舒适性消费和服务性消费占居民消费的比重偏低（表 4-3），特别是在全球性金融危机爆发以来，人们预期经济形势会持续低迷，开始压缩服务性消费支出，在国外市场出现需求大幅度下降的同时，我国市场总体上更是呈现出有效需求不足的态势，汽车、住房、家电等耐用消费品的需求放缓，医疗、保健、教育、文化、娱乐为主的服务性消费发展更是需要较长时期，既有短期需求下行，也有长期性的消费升级所导致的传统消费需求增长缓慢和新兴消费需求不足。短期内通过扩大最终消费需求来扩大内需很难实现，这无疑对消化我国工业过剩产能产生了不利影响。

表4-3　城镇居民消费结构情况（单位：%）

年份	食品	衣着	家庭设备	医疗保健	交通通信	教育文化娱乐	居住	杂项
1999	41.86	10.45	8.57	5.32	6.73	12.28	9.84	4.95
2000	39.44	10.01	7.49	6.36	8.54	13.4	11.31	3.45
2001	38.2	10.05	7.09	6.47	9.3	13.88	11.5	3.51
2002	37.68	9.8	6.45	7.13	10.38	14.96	10.35	3.25
2003	37.12	9.79	6.3	7.31	11.08	14.35	10.74	3.31
2004	37.73	9.56	5.67	7.35	11.75	14.38	10.21	3.35
2005	36.69	10.08	5.62	7.56	12.55	13.82	10.18	3.5
2006	35.78	10.37	5.73	7.14	13.19	13.83	10.4	3.56
2007	36.29	10.42	6.02	6.99	13.58	13.29	9.83	3.58
2008	37.89	10.37	6.15	6.99	12.6	12.08	10.19	3.73
2009	36.52	10.47	6.42	6.98	13.72	12.01	10.02	3.86
2010	35.67	10.72	6.74	6.47	14.73	12.08	9.89	3.7
2011	36.32	11.05	6.75	6.39	14.18	12.21	9.27	3.83

二、我国消费需求增长缓慢原因

不同学者对我国消费率偏低的原因进行了分析，并且总是将消费率偏低与投资率偏高联系起来，认为消费需求增长缓慢的直接原因是投资挤占了消费，即近年来很多企业的高投资增长率是在压低消费的前提下实现的。但是考虑到我国消费率偏低长期存在，投资不可能长期挤占消费，因此，必然存在深层次的原因导致我国长期以来消费水平低下。根据前文的分析可知，我国政府消费较为稳定，因此，消费率低下主要是由居民消费率偏低造成的，故本章将主要针对居民消费率偏低的原因进行深入分析。

1.居民收入状况

收入是决定居民消费水平的主要因素，收入差距的扩大直接影响了我国居民的消费需求，使得对家电、服装、住房等具有较强消费欲望的低收入阶层居民缺乏应有的收入来满足其基本需求，而已经没有多少消费欲望的高收入阶层居民在满足生活需求后难以继续扩大消费占其收入的比重。改革开放以来，我国基尼系数逐年增加，而且1990年以来均超过国际警戒线0.4，2008年达到最高值0.491，2012年达到0.474，表明我国居民收入差距始终维持在较高水平。目前理论界较多关注的是二元经济结构的历史原因和经济体制转轨过程中新旧制度更替以及改革推进的非均衡性与非同一性等导致的城乡二元经济结构，城乡居民收入差距呈扩大趋势。从表4-4反映城乡居民收入差距最为直观的指标——城乡居民收入比可以看出，我国城乡居民收入差距由1978年的2.37扩大到2010年的3.23，自2002年以来，我国城乡收入比一直在"3"以上，2007年城乡居民收入差距扩大到改革开放以来的最高水平3.33，远远超过了国际警戒区间，我国已经成为世界上城乡居民收入差距最大的国家之一。长期以来，我国的国民收入分配结构明显向城市倾斜，城市人口的收入份额逐渐增大，而农民占有的收入份额却不断降低，二者之间收入分配不平等程度日益严重，使得城乡消费能力之间也存在着巨大差异。尽管近年来中央加大了对"三农"的支持力度，农民的收入增速有所提高，城乡居民收入比有所回落，但农民收入增加的部分已经被不断上涨的生产资料抵消掉相当大的部分，真正能够到达农民手中的并不多。而且，农民人均纯收入中有很大一部分是实物收入，相当部分用于生产投资，因此，占我国人口绝大多数农民的实际消费能力相当低。随着我国社会收入分配差距的不断扩大，整个社会的不均衡消费日益扩大，也会造成消费断层和总体消费需求不足现象。

2. 消费环境

消费环境对居民消费需求影响很大，我国目前的消费环境不容乐观。首先，城乡特别是农村基础设施建设滞后，城市交通拥堵、停车设施建设滞后等问题影响居民消费，而在有着巨大消费潜力的农村市场，供水、供电、交通、通信等基础设施建设滞后也制约了农村居民的消费需求。其次，消费的金融环境不健全也严重阻碍了消费需求的扩大，消费信贷的发展和完善可以使居民更加灵活地安排其长期的消费储蓄比例，但目前我国的消费信贷发展缓慢，尚未建立起完善的消费信贷体系，消费信贷存在范围小、品种少、金额有限等问题，居民很难从银行取得消费信贷。以汽车消费为例，发达国家汽车消费80%

是靠消费信贷，而我国只有8%，因此，不得不通过增加储蓄来支付住房、汽车和其他高档消费品等的消费，限制了当期的消费需求。另外，消费品市场秩序混乱、消费政策滞后等也阻碍了居民潜在消费需求向现实需求的转化。我国市场上产品质量、安全问题屡见不鲜，消费纠纷不断，消费者权益得不到保护，人们不敢放心消费。抑制消费的政策未能及时调整、鼓励和刺激消费政策尚不健全以及相应的法律制度缺失等均严重地制约了居民的消费需求。

表4-4　我国城乡居民收入比情况

年　份	收入比	年　份	收入比	年　份	收入比
1978	2.37	1989	2.29	2000	2.79
1979	2.53	1990	2.2	2001	2.9
1980	2.3	1991	2.1	2002	3.11
1981	2.05	1992	2.59	2003	3.23
1982	1.83	1993	2.8	2004	3.21
1983	1.7	1994	2.87	2005	3.22
1984	1.71	1995	2.72	2006	3.28
1985	1.86	1996	2.51	2007	3.33
1986	2.12	1997	2.47	2008	3.31
1987	2.17	1998	2.51	2009	3.33
1988	2.17	1999	2.65	2010	3.23

3. 经济体制改革和社会保障体系不完善

经济体制改革和社会保障体系不完善导致居民收入和支出预期的不确定性增强是影响我国居民消费需求的重要因素。

国有企业破产、现代企业制度建立等企业体制改革的不断推进以及产业结构不断调整导致部分企业员工下岗失业，造成了失业人员收入下降，进而影响消费支出，而在岗人员因担心失业也对未来收入的不确定性增强，而且在市场经济逐渐完善的环境下，经济波动状况、利率、汇率、失业率和通货膨胀率等的变化都增加了对个人未来收入不确定性的影响，因此，居民必将降低消费需求。另外，个人身体健康状况、雇主满意度、企业经营状况等因素均对个人未来收入的影响不确定。因此，为了避免未来风险带来较大的负面影响，人们预防性储蓄动机增强，希望把更多的收入转移到未来进行消费，进而导致即期消费下降。

发达国家有着成熟且完善的教育、养老、医疗等社会保障制度，政府对教育、养老、医疗等的投入很高，覆盖范围较广，居民的教育费用占收入比较低，养老保险和医疗保险体系发展时间很长，已经相当完善，并且保险体系中严格地以被保险人的利益为重。而在我国，社会体制不完善加大了居民未来支出的不确定性，使得人们在消费时非常谨慎，特别是住房、医疗、教育等费用上涨速度之快远远超过部分家庭收入的增长速度，使得居民的预防性储蓄动机更加增强。小学至初中九年义务教育以后，居民需要承担高额的继续深造费用，社会上越来越重视学历使得人们越来越追求更高层次教育，甚至工作以后也面临着再教育问题，因此需要负担高额学费。

随着我国人口老龄化问题日益严重，养老问题受到广泛关注，我国的养老保障制度起步较晚、覆盖面不足，只有部分城镇居民享受到养老保险，很多农村老年人口未能普及。养老金采取现收现付，将来支付养老金的青年人和中年人比例降低，而依靠养老金维持生活的老年人比例将会大幅增加，由此可能会产生支付危机，居民越来越多地为将来的养老增加储蓄。另外，"看病难、看病贵"是我国医疗保险状况的侧面反映，医疗保险是小病不能保，大病保费范围和疾病种类又受到很多限制，国家在医疗保险方面补助较少，部分城镇居民可以享受医疗保险，而数量巨大的农民工居民看病主要还是自己支付。为了预防生病支付高额的医药费，居民不得不增加储蓄，减少即期消费需求。

还有其他一些因素，如我国居民勤俭节约的传统消费观念、人口城市化进展缓慢、居民平均寿命不断提高等原因都使得居民消费倾向得不到应有的提高，我国居民消费需求扩张和消费结构升级严重受阻。

三、国内需求难以消化过剩产能

从根本上说，消费才是经济保持良性循环的最根本因素，制造业投资所形成的中间产品和最终产品都有赖于最终需求——消费来加以消化，消费率的高低表明了投资转化为有效供给的程度，如果消费增长能够相对维持在较高水平，产能过剩问题就难以持续存在。但是在我国，最终消费相对不足尤其是与投资相比长期存在的结构性失衡，成为导致产能过剩的重要原因。投资与消费关系失衡的主要表现即是进入 21 世纪以来，我国投资率不断上升，消费率逐年下降，从 2001 年到 2009 年，投资率由 36.5% 上升到 47.7%，消费率却由 61.4% 下降到 48.0%，其中居民消费率由 45.3% 下降到 35.4%。而且，过度投资会带来投资对消费的挤占效应，我国很多企业是在压低消费的前提下来实现高投资增长率的，并且投资过热所导致的资产膨胀和通货膨胀等最终也会挤占消费，使得国内需求萎缩，而投资在构成当期需求的同时也形成了未来的供给能力，部分缓解短期压力的同时也把矛盾向后推延。因此，随着未来生产能力的不断形成以及国内消费需求扩张长期受阻，特别是经济出现周期性下降带来了国内市场的不景气，面对国内错综复杂的经济形势，居民预防性动机加强，在国家一系列扩大居民消费支出政策的作用下，居民消费支出甚至出现下降，大工业过剩产能无法在国内市场消化，最终形成了产能过剩现象。

第二节　我国制造业出口现状

一、中国制造业出口的总量特征分析

加入 WTO 以来，我国制造业出口额变化显著，2001 年我国制造业出口额为 2 661 亿美元，占世界制造业出口总额的 4.3%，而到 2014 年，我国制造业出口额为 23 423 亿美元，占世界制造业出口总额的 12.4%。中国制造业出口额在 13 年间实现了 8.8 倍增长量的同时，在世界制造业出口总额比重上实现了连续增长的目标，为保持世界货物贸易第一大国和出口第一大国的地位做出了贡献。在 2015 年我国货物贸易进出口总值为 24.59 万亿元，同比下降 7%，其中出口为 14.14 万亿元，下降 1.8%，尽管面临着进出口"双降"的局面，但是货物贸易进出口总值仍然全球居首，出口市场份额为 13%，相比上

一年继续保持提升。

二、中国制造业出口的行业结构特征分析

随着中国经济的发展，在全球一体化和经济区域化趋势加强的大背景下，我国制造业出口参与国际产品生产分工程度进一步加深，同时在2015年"稳增长、调结构"相关政策的鼓励下，我国制造业出口在贸易方式和主体、商品结构、市场多元化、贸易条件以及对经济社会发展的贡献等方面，都在不断优化。虽然中国制造业出口产品中中低科技含量产品仍占有较大的比重，但也在向中高技术含量产品为出口主体的结构转变，整体发展局面良好。例如民营企业进出口比重以及一般贸易出口比重，相比2014都有所提升。2015年我国一般贸易进出口值为13.29万亿元，同比下降6.5%，占进出口总值的54%，其中出口同比增长2.2%，加工贸易进出口则下降10.6%。

2001年为我国加入WTO的第二年，我国制造业出口产品结构中占据主体的为工业制成品（39%），其次为机电产品（19%）、机械及运输设备（15%）和杂项制品（14%），而轻纺橡胶制品和化学品比重则较低，随着加入WTO和中国开放程度的提高，加之国际劳动密集型产品的产业转移，轻纺工业制品和加工贸易制品的出口额比重经历了一个先上升后下降的趋势，而工业制成品出口额比重在不断下降，高新技术产品的出口额比重上升最为显著，竞争力增强也最为明显，如图4-1所示。到2014年，我国制造业出口产品结构中占据主体的仍然为工业制成品（34%），其次为机电产品（10%）、机械及运输设备（16%）、高新技术产品（10%）杂项制品，如图4-2所示。

高新技术产业在2004年的出口额为166亿美元，在当年的制造业出口总额中的比重为27.8%，而经过十年的发展，高新技术产业2014年出口额为661亿美元，在当年的制造业出口额的比重为28.2%。高新技术产业的出口额实现了4倍的增长，对制造业出口总额的贡献增长了0.4个百分点。可见高新技术产业经过数年的发展，在国内已经形成相当大的规模，其中部分领域的产品在国内甚至国外市场上都具有相当强的竞争力。具有代表性高新技术主要支柱产业——电子通信设备制造业不仅实现了贸易顺差，同时产品由于较好的质量和成本优势，在国际市场上开拓了新的局面。

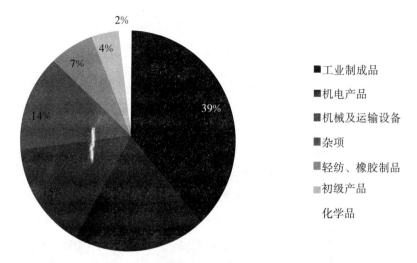

图 4-1 2001 年主要制造业出口额比重图

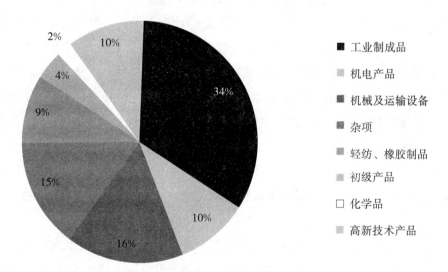

图 4-2 2014 年主要制造业出口额比重图

高新技术产品作为后起之秀，体现了我国制造业出口在结构上不断优化资源配置，高技术、中技术制造业产品的出口占据主导地位的同时，中低技术、低技术制造业出口产品占比不断下降，但目前中国制造业产品最具有出口数量竞争力的仍在传统的劳动密集型特点较为显著的中低技术制造业出口产品，中低技术制造业出口产品在中国制造业产品出口中目前仍占较大份额。

而我国高新技术产业产品的出口不断增加，传统制造业出口减少，行业结构不断优化，产品的竞争力也在结构优化的过程中得到提升。

三、中国制造业出口的地区特征分析

我国的制造业出口主要集中在三大区域——长江三角洲、珠江三角洲和京津冀地区，而三大地区的发展基于历史的原因，产业结构和主要出口产品各有不同。长三角在历史上主要是以传统制造业为主，出口产品主要集中于代加工为主的通信设备、计算机及其他电子设备制造业和纺织业，产业特征主要表现为高资本投入和劳动密集型，但产品的附加值较低，在国际分工体系中处在世界价值链的低端位置，加之金融危机的影响和中国经济发展带来的成本优势的丧失，使得长江三角洲传统制造业出口优势丧失。近年来，长三角着眼于产业结构的调整和内部优化，提升制造业的技术水平和创新力，重点发展物流产业、高新技术产业，实现制造业出口产品竞争力的提高。

珠三角的发展主要得益于政策上改革开放的优势，在发展的初期主要以加工组装产品为主，未与当地优势资源对接形成自己的特色产业和优势产业，产业特征为劳动密集型，在面对欧美发达国家制造业产业转移和南亚等国家劳动力优势成本的竞争，珠三角的加工制造业萎缩较为严重。近年来，珠三角实施信息产业发展战略，充分发挥广东制造业的优势，大力发展高新技术产业、电子信息产业和重化工业，实现传统制造业、现代制造业和现代服务业的有机结合，从而构建完善强大的制造业产业体系，实现制造业的长远发展。

京津冀地区制造业的发展水平较低，产业的特征主要倾向于内向型，主要为资源型产业，如河北地区的钢产品制造等重化工制造业，但是在当前面临着产能过剩的压力。京津冀地区在依托政策优势的前提下，可依靠科研机构和高等院校雄厚的科技优势及中韩自贸区建设的发展机遇，实现产业结构的升级改造，根据北京、天津和河北等城市的不同特点，各自有重点发展加工制造业高技术产业等。

第三节　基于出口导向角度的产能过剩具体原因

一、出口产品结构不合理

2011 年我国进出口总值为 36 418.65 亿美元，其中出口总值为 18 983.81 亿美元，同比增长 20.32%，工业制成品的出口总额为 17 978.36 亿美元，占出口总额的 94.70%。中国的对外贸易额在 1997 年到 2001 年稳步增长，自加入 WTO 后我国的贸易增长势头强劲，基本保持了每年 20% 以上的增长速度，2003 年的增速达到 35.49%。2009 年的下降是因为经济危机，下降了 16.01%，由于我国政府出台了固定资产投资的拉动政策，2010 年和 2011 年贸易重新出现了高速增长。工业制成品出口额的变动趋势与总出口额基本一致，值得一提的是工业制成品的出口额占总出口额的 90% 以上。可见制造业出口对我国对外贸易、制造业行业优化和发展是非常重要的。

与出口相对应的是进口，而这两者的相互关系，对一个国家制定一定时期内的对外贸易政策很重要。20 世纪末开始我国一直奉行的是出口导向战略，出口导向战略一般要经历两个阶段：第一个阶段，以轻工业产品出口替代初级产品出口，主要发展劳动密集型工业，如食品、服装、纺织品、一般家电制造业等，随着生产规模的扩大和国际市场环境的变化就进入了第二个阶段；第二个阶段是以重化工业产品出口替代轻工业产品的出口，致力于发展资本密集型和技术密集型工业，如机械电子、石化等行业；第三个阶段，把重心转向技术密集型的行业，改变以往粗放型的发展模式，致力于打造"中国创造"，向产业链高附加值的阶段靠拢。第二个阶段我国已经基本完成，想要实现第三阶段的目标，还需要一定时间。

这两年我国的出口增速不及进口增速，主要是因为危机后的国际市场需求紧缩严重，占出口量大部分的制造业出口受到重创，国外贸易保护主义盛行，不仅发达国家对我国进行技术壁垒、绿色壁垒以及惩罚性关税等措施，像印度、菲律宾等发展中国家也对我国的制造业产品进行"双反"调查。我国贸易顺差出现转折，逐渐缩小，意味着出口阻力大，国内出现产品积压，价格下降，企业利润减少等不景气现象。

二、国际市场竞争力弱

从产业链的角度来理解产品竞争力可以借助微笑曲线。微笑曲线是一条两头高中间低的曲线，从左向右依次代表产业链上游、中游、下游，也就是设计研发、生产和销售。两端的产品附加值高，中间的加工制造环节则附加值较低，但是附加值低的环节对技术要求不高，容易广泛被掌握，所以很多企业在这个环节进入市场。一般的制造、组装产业就是低附加值产业，企业为了在这个环节争得利润，就会不断扩大规模，可是一旦出现经济不景气，需求萎缩，整个产业链中受影响最大的就是这里，特别是那些规模很大的企业。例如，光伏产业链中，上游的高纯度多晶硅制备和下游的光伏应用环节具有高附加值，中间电池组件的制造环节则附加值很低，相应的利润空间也有限。我国恰恰就是集中生产这部分利润小、附加值低的电池组件，缺少竞争力，如图4-3所示。

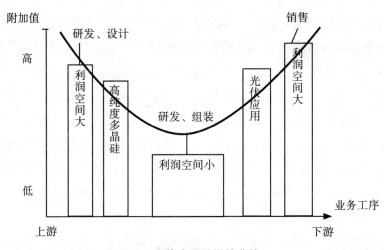

图4-3 光伏产业链微笑曲线

我国制造业出口的产品大多处在产业价值链的低端，很少有高端产品打响中国品牌。技术含量低，技术创新机制不健全导致出口产品的结构不合理，简单加工，普通制造的企业多，高端制造，技术创新的企业少。技术含量、研发能力不足延缓了我国产品进入国际市场的进程。

首先，产品竞争力弱，无法开拓国际市场。中国的制造业企业由于技术水平所限，难以生产高档次的产品，在出口商屡屡受挫。在年经济危机后全球需求量都减少的情况下，外国更是用技术壁垒和绿色壁垒把我们的产品挡在国门外。虽然有人说，这个是贸易摩擦，是国外利用不正当的贸易保护措施，维护本国企业的生存发展，但仔细分析一下，就不难发现，的确是我们的产品没有国外的技术含量高、质量差别大，所以要根本上解决产品出口难问题还是提高产品竞争力。

其次，产品竞争力弱，丧失国内市场。不仅我国产品不能出口到国外，我们自己的国内市场还会成为别人争抢的"鱼肉"。十多年前国内家电企业凭借低廉的价格占据了国内的绝大部分市场。但一直以低价格的方式进行行业内竞争，损害了每个低价竞争企业的利益，忽视产品创新的后果是非常严重的，几年后国外家电以高性能、高品质重新进入我国市场后，夺走了国内企业的市场份额，并且给消费者造成了一种外来产品是高科技、高质量的，这种固有印象现在还影响着国人，即使后来我国家电制造商具备了相同技术，却无法卖出和国外产品相同的价格，眼睁睁看着利润被外国制造商赚走，其他制造业行业也会出现相似情况。

最后，产品没有竞争力，即使是已经开发的国际市场也会丢失。中国制造在国际上的竞争优势主要是低成本，与低成本相关联的就是加工贸易所表现出来的技术水平低，产品附加值少。发达国家以此突破口设置贸易壁垒，欧美国家为了应对与中国的贸易逆差，用反倾销手段对中国产品的出口设置障碍。一是针对中国技术引进环节的关键技术在引进时就签订了专利保护协议，如技术合作双方约定以该技术实现生产所得的产品不得出口技术出口国市场，或相关产品仅在技术进口国市场销售等。二是对中国进行更加严格的技术封锁，如采用"专利网战略"。三是针对中国产品"低技术含量、缺乏自主核心技术"的现状设置较高技术性贸易壁垒。"中国制造"因总是生产低技术含量产品，缺乏自主品牌，又是贸易大国，在经济危机中受到的影响比别国大，对全球的贸易结构也产生巨大冲击。欧美等发达国家运用技术性贸易壁垒攻击"中国制造",进而造成国内产品走不出去,产能释放受阻,出现产能过剩危机。如 2012 年上半年中国共遭遇了 18 个国家、地区发起的贸易救济调查,反倾销、反补贴、特保等这一类的贸易救济调查 40 起,同比增长了 38%,涉案金额 37 亿美元,同比增长了 76%。这些贸易救济调查既有发达国家发起的,也有发展中国家发起的。由此推出,产品竞争力低下,影响制造业出口贸易数量,加速了制造业产能过剩的出现。

三、国际市场环境恶化

自加入 WTO 后,对外贸易的高速发展强力推动了我国经济发展,出口多于进口,贸易顺差增加,每年都外汇创收,但是保有太多外汇储备,成为发达国家的"债主"对我国贸易安全是不利的。对外贸易依存度高说明我国的外贸独立性差,没有自主权和话语权,当发达国家、甚至经济实力不如我们的发展中国家对我国采取的贸易制裁,带来的影响是严重而又持久的。国际社会增加对我国的反倾销、技术贸易壁垒和绿色贸易壁垒,严重影响了我国制造业产品的出口。再加上近几年国际冲突不断,人民币升值压力大,国际金融危机和公共卫生安全都或多或少给贸易环境带来不利影响。

1. 贸易摩擦增加

我国制造业产品出口主要依靠的是劳动力资源优势,缺乏技术含量和质量的竞争力。价格成本优势是我国站在世界舞台上的一把利刃,但是通过低成本和低价格占领国际市场的策略,必定会对别国自身的制造业产生冲击。它们出于对本国制造业和企业的保护,对我国采取不公政策,建立起一道道壁垒也是显而易见的。一方面,产能过剩无法在国内消化,势必增加对国际市场的争夺,加剧各国之间的贸易摩擦;另一方面,为了尽快摆脱金融危机的影响,诸如美国等发达国家提出"再工业化",这也加剧了国际企业之间的竞争,为贸易保护主义的盛行埋下伏笔。

我国的钢铁、电解铝、平板玻璃、光伏和风电设备行业都不同程度遭到美国等国家的反倾销、反补贴调查或制裁,例如 2008 年澳大利亚对原产于或从中国进口的铝挤压材发起反倾销、反补贴合并调查;2010 年 4 月 21 日,美国商务部宣布决定对从中国进口的铝型材发起反倾销和反补贴调查;土耳其和加拿大也采取同样行动。我国的光伏行业遭受到打击更为严重：2012 年 5 月 17 日，美国商务部决定对中国企业出口到美国的光伏产品采取反倾销措施，征收的惩罚性关税不低于 30%；2012 年 9 月 6 日，继美国之后，欧盟又对中国光伏设备进行"双反"调查。不仅发达国家如此，发展中国家为了保护国内产业和发展民族经济，也对中国的产品出口设置了较高的贸易壁垒，例如 2009 年 6 月 19 日，印度正式决定对我国铝板、铝箔征收为期 2 年的特保税。

2. 人民币升值

人民币升值会给我国经济带来许多负面影响，所以弄清其危害和影响机制有利于我们找到应对它的办法。

第一，人民币升值增加了我国出口产品的价格，丧失价格优势。如果出现贸易逆差，就会更损害我国制造业出口产品的竞争力，国外对我国的直接投资会减少，我们无法继续获得外资企业的"技术溢出"效应，原本属于我国的制造业订单也会流向东南亚那些劳动力更廉价的国家。阻碍新型工业化和产业优化升级的步伐，增加就业难度和失业的可能。

第二，人民币升值会给国际投机者机会。美国等发达国家对人民币不断施压，近几年人民币也确实升值不少。这样国外投机者预期到人民币会持续升值，便把大量的美元带入国内兑换成人民币。等人民币升值之后，再兑换回美元，想办法把资本倒出到国外。这种投机行为对我国金融安全产生极大威胁把我国劳动人民辛苦积累下的财富无理"窃走"，消耗国内的资源让投机倒把者获了利。游资短期内大量涌入，造成国内物价高涨，生活成本加大，社会不稳定因素增多。

第三，一旦人民币真的升值，会造成民众对经济形式不良的预期，增加政府宏观调控的难度。一是使得民间投资和消费更加疲软，因为我国的有效需求不足，更加大供给与需求间的差距，导致产能过剩加重；二是使经济增长会更加依赖积极财政政策，伴随而来的是又一轮固定资产的大规模建设，给钢铁水泥等行业错误的信号，加大建厂的生产力度，为今后的产能过剩埋下伏笔；三是伴随人民币升值，货币政策面临陷入流动性陷阱的风险，导致通货膨胀，使原材料价格上升，企业利润降低。

以上关于制造业产能过剩的原因，已经被多数专家学者认同和证实。但是没有人尝试从出口导向的视角去看待、解释和解决。结合制造业出口现状分析和制造业产能过剩现状分析，笔者认为，任何经济活动都是处在一个大周期内，一定会有危机、复苏、高涨、衰退的循环，纵观近百年的经济发展历程，会发现全球经济一体化的趋势明显，国内国外的外缘界限越来越模糊，不论哪个经济个体或地区出现波动，都能造成全球的变化。像我国这种贸易大国和全球经济联系更是密切，所以眼光不能局限在国内，要从两个市场，两种资源上认识国内制造业产能过剩问题。笔者认为出口导向战略作为产能过剩的原因之一，与产能过剩之间存在着如下的传导机制，如图 4-4。

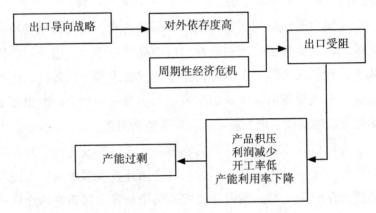

图 4-4　基于出口导向角度的产能过剩传导机制

第五章 我国制造业产能过剩具体原因分析 —市场结构角度

近年来，针对产能过剩问题日益严重的情况，寻求产能过剩的成因并据以制定相应的宏观调控政策已经得到社会各界的广泛关注。导致我国产能过剩出现的原因是多方面的，其中包括经济体制、厂商策略、市场结构、需求不足等方方面面，既有宏观方面的因素，也有微观方面的因素；既有企业自身的因素，也有政府方面的因素。本章将从市场结构角度对我国产能过剩的形成原因进行分析。在我国，产能过剩出现的最直接原因是固定资产投资持续高速增长，且已经远远高于 GDP 和居民收入增速。在相同的市场经济环境下，众多企业因政策、市场、行业发展程度等各种不确定因素，而做出进入某一相同行业的决策，当行业中进入企业的数目达到一定程度时，行业就会发生投资过度，出现投资的"潮涌"现象，等到每个企业的投资完成后，不可避免地将会出现产能严重过剩现象。

经济增长的动力来源主要有三个方面，即消费、投资和出口。根据其对经济增长贡献的大小不同，可以将经济增长模式分为消费拉动型、投资拉动型和出口导向型三种类型。三种经济增长模式是相对而言的，实际上，任何国家在经济发展过程中都存在上述三种动力的共同作用，不同模式之间的区分在于以哪一个动力为主。一般来说，投资拉动型的经济增长主要适合于处于工业化阶段的发展中国家，出口导向型经济增长则适合于国内市场狭小的国家，而发达的成熟市场经济国家则以消费拉动型的经济增长模式为主。消费和出口通常是经济体的最终需求，直接构成了当年的 GDP，是经济生产的最终目的。而投资则既构成了本年度的最终产品需求，也形成了未来的生产能力，成为未来生产的资本要素投入。因此，投资作为经济增长的动力，就存在着当前投资与未来消费需求是否相匹配的问题。当二者不匹配时，就很容易引发供求失衡。

国内外专家学者对市场结构与产能过剩之间的关系进行了大量研究。Esposito. F. F 和 Esposito. L（1974）考察了 1963—1966 年（需求增长时期）美国 35 个制造业行业市场结构与过剩产能之间的关系，认为局部寡占比高寡占或原子型的产业形成更多的过剩产能，有效配置资源的程度要更低，高寡占或原子型产业在未充分利用资本的程度方面没有显著差别。Mann 等（1979）考察了 20 世纪 50 年代末到 60 年代初不同的市场结构对这一时期产能过剩情况的调整，即市场结构与产能过剩之间关系的动态性。其指出较高集中度的产业比竞争型或局部寡占产业调整速度要快，而局部寡占产业比原子型产业调整速度要快。当把销售的增长率引入方程时，高度集中的产业保持着显著较快的调整速度，但是在竞争型产业和局部寡占产业之间则不存在显著差别。国内学者对二者之间关系的研究起步较晚。万岷（2006）指出从根本上说我国钢铁产业产能过剩是产业结构不合理问题，市场集中度偏低、规模经济效益不强，造成了钢铁企业之间过度竞争，加剧了钢铁行业生产能力过剩。曾繁梅（2007）介绍了不同市场结构下过剩产能的形成机理，指出我国工业行业市场结构与过剩产能之间的关系比较复杂，它们是否存在因果关系要视具体行业而定。路楠林（2007）利用代表竞争程度的变量、进入壁垒、市场差异化程度等几个市场结构的重要因素对五个制造业的典型行业产能过剩变量做回归分析，发现在某些行业内市场结构与产能过剩之间存在显著的相关性，并对实证结果进行了经济分析。曹建海和江飞涛（2010）指出中国钢铁行业处于高速发展时期，低集中度和逆集中化现象具有阶段合理性，通过与国外相同行业的企业规模和集中度进行比较，得出中国企业规模相对过小、集中度过低以及不能充分利用规模经济，并以此为依据说明这些行业产业组织不合理、存在重复建设的结论并不合理，不能将低集中度和逆集中化趋势作为判断中国钢铁行业重复建设、产业组织恶化的依据。

本章以钢铁行业、水泥行业和电解铝行业为代表分析我了我国市场结构的现状及市场行为。

第一节　市场结构的含义及影响因素

一、市场结构的含义

在产业组织理论中，市场结构是指规定构成市场的卖者（企业）之间、买者（企业或消费者）之间、买者集团与卖者集团之间以及市场上已有的买者和卖者与准备进入市场的潜在的买者和卖者之间等诸多关系的因素及其特征。市场结构决定市场的价格形成方式，因而是决定组织竞争性质的基本因素。

决定市场结构的重要因素有：① 市场集中度；② 产品差别化；③ 企业的进入和退出壁垒。上述诸因素之间相互影响，当决定市场结构的某一因素发生变化时，就会导致市场结构中其他因素的变化，从而使该产业整个市场结构的特征发生变化。

二、市场结构的影响因素

在产业组织理论中，通常把市场集中度作为决定市场结构的首要因素，这是因为市场集中度的变化对市场的竞争状态具有很大的影响，可以反映买卖双方的市场集中程度。市场是由买卖双方组成的，因此，市场集中度包括买方集中度和卖方集中度。但是，由于买方集中度仅限于某些特殊产业，从而在产业组织理论中，市场集中度主要是指卖方集中度。

1. 市场集中度的定义、测度方法及影响因素

一般来说，市场集中度的高低不仅反映了行业的市场结构和市场势力状况，而且对市场行为、经济效益和产业竞争力有着重要影响，因此，市场集中度的测定十分必要。在国际上，通常采用集中度、赫希曼－赫芬达尔指数和熵指数来衡量一个行业的市场集中度。

（1）集中度 CR_n

集中度通常用在规模上处于前几位企业的生产、销售、资产或职工的累计数量（或数额）占整个市场的生产、销售、资产、职工总量的比重来表示，

用以反映某一特定市场中（或行业内）规模最大的前几位企业某一指标（产值、产量、销售额、销售量、职工人数、资产总额等）所占有的市场份额。设 X_i 为 X 产业第 i 位企业该指标的数值；N 为 X 产业的全部企业数，n 表示产业内前几位大企业的数目；S_i 表示产业内第 i 个企业的市场占有份额，$S_i=X_i/X$。集中度的计算公式为：

$$CR_n = \sum_{i=1}^{n} X_i \Big/ \sum_{i=1}^{N} X_i \quad \text{或} \quad CR_n = \sum_{i=1}^{n} S_i$$

其中，CR_n 为 X 产业中规模前 n 位企业的市场集中度，它介于 0 与 1 之间，数值越大，表示市场越集中，目前标准的 CR_n 是计算前四位企业的市场份额之和。在各国的竞争政策实践中，测定 CR_n 所选取的 n 值是不一致的，美国一般计算 CR_4、CR_{10}、CR_{20}、CR_{50}，日本一般计算 CR_3、CR_4、CR_5、CR_8、CR_{10}，而英国主要计算 CR_5 来评价一个行业的集中度。这种方法实际上是以寡头垄断理论为基础，测定主要企业的市场支配力程度。CR_n 越高，市场支配势力越大，竞争程度越低。CR_n 能够形象地反映市场集中状况，显示市场的垄断和竞争程度，综合地反映企业数量和规模这两个决定市场结构的重要方面。其计算也比较简便，所需资料较易获得，因此是使用最为广泛的市场集中度指标。

产业集中度指标综合反映企业数量和规模这两个决定市场结构的重要方面，然而它所表达的企业集中程度并不完全真实，存在一定缺陷：① 不能反映全部企业规模分布对市场集中度的影响，只反映了最大的几个企业的总体规模。因为这种方法只考虑最大的前几个企业的规模与所占份额，而忽略了其余企业的规模分布状况，所以有时认识不够全面。尤其是它不利于对比不同产业的集中度。② 无法体现最大的几个企业之间的相对情况，或者说，没有表明这几个大企业的市场份额在其内部如何分布。③ 这个指标难以反映市场份额和产品差异程度的变化情况。④ 由于产业分类只是以生产过程为标准，没有考虑需求替代的因素，所以产业集中度常常不能很好地反映产业内企业间的竞争程度。⑤ 在产业分类中属于某一产业的企业，可能在进行生产结构调整中生产属于其他产业的产品，这可能会影响产品的价格，而并不影响所统计的产业集中度。

最早运用集中度指标对产业的垄断和竞争程度进行分类研究的是贝恩（Bain，1951）。贝恩依据产业内前四位和前八位企业集中度指标将集中类型分成六个等级，并依据这种分类对当时美国产业的集中程度进行了测定（表5-1）。

表5-1　贝恩对产业垄断程度和竞争类型的划分（美国）

类　型	前四位企业市场占有率（CR_n）	前八位企业市场占有率（CR_n）	该产业的企业总数
极高寡占型 A	75% 以上	–	20 家以内
极高寡占型 B	75% 以上	–	20～40 家
高集中寡占型	65%～75%	0.85	20～100 家
中（上）集中寡占型	50%～65%	75%～85%	企业数较多
中（下）集中寡占型	35%～50%	45%～75%	企业数很多
低集中寡占型	30%～35%	10%～45%	企业数很多
原子型	30% 以下	10% 以下	企业数极其多，无集中现象

由于各国国情不同，学者对本国产业垄断、竞争分类的具体标准也不尽相同，但大体上与贝恩的分类方法相一致。日本学者植草益运用本国 1963 年的统计资料，根据前八位企业的集中度指标对市场结构做出如表 5-2 所示的分类。

表5-2　植草益的市场结构分类

集中度	$CR_8 < 40$		$CR_8 > 40$	
市场结构类型	竞争型		寡占型	
集中度	$CR_8 < 20$	$20 < CR_8 < 40$	$40 < CR_8 < 70$	$CR_8 > 70$
市场结构类型	分散竞争型	低集中竞争型	高、中寡占型	极高寡占型

（2）赫希曼－赫芬达尔指数

赫希曼－赫芬达尔指数，简称 HI 指数（A. O. Hirschman–O.C. Herfindahl index）。HI 指数是赫希曼和赫芬达尔于 1964 年提出的，是衡量产业集中状况的重要综合性指标，是指某行业内所有企业市场份额的平方和，其计算公式为：

$$HI = \sum_{i=1}^{N} \left(\frac{X_i}{X} \right)^2 = \sum_{i=1}^{N} S_i^2$$

其中，X 代表市场总规模；X_i 代表第 i 个企业的规模；$S_i = X_i / X$，表示第 i 个企业所占的市场份额；N 为全部企业个数。很明显，HI 指数给每个企业的市场份额一个权重，这个权重就是其市场份额本身。倘若市场份额按 0 到 1 计算，HI 值范围从最小到 1；倘若市场份额按 0 到 100 的百分比值计算，HI 值范围从最小到 10 000。一般来说，HI 指数越大，则市场集中度越高；反之，HI 指数越小，则市场集中度越低。当市场由一家企业独占，即 $X_1 = X$ 时，HI=1；当所有的企业规模相同，即 $X_1=X_2=X_3=\cdots X$ 时，HI=l/N。产业内企业的规模越是接近，且企业数越多，HI 指数就越接近于 0。而且，HI 指数对规模较大的前几家企业（通常称为上位企业）的市场份额比重的变化反应特别敏感，而对市场份额很小的企业市场份额的变化和小企业数量的变化反应就很小，可以真实地反映市场中的各企业之间规模的差别大小。另外，HI 指数可以不受企业数量和规模分布的影响，包含了所有企业的规模信息，能够反映出行业集中度所无法反映的集中度差别，可以测量全部产业的集中度变化。因此，HI 指数能够较好地测定、反映企业的集中度，判断市场结构类型，作为一个能综合反映产业内企业规模分布的指标而被广泛应用。

HI 指数包含了市场中所有企业的市场占有率，从而可以弥补 CR_n 的不足。但 HI 指数也遭到了一些学者的批评，指出该指数是一个没有内容的纯数字，使用者必须将其转换成集中度同等物以表达其可能含有的意义；市场份额的权重在理论上或实证模型上缺乏依据，可能会过高估计大企业市场份额，而忽略小企业的重要性（魏后凯，2001）；它需要具备市场上所有企业的占有率资料，这一点有时不易做到。事实上，当人们需要考察能达到行业某一产出水平或市场份额（如 75%）最大规模企业的数目时，采用这种方法被证明是可行的。根据 HI 指数对市场结构的分类，不同国家的学者也有不同的划分标准。表5-3为1980年日本公正交易委员会公布的标准。

表5-3　1980年日本公正交易委员会公布的标准

HI 指数	HI ≥ 3 000	1 800 ≤ HI <3 000	1 400 ≤ HI <1800	1 000 ≤ HI <1 400	500 ≤ HI <1 000	HI<500
市场结构类型	高度寡头垄断型 I	高度寡头垄断型 II	低度寡头垄断型 I	低度寡头垄断型 II	竞争型 I	竞争型 II

我国学者魏后凯在前人研究的基础上，参考日本公正交易委员会的划分标准，结合我国制造业市场结构高度分散的特点，提出了市场结构的划分标准，采用 HI 指数将市场结构分为六种基本类型（表5-4）。

表5-4　我国制造业市场结构类型

HI 指数	HI ≥ 1 800	1 000 ≤ HI <1 800	500 ≤ HI <1 000	200 ≤ HI <500	100 ≤ HI <200	HI<100
市场结构类型	高度寡占型	低度寡占型	低集中竞争型	分散竞争型	高度分散型	极端分散型

（3）熵指数 EI

熵指数 EI（Entropy index）又叫因托比指数，它借用了信息理论中熵的概念，具有平均信息量的含义。它反映了市场中所有企业的规模状况，其定义式为：

$$EI = \sum_{i=1}^{N} S_i \ln \left(\frac{1}{S_i} \right)$$

其中，S_i 表示特定产业市场中第 i 个企业的市场份额；N 表示特定产业市场中的企业数。比较公式，可以发现 HI 和 EI 这两个指数之间既有共同点，也有不同点。共同点在于两者均属于综合指数，都反映了市场中所有企业的规模情况，并且都是企业的市场份额之和；与 HI 指数不同，EI 指数对每个企业的市场份额赋予了一个 ln（$1/S_i$）的权数。也就是说，它赋予大企业的权数较小，而赋予小企业的权数较大。其结果是熵指数的大小与实际情况恰好相反。EI 值越大，表示集中度越低；反之，EI 值越小，表示集中度越高。

近年来，在美国、日本等发达国家，越来越多的学者采用赫芬达尔指数来衡量产业集中度，这主要是因为这些国家经济比较发达，产业集中度较高。而赫芬达尔指数赋予大企业一个较大权，可以较好地反映高集中度的细微变化。而魏后凯（2002）认为，在我国大多数制造业行业，小企业数量众多，分布十分广泛，许多行业属于典型的原子型市场结构，而熵指数赋予小企业一个较大的权重，可以较好地反映低产业集中度的细微变化。从这方面讲，采用熵指数可能更适合我国的实际情况。事实上，无论采取何种指标都具有一定的缺陷，因而要全面反映市场集中度状况，需要采取多种指标进行综合分析。

（4）影响市场集中度的因素

市场集中度反映的是产业生产经营的集中程度，其高低是由产业的市场容量和企业规模的相对关系决定的。因此，该产业内企业的规模和市场容量就是两个直接影响因素，另外，政府政策法规也对市场集中度具有影响。

第一，企业规模变化。

其一，企业有扩大规模的动机。这有两方面的原因：一是追求规模经济效益。在市场竞争的强制作用下，每一个追求利润最大化的企业都力求把自己的企业规模扩展到单位产品的生产成本和销售费用达到最小的水平，即最优规模的水平。有限的市场容量和各企业追求规模经济的动机结合在一起，就会造成生产的集中和企业数目的减少。二是垄断动机。企业总是试图减少竞争对手、扩大企业规模、提高市场占有率，以力争一定的垄断地位，从而获取垄断利润。

其二，技术进步为厂商扩大规模提供了可能。随着工业生产技术的发展，产生了许多大型机械设备和大型生产线，使产品生产经营的规模扩大，厂商规模也相应得到扩大。

第二，市场容量变化。

市场容量扩大容易降低集中度，主要是因为市场容量的扩大，一方面抵消了企业合并和大企业规模膨胀而形成的集中趋势；另一方面又为产业内规模较小企业的成长和新企业进入提供了契机，进而使得市场集中度降低。反之，市场容量缩小或不变往往容易提高集中度，原因是市场规模越小，竞争越激烈，企业越难进行扩张，新企业也越难进入，而且大企业在市场容量缩小或不变时往往凭借雄厚的实力设法挤垮和兼并弱小企业。

第三，政府的政策与法规的影响。

政府的政策与法规也是影响市场集中度的重要因素。政府颁布政策与法规的目的或者是促进竞争，或者是限制竞争，因此，其对市场集中度的影响是双重的。一方面，为了防止垄断对资源利用效率和竞争活力以及消费者利益的损害，许多国家通过制定反托拉斯法、中小企业促进法等，限制企业规模的过分扩张，防止出现垄断和集中；另一方面，许多国家为了提高本国企业在国际市场上的竞争实力，扩大出口，往往采取特许经营政策、促进联合政策、实行生产许可证制度等放宽对企业大规模合并和联合的限制，鼓励厂商扩大规模，促进集中。

2. 产品差别化

（1）产品差别化的含义

所谓产品差别化，是指同一行业市场内不同企业提供的同类产品由于外观、质量、性能、式样、买方主观印象和知识偏差、销售服务、信息提供、销售地理位置和消费偏好等方面存在的差异导致的产品间替代关系不完全性的状况，或者说特定企业的产品具有独特的可以与同行业其他企业产品相区别的特点。

（2）产品差别化与市场结构

产品差别化作为市场结构的一项重要影响因素，与影响市场结构其他因素的关系主要表现如下。

产品差别化影响市场集中度。大企业通过产品差别化扩大市场份额，使市场集中度上升；小企业运用产品差别化扩大市场份额使市场分散。但是，总体来讲，产品差别化使市场集中度上升。一方面，居于市场前位的企业可以通过扩大产品差别，保持或提高产品的市场占有率，提高市场集中度，从而改变市场结构；后位企业也可以通过开发技术，推出新产品，形成自己的差别产品，从而提高市场占有率，改变产业内企业规模的分布结构，降低或形成新的集中度，使市场结构发生变化。另一方面，随着市场集中度的提高，企业开发新产品的能力增强，使得本企业产品科技含量及质量不断提高，其产品的差异程度也会相应得到扩大。

产品差别化形成进入壁垒。在一个具有较强产品差别的行业，新企业要想进入，必须在设计、生产、促销上花费大量资金，从而形成进入障碍。产品差别越强，进入障碍越大，高产品差别成为保持市场结构稳定的重要因素。

产品差别化影响产业内垄断和竞争的程度。产业内垄断和竞争程度的高低是影响市场结构的主要方面。产品差别越大，产品间替代的可能性就越小，该产业竞争的程度就越低；反之，非差别化商品之间替代的可能性就会越大，产业内的竞争程度就会提高，垄断因素就会降低。

3. 进入和退出壁垒

在关于市场结构的研究中，对市场集中度和产品差别化的分析，侧重于考察产业内已有企业的市场关系，反映的是市场中已有竞争企业的数量和竞争程度。而对进入壁垒的分析，则是从新企业进入市场的角度来考察市场关系的调整和变化，考察产业内已有企业与准备进入的企业之间的竞争关系，反映的是市场中潜在的竞争程度。退出壁垒则是反映已有企业退出市场所带来的市场关系的变化。

（1）进入壁垒的定义

关于进入壁垒的定义，贝恩早在1956年出版的《排斥新竞争的壁垒》一书中，就指出进入壁垒就是"某一产业中的在位者对于潜在进入者所具有的优势，这些优势反映在在位者能够把价格提高到竞争性价格水平之上，而又不会招致新厂商的进入"。从另外一个角度讲，进入壁垒主要是指相对于企图进入的新企业，现存企业所具有的竞争优势或者说是新企业在与原企业竞争时所遇到的不利性壁垒因素。这种障碍的存在，会使某些潜在进入者承受着现有企业不必承受的各种成本负担或者根本无法进入，保护现有企业的市场份额，从而行业内大企业的支配势力和市场份额就大，有利于产业集中。进入壁垒的大小既反映了市场内在位企业的优势大小，也反映了潜在企业或新企业所面临劣势的程度。

（2）进入壁垒的分类

进入壁垒是指与某一产业的在位厂商赚取超额利润时能够阻止新厂商进

入的那些因素。可分为结构性（或经济性）进入壁垒、策略性进入壁垒和制度性进入壁垒。

①结构性（或经济性）进入壁垒。结构性（或经济性）进入壁垒产生于欲进入的产业本身的基本特性，即进入某一特定产业时遇到的经济障碍以及克服这些障碍所导致的成本提高，包括技术、规模经济、绝对成本优势、市场容量和产品差别化等方面的障碍。

②策略性进入壁垒。策略性进入壁垒是指在位企业为了保持在市场上的主导地位，获取垄断利润，主动采取进入阻止战略，排斥潜在进入者。这些策略性行为包括限制性定价、过剩生产能力的投资、掠夺性定价、专利控制等。策略性进入壁垒直接影响到潜在进入者的进入决策和在位者的竞争战略，双方之间不断进行博弈。有效的策略性进入壁垒必须具有可置信性，即一旦进入发生，在位者要积极采取报复行动。在位企业的策略性行为具有承诺价值才能使潜在进入者相信，从而改变其对进入的预期，使得潜在进入者不能够进入市场。

③制度性进入壁垒。由于政府采取法律和行政手段强制性地限制新企业的进入而形成的壁垒即制度性进入壁垒。对某些产品的生产经营，政府只对少数特定厂商授予特许权而不允许其他厂商进入，或者发明创造获得的专利权保护及其他政府管制措施等都构成进入壁垒。政府政策的管制使得潜在进入者难以进入，当某个产业中存在政企不分的现象时，这种壁垒可能更严重。在位企业完全可以利用手中的行政审批权力将潜在进入者挡在产业之外。

（3）退出壁垒

退出壁垒是指当某一产业的在位厂商不能赚取到正常利润（亏损）决定退出时负担的成本，或者说企业在退出某个行业市场时所遇到的阻碍。行业市场退出壁垒的高低也会影响企业进入市场的决策，如果退出行业的成本高昂，企业进入市场的动机就会削弱。

退出壁垒的构成因素多种多样。资产的专用性很强导致企业退出市场时资产难以出售和变现而形成巨额的沉没成本；企业在退出某个市场时，必然会解雇员工，解雇员工需要支付退职金、解雇工资，企业转产工人转行需要给工人支付培训费用；政府的干预、法律法规等也能构成退出壁垒。

4. 其他因素

另外，市场需求的增长率、市场需求的价格弹性、短期的固定费用和可变费用的比例等也是影响市场结构的因素。

第二节　我国钢铁行业的市场结构

自 2000 年以来，我国钢铁工业进入了新一轮高速发展期，在短期经济利益驱动下，众多资本转投钢铁行业，引发了我国钢铁行业产能的迅速扩张，供给和需求之间的平衡被打破，生产能力的提高大大快于需求量的增长。然而，长期以来，我国钢铁行业生产能力的扩张是一种粗放型的扩张，特别是地方钢铁企业，由于受钢铁市场需求的拉动和地方政府的扶持，盲目投资、无度扩张的现象严重。钢铁行业这种粗放式发展所带来的矛盾日渐突出，钢铁行业已经凸显出产能过剩、供大于求的市场格局。

与此同时，我国钢铁行业的市场结构呈现出产业集中度低、产品之间差异程度较低以及行业进入壁垒低、退出壁垒高的状态，属于典型的竞争型市场结构。这种市场结构，放大了投资需求，加大了投资波动的幅度，使得资源投入高度分散化，产业达不到规模经济，从而影响了行业整体盈利水平的提高，行业内企业之间产品同质化竞争激烈，产业结构趋同和低水平重复建设现象严重，容易进一步加剧企业的过度投资和行业的产能过剩，从而严重影响行业发展的竞争力，增加产业宏观调控和协调发展的难度。

另外，我国落后产能的淘汰工作已经开展多年，然而产能过剩行业的产能越淘汰越多，拆小建大，行政性的兼并重组、淘汰落后产能政策收效甚微，特别是市场需求出现萎缩时，产品严重供过于求。

一、我国钢铁行业市场集中度较低

专家普遍认为，对于钢铁、汽车、造船等以规模经济制胜的产业，寡占型的市场结构具有更高的效率，可以集中资源和科技力量进行产业升级改造和技术进步。我国钢铁产业集中度整体偏低，并且随着钢铁产能的不断扩张，钢铁企业数量也在逐渐增加。产业集中度更趋弱化。目前我国钢铁冶炼企业数量逾千家，全国钢铁产量很高，但是平均下来每个粗钢生产企业产量规模还不足 100 万吨，产能高度分散。

1. 我国钢铁行业市场集中度（CR_n）

钢铁行业集中度的指标是以钢铁企业的粗钢产量为依据的，这符合钢铁行业的工艺特征，也是钢铁行业的惯例。本章为了全面分析钢铁行业市场集中度的变动趋势，还分别计算了 1999—2008 年钢铁行业的其他两种重要产品生铁和钢材的市场集中度情况，并对其变动情况进行了分析。主要计算了我国钢铁行业前 4、10、20、50 家企业的市场份额比重，数据来源于《中国钢铁工业统计年鉴》（2000—2009）。

（1）近年来我国钢铁行业集中度的变化趋势

从表 5-5 可以看出，2000—2008 年我国钢铁行业粗钢的市场集中度基本呈 U 形变化。2000—2005 年钢铁产业集中度呈下降趋势，CR_4、CR_{10}、CR_{20}、CR_{50} 分别从 2000 年的 32.09%、49.22%、66.42%、89.92% 下降到 2005 年的 17.92%、34.71%、51.02%、73.89%，逆集中化趋势明显；2006 年以来随着国家《钢铁产业发展政策》的出台，我国大型钢铁企业开始进行一系列的兼并重组活动，市场集中度呈现缓慢徘徊上升态势，但在总体上并没有改变我国钢铁产业集中度较低的现状，前 10 位钢铁企业钢产量占总量 40% 左右的水平仍处于较低的水平。在中央政府出台相关政策，行业内的并购事件也频频发生的背景下，钢铁行业的集中度却徘徊不前，甚至还出现了逆集中化现象。按照贝恩分类法，我国钢铁行业远远没有达到较为理想的寡占型市场结构。2008 年，我国钢铁产业组织结构发生了巨大变化，河北钢铁集团、宝钢集团、武钢集团、山东钢铁集团等相继重组，极大地提高了我国钢铁行业的集中度。CR_4 和 CR_{10}。分别达到了 23.96% 和 42.63%，比 2007 年分别增长了 3.99% 和 5.36%，但仍旧分别比 2000 年低 8.13% 和 6.59%。2009 年和 2010 年，我国排名前 10 位的钢铁企业钢产量占全国总产量的比重分别达到 43.49%（赵晶，2010）和 48.6%，尚未达到 50%。2005 年 7 月，国家发改委发布了中国钢铁行业的第一个产业政策——《钢铁产业发展政策》，提出到 2010 年，钢铁冶炼企业数量较大幅度减少，国内排名前 10 位的钢铁企业集团钢产量占全国产量的比例达到 50% 以上，因此，中国钢铁行业集中度提高的任务任重而道远。

表 5-5　2000—2008 年我国钢铁行业粗钢市场集中度（单位：%）

市场集中度	2000 年	2001 年	2002 年	2003 年	2004 年	2005 年	2006 年	2007 年	2008 年
CR_4	32.09	28.53	24.84	20.98	18.52	17.92	18.71	19.97	23.96
CR_{10}	49.22	45.59	42.06	36.71	34.67	34.71	34.66	37.27	42.63
CR_{20}	66.42	62.76	59.97	54.92	52.48	51.02	50.35	52.71	55.40
CR_{50}	89.92	86.77	85.68	79.81	79.04	73.89	74.12	74.11	73.90

（2）以粗钢、生铁、钢材三种主要产品分析我国钢铁行业集中度变化趋势

从图 5-1 中可以看出，粗钢和生铁作为钢铁行业的主要产品，在 1999—2005 年市场集中度均呈现明显的下降趋势，2005 年之后开始回升，呈现 U 形的变动趋势。对于钢材来说，以前 4 位和前 10 位企业的市场份额计算的钢铁行业市场集中度 CR_4 和 CR_{10} 也呈现出 U 形的变动趋势，然而以前 20 位和前 50 位企业的市场份额计算的市场集中度 CR_{20} 和 CR_{50} 则并没有呈现出明显的回升趋势，甚至还有继续下降的趋势。

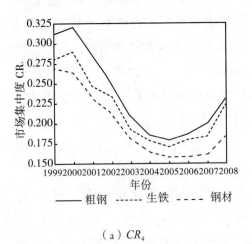

（a）CR_4

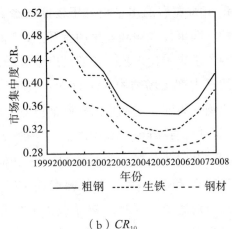

（b）CR_{10}

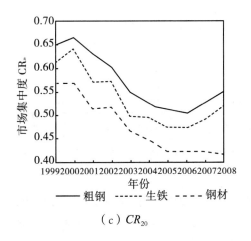
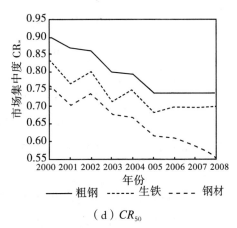

（c）CR_{20} （d）CR_{50}

图 5-1 我国钢铁行业的市场集中度

另外，粗钢、生铁、钢材的市场集中度总体上水平都很低，但也略有差别。从粗钢、生铁和钢材的 CR_4、CR_{10}、CR_{20} 和 CR_{50} 的比较中可以发现，粗钢的集中度最高，生铁次之，钢材的集中度最低。这说明在工艺技术要求较高的工序环节生产比较集中，即对于生产技术水平要求较高和需要较大投资的炼钢生产，进入难度相对比较大，一般小企业受资本和技术约束不能进行生产。而不少企业则利用区域基础资源条件（铁矿石、焦煤等），在经济利益的刺激下相对容易进入炼铁生产业，所以生铁的集中度低于粗钢。相对于炼钢、炼铁的化学过程而言，钢材生产主要是物理过程，而且我国的钢材生产企业生产的多是低端钢材产品，企业相对容易进入，在市场规模不断扩大的同时也挤占了大企业的市场份额，所以钢材生产的集中度一直是最低的，截止到 2009 年末，我国规模以上炼钢、炼铁和轧钢企业数量分别达到 350 家、752 家和 4 992 家，企业数量的多寡也可在某种程度上反映出这三个子行业进入的难易程度。

（3）我国与国外钢铁行业市场集中度的比较

近年来，在世界钢铁工业集中度逐步上升、我国年产钢量占世界年产钢量比重快速上升的情况下，我国钢铁行业的集中度却在逐步下降。除我国外，其他大部分国家和地区的钢铁行业集中度均呈现出不同幅度的上升，将中国、美国、日本三个国家 1999—2008 年的钢铁行业集中度进行比较，结果见表 5-6。

表5-6　中国、美国、日本的钢铁行业集中度比较

国家	1999年	2000年	2001年	2002年	2003年	2004年	2005年	2006年	2007年	2008年	平均
中国	31.26	32.08	28.53	24.84	20.98	18.52	17.92	18.71	19.97	23.40	23.62
美国	37.90	40.00	44.00	49.00	52.00	47.65	49.13	52.19	52.75	74.90	50.00
日本	58.75	70.00	73.00	71.00	72.00	75.10	74.40	75.70	76.20	77.60	72.38

从表5-6可以看出，在1999—2008年，日本钢铁行业集中度呈上升趋势，这主要归因于日本排名第一和第二的新日铁（Nippon Steel）和JFE集团钢铁产量的大幅增加以及其他各钢铁企业处于相对稳定的发展状态。进入21世纪后，伴随着美国钢铁行业新一轮并购重组，钢铁行业的集中度在2004年、2005年出现小幅降落后也出现上升局面，2008年美国的 CR_n 达到了74.90%，较1999年提高了37%。2009年美国前4家钢厂产量占全国的61%，日本前4家钢厂产量占全国产量75%，而中国前5家钢企的粗钢产量仅占全国的31%，中国的钢铁行业集中度不仅非常低而且还呈下降的趋势，整体处于较低水平。从三个国家钢铁产业集中度的平均水平可以看出，中国的钢铁行业集中度远远低于日本和美国。

2009年，我国排名前10位的钢铁企业钢产量占全国总产量的43.49%，不足50%。我国11家千万吨级的钢铁企业总产量也仅占比45.27%。而国际钢铁市场几乎都是寡占市场：同年，韩国粗钢产量4 900万吨，仅浦项（POSCO）一家产钢3 110万吨，占比63.47%；日本粗钢产量8 753万吨，新日铁和JFE两家企业产钢量占到了日本总产量的54.61%。中国钢铁行业较低的集中度不仅限制了该行业的效率，而且削弱了钢铁企业作为买方在购买所需原材料、能源等资源时的谈判能力（中国在国际钢铁产业链中是铁矿石等原料的买方），加剧了原材料价格上涨的局势，从而增大了钢铁产品的价格波动幅度，不利于钢铁行业的健康发展。

2.利用赫芬达尔指数计算我国钢铁行业的市场集中度

根据赫芬达尔指数的计算公式可以看出，该指数对数据的要求比较苛刻，需要整个行业每个企业的产量数据。鉴于数据的可得性和代表性，本章将全

国重点大中型钢铁企业假定为一个完整的市场，来评价我国钢铁行业市场集中度的变动趋势。从表5-7、表5-8、表5-9可以看出，以粗钢、生铁和钢材产量计算的赫芬达尔指数（HI）计算结果与集中度（CR_n）计算结果的变动趋势基本一致，我国钢铁行业市场集中度呈现U形的变动趋势。而且根据魏后凯（2002）利用HI指数对我国制造业市场结构类型的划分，可以知道，我国钢铁行业属于典型的分散竞争型。

表5-7　以粗钢产量计算的1999—2008年的赫芬达尔指数

年　份	企业数/家	产钢量占全国比率	HI指数
1999	68	92.60	448.79
2000	67	94.08	457.60
2001	66	90.76	419.83
2002	72	90.23	356.51
2003	71	81.18	320.63
2004	71	85.30	280.20
2005	69	79.80	284.86
2006	80	85.02	252.45
2007	74	82.50	289.63
2008	76	80.99	359.70

表5-8　以生铁产量计算的1999—2008年的赫芬达尔指数

年　份	企业数/家	产钢量占全国比率	H1指数
1999	19	79.96	479.74
2000	52	83.74	176.69
2001	52	76.81	431.45
2002	57	81.19	375.14
2003	59	72.92	344.94

续　表

年　份	企业数 / 家	产钢量占全国比率	H1 指数
2004	65	79.06	282.67
2005	67	72.55	292.23
2006	79	78.89	259.6
2007	74	76.65	290.44
2008	75	76.14	364.45

表 5-9　以钢材产量计算的 1999—2008 年的赫芬达尔指数

年　份	企业数 / 家	产钢量占全国比率	HI 指数
1999	64	76.06	506.51
2000	68	79.59	449.29
2001	65	72.50	454.69
2002	75	77.71	358.88
2003	73	71.53	332.95
2004	76	71.79	296.11
2005	73	65.82	296.98
2006	82	68.12	275.13
2007	76	64.55	303.54
2008	74	58.95	400.90

3. 利用熵指数计算我国钢铁行业的市场集中度

另外，针对我国钢铁行业小企业数量众多、分布十分广泛的特点，本章采用赋予小企业较大权重的熵指数的方法计算了我国粗钢、生铁和钢材的市场集中度。从表 5-10 可以看出，与前两种计算方法的计算结果相一致，即熵指数呈现一个倒 U 形走势，说明市场集中度呈现一个 U 形走势，我国钢铁行业的市场集中度在 1999—2008 年呈现先下降后回升的走势。

表 5-10 以熵指数计算的我国钢铁行业 1999—2008 年的市场集中度

年份	1999	2000	2001	2002	2003	2004	2005	2006	2007	2008
粗钢	3.65	3.62	3.66	3.75	3.80	3.89	3.86	4.00	3.88	3.77
生铁	3.43	3.46	3.52	3.63	3.69	3.85	3.83	3.98	3.88	3.75
钢材	3.52	3.62	3.60	3.76	3.79	3.87	3.84	3.94	3.85	3.67

二、我国钢铁行业集中度低的原因

1. 市场规模的扩大是导致市场集中度降低的直接原因

克拉克（1990）在其《工业经济学》一书中提供了一个简单市场结构决定模型（曹建海和江飞涛，2010）：

$$CR_n = n \times MES/S$$

其中，CR_n 表示前 n 家企业的市场集中度；MES 表示最低经济规模；S 表示市场规模，这个模型表明市场规模的快速扩张会降低市场集中度。市场规模的快速扩张导致大量新企业进入，进而直接降低现有顶端企业的市场份额。另外，市场规模高速增长使得前期在增长诱导下进入的企业不断扩充规模，从而间接降低顶端企业的市场份额。

从表 5-11 可以看出，我国钢铁行业在 2001—2007 年经历了高速增长，粗钢总产量从 2000 年的 12 850.00 万吨急剧增加到 2007 年的 48 971.23 万吨，2007 年粗钢产量是 2000 年的 3.81 倍，7 年内市场规模的平均增长率为 21.14%，前 4 名企业平均规模 7 年内增长率为 13.55%，而同期第 5 ～ 10 家企业规模 7 年内平均增长率为 21.48%，第 11 ～ 20 家企业规模 7 年内平均增长率为 19.28%，第 21 ～ 50 家企业规模 7 年内平均增长率为 19.76%。显然，在 2001—2007 年市场规模高速增长时期，规模前 4 位的企业规模增长速度相对较慢，规模相对较小的企业则以更快的增长速度扩大，并且市场规模的高速增长导致产生了大量新的进入者，炼钢企业个数也由 2000 年的 265 家增加到 2008 年的 370 家，这些使得我国钢铁行业市场集中度急剧降低。可以说，市场规模的急剧扩大是导致近年来我国钢铁行业显著逆集中化现象形成的最为直接的原因。

表 5-11　我国钢铁行业市场规模与市场集中度变化表

年　份	市场规模 /万吨	市场规模 增长率	前 4 名企业 平均规模 增长率 /%	集中度指标 CR₄/%	炼钢企业 数目 / 家
1999	12 395.11	8.17	—	31.26	—
2000	12 850.00	3.67	6.42	32.08	265
2001	15 163.1.1	18.00	4.92	28.53	286
2002	18 224.89	20.19	4.65	21.84	264
2003	22 233.60	22.00	3.04	20.98	267
2004	27 279.79	22.70	8.32	18.52	306
2005	35 578.97	30.12	26.17	17.92	385
2006	12 102.36	18.33	23.57	18.71	391
2007	48 971.23	16.31	21.17	19.97	389
2008	51 233.86	4.62	22.58	23.40	370

2. 我国钢铁行业市场集中度偏低的深层次原因

（1）我国钢铁行业发展的特殊历史

计划经济时代的发展模式，导致形成了几乎每个省都有钢铁公司的状况。在"九五"和"十五"期间，大部分省份都在加快钢铁工业的发展，共有 19 个省份把钢铁产业作为自己的支柱产业。而且绝大多数钢铁企业都靠近原料产地，由于经济发展不均衡，我国钢铁产品的需求也有着较为明显的地域性特征。因此，钢铁产业从其原料采购到产成品输出都要靠铁路来完成。然而，我国铁路运输系统并不发达，铁路运力严重不足，如果将成品运输到远距离的市场中去，运输成本会很高，这使得一些内陆型的钢铁企业布局较为分散，拥有稳定的区域市场，承受着很小的市场压力，企业之间没有兼并整合的动力，因此，也不利于钢铁产业的集中。

表 5-12 是我国主要钢铁产品空间集中度的变化情况，可见我国钢铁行业的空间集中度也在不断下降。

表5-12　我国主要钢铁产品空间集中度的变化情况（单位：%）

年份	1999	2000	2001	2002	2003	2004	2005	2006	2007	2008
粗钢	3.43	3.44	3.46	3.41	3.75	4.05	4.13	4.26	4.25	4.65
生铁	3.59	3.58	3.75	3.77	4.14	4.13	4.12	4.18	4.40	4.12
钢材	3.24	3.37	3.42	3.43	3.66	3.63	3.77	3.93	3.96	4.93

（2）我国大型钢铁企业发展缓慢，发展速度低于整个行业的发展速度

2006年以前，我国前四名企业的发展速度远低于行业市场规模的增长速度。我国的钢铁企业发展过慢有其自身的特殊原因，许多大型钢铁企业受市场利益的诱惑，在产业快速发展的时期脱离了钢铁主业，将稀缺的资本用于多元化经营，特别是非相关的多元化经营。我国排名靠前的钢铁集团（宝钢集团、鞍钢集团、武钢集团、首钢集团）都进行过多元化经营，在"脱主业化"经营的道路上走了很远，结果以失败而告终，严重影响了钢铁主业的发展，出现了钢铁企业"大而不强""大而不专"的局面。2009年，河北钢铁、宝钢、武钢、鞍钢、沙钢五大集团共产钢1.65亿吨，仅占同期全国钢产量的29%，重点钢铁企业钢产量同比增长11.27%，远低于中小企业钢产24.73%的增速，大企业发展缓慢。

（3）民营中小钢铁企业数目增加，且规模较小

我国正处于重化工业时期，工业化、城镇化进程的加快带动了基础设施建设的快速发展，房地产业和汽车行业等的飞速发展都使得钢铁产品的市场需求旺盛，产业利润率不断提高，而且随着投资体制改革的进一步深化，我国钢铁行业投资主体日益多元化。钢铁产业较高的利润空间吸引了大量的民间资本进入，许多民营中小钢铁企业应运而生，而且缺乏并购动力，改变了少数重点国有钢铁企业独占市场的局面。尽管民营钢铁企业起点低、规模小、技术差，但是民营钢铁企业以市场需求为导向，不断地扩大钢铁产能、满足日益膨胀的市场需求，中小企业产量的快速增加大大削弱了大型钢铁企业兼并重组对行业集中度所带来的正效应，也在一定程度上降低了市场集中度。

另外，得到较多国家金融资源的国有（控股）钢铁企业由于受到体制方面的制约，市场竞争力和创新力不足，技术水平相对落后，经营状况较差，难

以顺利成长，扩大规模；而对于大部分民营中小企业来说，由于缺乏必要的资金、技术和政策支持等，企业发展失去后劲，技术上也缺乏创新能力，产品上没有特色，大部分在市场利益的驱使下进行低水平重复建设．都使得钢铁行业集中度保持在较低水平。

（4）地方政府支持低水平重复建设使得市场规模不断扩大

尽管中央政府不断出台各种宏观调控政策来遏制产能过剩行业的投资过热，但是地方政府出于政绩考虑，仍然大力发展能够带来高税收、解决大部分就业的钢铁行业，甚至越权违规审批，大大降低了钢铁行业的进入壁垒，造成了各种规模的钢铁企业纷纷进入市场。2009 年我３全年粗钢产量达到 5.68亿吨，比《钢铁产业调整和振兴规划》预计的 4.6 亿吨超出 1 亿吨。其中，真正经过各级政府审批的合法钢铁企业的产量只有 3 亿吨左右，另有约 3 亿吨未经批准。地方政府在土地、税收、信贷等方面给地方钢铁企业提供优惠，使得地方钢铁企业投资热情高涨，盲目扩大产能，加剧了钢铁产业投资扩张和生产分散化倾向。一些技术水平落后、能耗高、效率低、污染严重的中小型钢厂泛滥，极大地推动了钢铁行业市场规模的扩大。

（5）兼并重组障碍重重

第一，我国钢铁行业兼并重组的现状。近年来，我国钢铁企业在兼并重组方面取得了不少成绩，省内钢铁企业合并量组方面包括：1997 年，湖南湘钢、涟钢和衡钢合并为华菱钢铁集团；1998 年，山西太钢和临钢合并；2005年，河北唐钢、宣钢和承钢合并为以唐钢为首的河北北部钢铁集团；2006 年，邯钢和文丰、德龙两家民营企业组建全面协作的战略联盟；等等。跨省合并包括：2004 年，东北大钢、抚钢和齐钢合并为东北特钢；2005 年，首钢和唐钢成立京唐钢铁联合公司；等等。同一省内中央企业与省属企业合并方面：武钢和鄂钢合并；鞍钢和本钢合并；等等。2006 年以来，随着国家《钢铁产业发展政策》的出台，钢铁行业迎来并购重组的高发期，市场集中度呈现缓慢徘徊上升态势，但显然不能与热火朝天大刀阔斧地并购相提并论，总体上并没有改变我国行业集中度较低的现状。

第二，我国钢铁行业兼并重组的主要障碍分析。我国政府管理部门、业内外人士在多年前就开始倡导我国钢铁企业的强强联合、兼并重组，尽管近几年来我国钢铁企业兼并重组取得了一些进展，但由于体制、利益等各种因素，实质性重组进展缓慢。我国钢铁企业的联合重组不仅远远落后于发达国家，而且也落后于国内的石化、电力、汽车、家电等行业。目前，我国钢铁行业进行联合重组的主要障碍为产权制度、财税体制、劳动人事及社会保障体系等体制障碍。

其一，在企业产权制度及管理体制方面的障碍。目前，我国大中型钢铁企业基本都是国有控股企业，而联合重组大多涉及国有产权的变更转移和重组，现有产权制度和管理体制仍是国有企业兼并重组的最大障碍。政府不像真正的出资人那样关心企业的资本收益状况和有效配置，而企业又不是完全市场经济体制下的企业。企业经营活动的主要目标是在追求投资收益最大化的同时，还要注意各种既有利益的平衡，尤其是内部人利益的增长。企业重组是对市场、资源、要素的重新优化配置，是对各种重复浪费现象的削减，客观上将会影响到企业内部分内部人的利益。企业内部人利益群体在自己掌握企业控制权的条件下，可以更便利地享用这部分由国有资产或国有资本带来的利益，而当控制权转移或丧失后会失去享用资产利益的便利，因此，内部人利益群体基本倾向于维护对国有资产既有的独占状况，抵触社会范围内国有资本的重新优化配置。

其二，在财税方面的利益障碍。企业跨层级、跨地区的兼并重组，使得地方政府存在着减少税收收入的可能性。减少的税收收入能否从转移支付中得到补偿以及补偿多少，对地方政府来说具有很大的不确定性。优势企业所在地的政府将反对并购，劣势企业所在地政府将支持并购。利益分配问题成为钢铁行业跨地区兼并重组裹足不前的障碍。因此，如果被兼并企业不是经营非常困难以至于成为地方财政的包袱，或企业重组后经营可能改善但不足以增加本地税源，地方政府将不会支持企业兼并。地方保护主义使得跨地区兼并重组难度增大，地方政府利益问题难以协调。

其三，在劳动人事与社会保障制度方面的费用障碍。由于历史原因，很多钢铁企业都是当地最大的企业之一，往往承担着许多应该由政府承担的社会职能，地方政府在就业、税收等方面对其依赖性很强。我国钢铁行业人员过多、劳动生产率低下，一旦进行兼并重组，企业需要按照正常市场经济体制安置大量的富余人员和退休人员。从我国目前的发展现状来看，由于社会保障体系尚不健全，这个问题很难解决。因此，劳动人事制度、富余人员安置等问题成为阻碍我国大中型国有钢铁企业重组的主要障碍之一。

其四，钢铁行业产业重组的压力不足。由于国内大中型钢厂基本都是国有控股的企业，其相对单一的产权结构对市场压力和成本压力的敏感性较差，缺乏形成联合重组的内在压力；而且重组的模式单一，基本是中央部委和地方政府之间资产的划拨调整，这并不是严格市场意义上的重组；在跨地区企业重组方面缺少有效的利益平衡机制，被兼并地区在税收分配、人员分流、企业债务转让等诸多方面存在着利益上的"博弈"。此外，我国一些地方中小企业，由于在土地使用、税收等方面享有地方政府提供的政策支持和优惠，在环保方面要求也较低，加上劳动力成本相对低廉、社会负担较小，其总体生产成本相对于国有大型企业来说要低很多，利润比某些大型企业还高。因此，这些企业近期内也不愿意被大型企业所兼并。大部分企业都比较关注短期利益，很少有企业认真考虑联合兼并对整合市场与生产组织带来的积极作用。

其五，资本市场不发达。资产重组属于资本经营，而资本经营需要资本市场，然而目前我国资本市场尚处于发展阶段中介机构并不规范，企业在兼并重组中往往无法得到资金的支持。因此，靠行政划拨的局面仍将持续一段时间。

我国钢铁行业的市场集中度偏低。直接造成钢铁企业"大者不强，小者不弱的局面，整个市场失去了优胜劣汰的作用。各类钢铁企业都在寻求扩大生产规模的机会，试图获取更大的市场份额。不仅导致规模经济效益的丧失，而且加剧了重复建设和生产能力过剩。在市场需求强劲增长的阶段，大中小钢铁企业都要抓住机会扩大产能，增强竞争能力；在市场需求相对稳定的阶段，整个市场就会凸显产能过剩问题，绝大部分钢铁企业忍受着市场的煎熬"。2008 年年末，为应对美国次贷危机和全球性经济危机。国家陆续出台四万亿投资刺激计划、十大产业振兴规划等，钢铁产品的需求得到大幅提升，大部分钢厂暂时脱离了亏损状态，基本都可以盈利，更是不甘心退出市场。同时，钢铁行业又是支撑地方经济发展的重要支柱，地方政府很难下决心淘汰不符合政策的落后产能。我国钢铁行业生产企业众多、市场集中度低已经成为产能过剩日益严重的重要推动因素。

三、我国钢铁行业产品差异化程度低

钢铁行业产品的差异化主要来源于不同钢铁企业所生产的钢铁品种的不同、企业销售条件的不同所引起的产品差别、钢铁企业在生产和销售过程中所形成的品牌差异。

我国钢铁行业产品内在质量差别很小，消费者对其外观质量及包装都要求不高，产品同质化竞争激烈。从我国钢铁产品生产结构上来看，大都是低附加值、低档次的产品。产品的差异化程度小，使得顾客不会对企业的产品形成偏好甚至一定的忠诚度，降低了有意图进入市场的新企业的进入壁垒，大量钢铁企业纷纷进入，这些企业规模小、技术水平低。在我国，低附加值的线材产品在钢铁生产中比例过高，而高质量、高附加值的板材产品却供不应求，需要大量进口。对于这种低端的线材产品来说，由于受国内基建项目的影响较大，一旦建筑业的需求大幅下降，这类产品将严重供过于求。在产品差异程度较小的情况下，企业之间将产生激烈竞争，展开价格战。而在价格战中，产业内的企业为维持生存，不得不竭尽一切竞争手段将产品价格降低到接近或低于平均成本的水平，使整个产业中的企业和劳动力等潜在可流动资源限于只能获得远低于社会平均回报和工资水平的窘境而又不能顺利地从该产业退出的非均衡状况。激烈的价格战将进一步推动厂商扩大生产能力，降低平均成本，以取得竞争优势，从而进一步加大了钢铁行业的过度供给和产能过剩，进而降低市场集中度。

四、我国钢铁行业进入壁垒低、退出壁垒高

钢铁行业属于资本密集型产业，是一个"高起点、大批量、专业化"的产业，其进入需要大规模的投资，进入壁垒很高。巨额设备投资等沉没成本和资产的专用性以及由于产业关联带来的对就业的影响构筑了钢铁行业高度的退出壁垒。

我国钢铁行业的进退出壁垒机制不完善，即进入壁垒低、退出壁垒高。由于市场利益的驱动和地方政府的主导作用，我国钢铁行业尚没有形成以

竞争为导向的经济性壁垒和制度性壁垒，实质上准入门槛很低。在我国经济快速发展的同时，对基础原材料行业也形成了巨大的需求压力，各地涌现出众多中小型钢铁企业，其产品结构单一、生产经营成本高，但由于市场需求大，这些企业可以采取高成本高价格的策略，而且我国整个经济体制还处于转轨过程中，未来的不确定性比较大，企业还有对未来形成一个稳定的预期，进入者的时间眼界普遍较短，使得具有规模效益的大型项目面临重重障碍，而规模不经济的"短、平、快"项目反而能够长驱直入（陈明森，2001），从而使由规模经济、产品差异化、现有企业的绝对费用优势形成的进入壁垒失效。

与此同时，产权模糊、预算软约束以及地方政府不当干预，会促使潜在企业对进入产业的收益产生偏高的预期，而对进入成本产生偏低的预期，企业容易筹措到资金，从而自然会做出过度投资、过度进入的选择，而地方政府由于进入产业的目标具有双重性，除了经济利益目标外，还有一些非营利的行政目标（如扩大就业、维护社会稳定等），它们不承担投资风险，不自负盈亏，对资本的使用不支付成本，更促成了地方政府在经济利益驱动下的投资冲动、投资饥渴。这种企业、政府等多元性的投资主体结构使得行政法规等制度性壁垒失效，企业不会把投资规模定在利润最大化的水平上，此时企业的投资必然大于利润最大化的均衡投资。我国钢铁产业在近几年形成了企业过度进入状态，大量生产规模小、技术水平低、生产设备老化的中小企业融入，大量国际上淘汰的工艺和设备出现在这类企业中。产品结构不合理，低水平产能占有相当比重。2011 年，我国仍有年产 7 500 万吨生产能力的小高炉在运行，年产 2 500 万吨的小转炉和小电炉也在生产运行。钢铁行业进入壁垒失效降低了现存企业的市场份额和钢铁产业的市场集中度，加剧了钢铁行业的低水平重复建设和产能过剩。

另外，在典型的市场经济国家，如果企业因面临成本上升而出现亏损，市场中优胜劣汰机制将发挥作用，如果不存在退出壁垒，所有企业必然要减少以至停止生产，逐步退出市场。此时对应于给定的物价水平，社会的总供给量将会减少，这也意味着总供给曲线发生了向左上方的移动，即从 AS 曲线移动到 AS' 曲线，在总需求曲线不变的条件下，均衡点由 E_0 移动到 E'（图

5-2），由于亏损企业停止生产、退出市场，新的产出水平 Y' 低于原有的产出水平 Y_0，其中，Y_0-Y' 是退出市场的产出量。然而，在我国现实经济中大部分产业存在着高退出壁垒。我国地方官员的政绩考核制度使其倾向于支持和保护一些在竞争中处于劣势的企业，特别是地方经济发展的支柱企业、利税大户。而且我国的社会保障制度并不健全，企业的养老、失业、医疗保险等社会保障机制尚不健全，职工安置问题造成企业退出困难。另外，多数钢铁企业与银行之间存在着密切关系，劣势钢铁企业被淘汰将会导致企业的经营风险向国有银行转移而形成巨大的金融风险，国有银行的领导人也会竭尽全力阻止企业的破产；国内资本市场不健全使得在竞争中处于劣势的企业及其生产要素难以通过市场手段实行兼并、破产、转移退出市场以提高市场集中度，大量落后产能难以淘汰出去。这样总供给曲线就不会向左上方移动（总供给曲线移动"刚性"），或者仅有不充分的移动（总供给曲线移动"黏性"）。由于没有企业退出生产，实际的总供给曲线始终保持在 AS 的位置上，而不会移到 AS' 的位置上，此时物价也就只能维持在 P_0 的水平上，经济中全部亏损企业的产量为 Y_0-Y'，这部分产量无法退出市场。

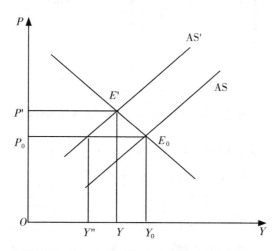

图 5-2 成本上升带来供给曲线向左上方移动

由于高退出壁垒造成了总供给曲线移动的刚性（或黏性）及企业产量调整的刚性和黏性，再受产量调整本身要滞后于价格调整的影响，当经济系统中由于种种原因产生需求萎缩时，即总需求曲线 AD 向左下方移动时，也会产生产品过剩的现象。如图 5-3 所示，AD 原来为总需求曲线，E_0 为原来的均衡点，与此对应的产出量为 Y_0，物价水平为 P_0，由于总需求的萎缩，AD 曲线向左下方移动到 AD′，如果没有退出壁垒的存在，企业产量调整有充分的弹性，在市场的作用下，社会总产出量要调整到的水平上，然而由于高退出壁垒造成的企业产量调整的刚性和黏性，尽管总需求萎缩带来了物价水平的下降，但由于高退出壁垒的存在，此时价格信号调整企业产出的功能已经大大减弱，从而使得在价格水平上，社会产出量仍维持在 Y_0 的较高水平上，从而产生了 Y_0-Y' 的过剩产品（陈明森，2001）。

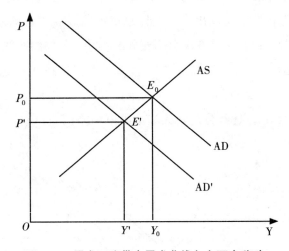

图 5-3　需求下降带来需求曲线向左下方移动

对于地方经济支柱性产业——钢铁行业来说，一方面面临着生产成本高企、铁矿石、焦炭等原材料价格坚挺的状况；另一方面，受全球金融危机和主权债务危机影响，世界范围内经济下滑，国内外钢铁需求疲软，钢价低迷，大部分钢铁业陷入亏损困境。然而地方政府出于保护本地经济发展的考虑，倾向于对这些企业给予信贷、财政、税收等多方面的大力扶持，使得大部分国有亏损企业无法顺利退出市场，抬高了钢铁冶炼行业的退出壁垒。对于地方政府而言，钢铁行业对当地经济的拉动作用不容忽视，若企业退出市场，政府不仅要解决随着企业关停而失业的大批工人的安置问题，还将面临财政收入的重大损失，因此，在地方政府的保护下，大量落后产能越淘汰越多，严重阻碍了钢铁行业结构调整和产业升级，行业产能过剩现象日益严重。我国许多低效的徘徊于政策边缘的中小钢铁企业也受到地方政府有意无意地保护，在这种"易进难出"的情况下产生和维系，加剧了钢铁行业集中度低、重复建设现象严重的矛盾。

综上所述，我国钢铁行业是典型的非集中型市场结构，产品差异化程度较低以及进入壁垒低、退出壁垒高都使得钢铁行业大量企业过度进入，企业间缺乏兼并动力，企业数目过多、产业过度供给和生产能力过剩现象进一步加剧。因此，钢铁行业目前亟须兼并重组，提高市场集中度。如果市场没有足够的动力，政府"有形之手"可以出台适当的产业政策予以推进。

第三节　我国水泥行业的市场结构

表5-13　我国水泥行业市场结构的变动趋势

年　份	2000	2001	2002	2003	2004	2005	2006	2007	2008	2009
CR_{10} / %	4.4	—	8.3	11.2	12.5	15.0	16.0	—	—	21.0
企业个数 / 家	8 400	—	—	—	—	5 177	5 210	5 195	5 087	5 103
产量 / 亿吨	5.97	6.61	7.25	8.62	9.70	10.68	12.36	13.61	14.24	16.44
增速 /%	4.2	10.7	9.7	18.9	12.5	10.1	15.7	10.1	4.6	15.4

水泥是国民经济建设的重要基础原材料，随着我国经济的高速发展以及工业化、城镇化进程的加快和房地产业的兴起，水泥在整个国民经济中的作用越来越重要并且无可替代，国家加大公路、铁路、农村民生工程等重大基础设施建设，进一步刺激了水泥行业固定资产投资的高速扩张，水泥行业固定资产投资自2003年以来连续5年保持20%以上增速，水泥产量大幅度增加。从表5-13可以看出，水泥产量从2000年的5.97亿吨增加到2009年的16.44亿吨，除了2000年、2002年和2008年以外，其他年份的增速基本维持在

10% 以上。我国水泥产量已经连续多年稳居世界第一，2009 年我国水泥产量已占世界总产量的 60%。随着国家陆续出台严控固定资产投资过快增长等宏观调控政策以及基本设施逐渐完善，水泥行业的需求出现下降，行业重复建设、总量过剩以及结构失衡的矛盾日益突出，企业之间竞争日趋激烈。

一、水泥行业市场集中度低、兼并重组困难

在低水平重复建设的过程中，水泥行业企业个数快速增加，从表 5-13 可以看出，相比于 2000 年我国水泥行业企业个数 8 400 家，近年来，水泥行业企业个数已经下降，但是水泥行业企业个数依然很多。2005—2009 年水泥行业企业个数基本维持在 5 000 家以上，部分地区还存在着无证生产而难以统计的企业。2008 年，水泥行业企业平均规模仅为年产 22 万吨左右，远远低于国外水泥企业平均规模 90 万吨的水平，我国小水泥厂数量众多，企业规模普遍偏小，水泥行业集中度很低。进入 21 世纪以来，水泥行业集中度呈现逐渐上升趋势，但整体水平并不高。在我国，虽然水泥行业市场需求有所减缓，但是由于中部崛起、西部大开发等需要进行大量基础设施建设，会加大对水泥的需求，因此，水泥行业发展空间仍然较广，中小型企业均有生存空间，短期内并购动力不足。而且水泥行业也是我国地方经济发展的支柱型行业，可以解决地方税收收入、就业等问题，再加上我国水泥行业进入壁垒较低，故各地基本都有自己的水泥厂，布局较为分散，并购需要解决职工安置以及企业包袱等问题，而且大量专用性较强的资产难以处理，地方政府税收会减少等，水泥行业并购重组困难重重。较高的退出壁垒使得我国水泥行业的市场集中度始终处于较低水平，市场结构难以在短期内完成从分散向集中的转变。2009 年，在国家相关产业政策的引导下，水泥行业加快了联合重组的步伐，产业集中度有了较大提高，水泥行业的市场集中度为 21%，但产量与世界水泥巨头仍有相当大的差距。我国排名前 10 位的大型企业集团水泥生产总能力仅相当于世界水泥工业第二位的法国拉法基集团一家的产能。

二、水泥行业淘汰落后产能工作见效不大

我国水泥行业产量高，已经是名副其实的水泥生产大国，然而水泥工业

整体技术水平低、生产工艺落后，与世界先进水平相比还有很大差距。我国水泥结构以立窑为主，立窑水泥曾经对国民经济发展需要发挥了重要作用。然而，随着国际水泥生产技术水平的提高，新型干法水泥日益成为水泥生产的主要技术，相比之下，立窑生产不仅效率低下，而且浪费大量资源、能源，污染环境，在水泥行业供大于求、产能过剩的背景下，我国新型干法水泥比例已经由 2000 年的不足 12% 提升到 2008 年的 61.82%（罗云毅，2011），大量土立窑以及小规模的早期干法窑产能则成为水泥行业中的落后产能。截至 2009 年末，水泥行业仍有 27% 的落后产能。大量落后产能存在，既加剧了我国水泥行业的产能过剩，也稀释了水泥行业的集中度。2011 年 8 月，工信部以水泥行业为例指出实施先进产能置换落后产能难度加大，很多企业在水泥行业价格回升，行业利润提高的背景下，出现虚假淘汰落后产能状况，大量落后产能尚未退出。按照等量或减量置换原则，建设新型干法水泥熟料生产线的技术改造项目落实不到位。

第四节　我国电解铝行业的市场结构

近年来，电解铝行业也是我国重点调控的产能过剩行业。我国工业化、城市化进程中基础设施、公共事业、住房和汽车等消费品，极大地拉动了我国电解铝的消费需求。2002—2006 年，国际铝价一直处于上升阶段，在高额利益的驱使下，我国地方政府不仅加快电解铝项目建设，甚至在招商引资中给予土地、税收、优惠电价等方面政策支持，部分企业采用"先建再报批"等方式抢建项目也未受到惩罚，助长了电解铝行业的无序扩张、重复建设的势头，使得我国电解铝行业供大于求，产能过剩矛盾突出，市场价格低位徘徊。

电解铝工业主要生产成本包括氧化铝和能源的价格。2003 年以来，在电力价格上涨等成本因素作用下，美国开始削减电解铝产量，其他国家和地区则维持电解铝缓慢增长。而亚洲逐渐成为电解铝产量增长最快的地区，成为全球电解铝产量最大的地区，其中，我国的电解铝增长贡献巨大。我国电解铝产量高速增长，市场规模大幅扩张，除了 2000 年、2008 年和 2009 年以外，其他年份产量都保持较高增速，产量由 2001 年的 357.6 万吨增加到 2007 年的 1 234.0 万吨（表 5-14），表现出超常规增长趋势，给我国电解铝行业的市场结构及其运行效率带来不利影响，企业之间形成了过度竞争。伴随着过度竞争的必然是产业过度供给和产能过剩现象严重，从而造成资源的浪费。

表 5-14　我国电解铝行业市场结构的变动趋势

年　份	2000	2001	2002	2003	2004	2005	2006	2007	2008	2009
CR_4 / %	21.5	21.3	19.2	17.1	16.0	20.1	—	—	—	—
CR_8 / %	38.9	35.2	29.9	28.9	28.4	30.1	—	—	—	—
企业个数 / 家	146	128	132	147	—	93	89	—	—	101
产量 / 万吨	298.9	357.6	451.1	586.6	669.0	778.7	926.6	1 234.0	1 317.6	1 288.6
增速 /%	6.0	19.6	26.1	30.0	11.0	16.4	19.0	33.2	6.8	-2.2

一、电解铝行业企业个数多、规模小、市场集中度低

近年来，随着电解铝企业个数的减少，行业的市场集中度有所提高，但企业个数相比国外而言仍然较多。2003 年，我国共有电解铝企业 147 家，而同年作为产铝大国的美国、俄罗斯、加拿大的企业个数则分别为 23 家、11 家和 11 家，我国电解铝企业数量相当于全球其他国家和地区电解铝企业的总数（康义，2004）；2009 年，我国共有电解铝企业 101 家，而全世界除我国以外的电解铝企业也只有 130 家左右。我国电解铝企业中达不到国家产业政策规模（10 万吨）的小型电解铝企业大量存在，10 万吨以下（含 10 万吨）规模的为 56 家，5 万吨以下（含 5 万吨）规模的为 33 家（郎大展，2010），企业平均生产规模相比世界平均水平、美国、俄罗斯及加拿大平均水平都处于较低水平，2009 年，我国电解铝企业的平均规模仅 12.76 万吨，而且由于电解铝行业产值高、税收高，能够带动地方经济快速发展，几乎每个省都有电解铝厂家，布局较为分散，难以形成优势互补，因此，电解铝行业的市场集中

度仍保持较低水平。2005年以前，我国电解铝行业的市场集中度呈现出下降趋势，2005年才开始有所回升，前4家企业的产量仅占行业总产量的20.1%。根据中国有色金属工业协会统计，截止到2005年，全国共有电解铝生产企业93家，年产量10万吨以上的29家，合计产量占全国总产量的66.8%。其中，超过20万吨的9家，超过30万吨的4家，年产量50万吨以上的仅有中国铝业股份有限公司1家。截至2010年9月，电解铝行业集中度属于有色金属中较低的一个，前5名电解铝企业市场份额占比仅为25%，远小于铜、铅、锌等。

产业集中度低导致资源配置效率不高、企业之间竞争激烈、重复建设问题严重，因此，应加大行业的兼并重组力度，提高行业整体竞争力。中国铝业股份有限公司是我国最大的电解铝生产企业，2005年，随着氧化铝价格的持续上涨以及电力价格上调，电解铝企业的经营效益下降，很多竞争力较差的电解铝企业退出市场或者被兼并重组。中国铝业股份有限公司分别与焦作万方铝业股份有限公司、兰州铝厂、遵义铝业股份有限公司、辽宁抚顺铝厂等企业签订股权转让或合作协议，并与澳大利亚、巴西、越南等国家建立了资源开发合作关系。2006年，中国铝业股份有限公司吸收合并了兰州铝业股份有限公司和山东铝业股份有限公司，加快了提高我国电解铝行业集中度的步伐。但是除中国铝业股份有限公司以外，其他电解铝生产企业的市场占有率均未超过国内市场总额的5%。与发达国家铝行业的市场集中度相比，我国铝行业的市场集中度还有待提高。

二、电解铝行业大量落后产能难以淘汰

2010年，在工信部向社会公告的淘汰落后产能的18个工业行业中，也包括了电解铝行业。2002年以来，我国基本淘汰了耗能多、机械化困难、劳动强度大、污染较为严重的自焙槽，采用预焙槽工艺进行铝工业的生产，一些工艺落后和生产成本较高的电解铝企业也相继停产，但是电解铝行业整体装备技术水平仍然很低，技术经济指标落后，相比国外企业普遍采用280～320千安的超大型预焙槽，我国绝大部分企业采用160～240千安的预焙槽，能耗高、污染重。另外，全国100千安以下的电解铝小预焙槽生产线涉及落后

产能共计 100 万吨左右（李春玲，2010），这些产能大都分布在生产能力较低的小型电解铝企业。而且电解铝行业产品的差异化程度很小，低水平重复建设现象严重，大量资源浪费。很多技术水平低下、污染严重的落后产能在地方政府的保护下难以有效淘汰。铝市场价格不断攀升带来巨额利润以及电解铝项目对地方经济的拉动作用，使得地方政府不仅利用各种优惠政策对其加以扶持，还利用地方建设重大项目的名目帮助电解铝企业申请建设项目，而且对于落后产能退出，涉及诸多问题难以解决；退出壁垒很高。因此，淘汰落后产能工作很难展开，甚至在部分地区出现落后产能死灰复燃的苗头，增大了淘汰落后产能的工作压力。落后产能不尽快退出市场，电解铝行业产能过剩问题就不能得到有效解决。

综上所述，市场集中度、产品差异化程度以及进入退出壁垒作为市场结构的三个主要方面，彼此之间互相影响，共同作用于企业的市场行为。钢铁、水泥和电解铝行业的市场集中度低、产品差异化程度小、进入壁垒低并且退出壁垒高，都加剧了这三个行业的低水平基础建设以及产能过剩，导致行业整体效率不高，严重阻碍行业的健康发展。

第六章 我国制造业产能过剩具体影响分析

第一节 产能过剩的积极影响

新中国成立以后，有很长一段时间，中国经济都是一种"短缺经济"的状态。工业产品、农副产品、生产资料以及消费资料，都是供给小于需求的状态。因此，在相当长的一段时期内居民最基本的消费需求都得不到满足。改革开放以来，中国在总体上逐步摆脱了短缺经济的阴影，产能供过于求的现象时有发生。20世纪80年代是家电产业，90年代是纺织产业，现阶段是装备制造业等重型工业。

相对于计划经济时代的排队购物、凭票供应，现在的产能过剩无疑是一大进步。从这个角度来看的话，产能过剩使产品极大丰富，消费者获得了更多的消费剩余，能够更自由和更充分地实现自己的消费目的，增进了社会福利，满足了人民日益增长的物质生活的需要。

产能过剩并不是一无是处的，适度的产能过剩是有一定积极作用的。他会使得企业之间的竞争压力加大，从而带来技术以及生产力的进步。在经济过热、需求旺盛、产品处于供不应求的情况下，一些落后企业、落后技术、落后产品仍然有存在的空间，企业缺乏调整结构的外部压力和内在动力，这样会使得效率低下、资源得不到优化配置，抑制整体经济的发展；而在供过于求的情况下，市场竞争激烈，企业会积极地调整自己的结构，适用市场需求，并淘汰落后的生产能力。也就是说，产能过剩会为企业创造一个比较激烈的市场竞争环境，加大企业之间的竞争。产能过剩也可刺激企业提高技术水平、改善管理，从而走高效、集约经营的路线；产能过剩也可有助于增加产品的花色品种，使得产品特色化，从而使得产品物美价廉，使得产业生产技术和产品的不断创新，产业的整体素质得以提高。从某种意义上来说，一部人类经济发展史，就是一部不断克服短缺、走向丰足和过剩的历史。

例如，我国电瓷行业是典型的产能过剩行业。七八年前，这个行业还如日中天，吨成品价格2万多元，利润达到40%左右，由于利润诱人，资本纷纷涌入，短短3～5年，产能严重过剩，竞争不断加剧，价格由2万多元/吨下降至不足1万元/吨，加上原材料涨价，人工成本提高，到2010年全行业几乎无利，一些管理差、技术落后的企业开始亏损。2012年全行业除一家赢利外都出现了亏损。在这种局面下，企业只有两条路：第一，破产倒闭；第二，提升自强。某电瓷厂20世纪50年代建厂，主要采用湿法生产工艺，"十五""十一五"期间，国家实施西电东输、北电南输工程，市场形势非常好，2005至2008年的年销售收入20 000万元左右，年利润总额达到7 000多万元。而从2009年开始，企业出现连续亏损。2012年销售收入11 200万元，亏损高达4 000多万元。面对严峻的形势，企业开始考虑出路，通过改革提高管理水平，改善工艺提高产品质量，降低生产成本，提高市场竞争力；合并管理机构，由20多个科室减少到12个；减员，由1 100多名职工减少到650人，改革工艺，由湿法生产为主，改为干法生产为主；改变生产管理机制，由放任式改为计件制。通过改革可以大幅降低生产成本和期间费用，2013年预计可以实现收支平衡，今后还将继续改革用人机制，瞄准市场需求，加大新产品研发力度，在竞争中求生存，在竞争中求发展，在竞争中提升企业竞争力。

纵观世界每一次经济危机即相对生产过剩，都是对生产力的一次破坏。然而，在它的大力推动下，都产生了一次技术和管理的提升乃至革命，在新的起点上形成新的生产力，把生产力推向了更高的阶段。

第二节　产能过剩的负面影响

一、产能过剩与金融风险的影响

产能过剩会加大金融系统的风险，我国目前的资本市场还不够发达，企业融资仍然主要通过间接融资向银行融资。在投资决策上，如果投资项目的边际回报成本高于资金成本，资金就会流向那些领域。产能过剩行业的资金大部分都是银行提供的，二者的依存度很高。金融风险与行业风险密切联系，在经济繁荣时期，释放了过多的流动性，投资过度，行业产能过剩，大量企业倒闭，银行此时收缩信贷，又加剧了经济下行的速度，产能过剩的不良影响蔓延到更大的范围，甚至最终导致整个经济体系的崩溃。行业产能过剩产生的成本最终还是由银行来承担，带来很大的金融风险。2005 年，产能过剩的行业钢铁、电解铝、水泥等具有较强的盈利能力时，是商业银行追逐的贷款对象，一旦产能过剩，利润下降，企业经营困难，这些贷款就变成呆账坏账，我国产能过剩的行业是重化工业行业，上下游产业链较长，发生产能过剩影响面很大，也给银行对这些行业的贷款传递了风险。

以平板玻璃行业为例。平板玻璃生产线的投产建设需要大量资金和土地投入，平均每条浮法玻璃生产线需投资 2 亿元左右，占地面积约为 23 ～ 27 公顷。受平板玻璃生产工艺的特殊限制，其生产线一经点火就必须连续生产，既不能停产也不能压产，要连续生产 5 ～ 8 年才停产检修，在市场供大于求的背景下，继续生产不但造成原料、资金的巨大浪费，更是加剧该行业的产能过剩问题。有的企业在市场出现产能过剩时，通过采取提前停产检修或者延缓点火的方式，在一定程度上缓和了市场供求失衡的问题，但由于厂房设备、生产资料都是配套的，无法转为它用，这些闲置的生产线既占用了土地资源，又无法形成有效供给，造成资源的巨额浪费。由于大多数企业的生产建设资金来自于银行贷款，当产能过剩问题出现，闲置产能由于无法获得利润回报而可能使企业的资金流出现断裂，银行的大量贷款无法及时收回造成银行呆账坏账风险骤增，该类贷款所导致的金融风险的增大已经成为影响金融稳定一大因素。平板玻璃行业的产能过剩还会对上游原料需求骤减，有的企业甚至可能以牺牲产品质量为代价以减少亏损，对上下游产业影响巨大。

二、产能过剩与长期经济的影响

从根本上来看，产能过剩将影响中国经济的增长。目前已经和可能出现的产能过剩的行业，主要是重化工业和能源工业，比如钢铁和汽车都是我国经济的支柱产业，比如汽车产业带动的相关产业达到上百个，解决的劳动力就业人数非常多。水泥、钢铁煤炭是中国经济发展的重要基础产业，如果这些行业的产能过剩问题不能得到有效解决，必将对经济发展产生重大不利影响。资产投资增幅的高峰值几乎接近100%，土地资源的永续利用面临严峻的考验，过度透支投资空间，近年来钢铁行业固定，我国耕地也连续减少，中国经济的可持续发展也举步维艰，由于各地盲目追加产能，重复建设，导致生态环境被破坏、被污染。

经过多年的发展，我国制造业生产工艺逐年提高，但总体上还处于粗放式发展阶段，尽管数量增长很快，但是在产品种类和质量的提升上未与之相称。国内外经验证明，这种经济增长方式只是经济发展过程中某个特定时期的产物，而不是一种常态，不具有可持续性。前文已提到，现阶段我国制造业的产能过剩，主要表现为一些科技含量不高的低端产品供过于求，而高档和高附加值的深加工玻璃的产量则严重不足，大量依赖从国外进口。另外，不仅大型企业为了实现规模经济积极建线，一些中小民营企业也加入其中分一杯羹，这些中小企业普遍存在技术差、规模小、能耗大等弊端。目前，国家正在从各个方面入手，着力调整优化结构、促进产业升级，大力发展深加工和高端产品，增加产品技术含量和附加值，推进平板玻璃生产和深加工一体化发展，提升该行业发展的质量和效益，谋求经济发展方式的转变。但产能过剩问题不仅造成人力、物力、财力的巨大浪费，不利于资源的合理高效配置，更不利于平板玻璃工业的转型升级。在产品结构上，过剩的低端产能或是库存积压或是低于成本价销售，导致企业利润减少，用于研发的资金也随之缺乏，由此阻碍企业的研发创新和技术改造，无法弥补优质浮法玻璃及其深加工产品的巨大缺口，不利于企业的长远发展。在产业结构上，在缺乏有效的优胜劣汰的市场机制的情况下，拥有落后产能的中小企业或者不能有效退出市场，或者不能通过收购兼并和资产重组的方式进行产业整合，这些企业的存在不但降低了平板玻璃行业的产业集中度，更不利于该行业的结构升级，阻碍了行业长远发展的步伐。可见，产能过剩是实现经济发展方式转变的重要障碍。

三、产能过剩与产业结构的影响

市场经济本身就是过剩经济，一定要维护公平的竞争环境，保证信息对称，适度过剩将有利于市场发展。但倾斜过度供大于求，产能过剩将引起市场无序竞争。产能过剩让更多的企业卷入残酷的"价格战"漩涡。当前制造业产能过剩以后，企业之间为了争得短期的市场份额，引发恶性竞争，靠低价吸引消费者，质量直线下降，迫使别的品牌也要降价，最终都因为利润太低而无力回天。有人认为低价是暂时策略，先抢占市场，待有市场地位后掌握定价权。殊不知，当企业进行低价销售的时候，已经给全行业的这类产品定了价，套上了枷锁。消费者会依照这个标准，对整个产业的同类产品进行审核。如果产品不是绝对的垄断经营，那么价格一旦降下来就很难涨回去。

1.产品质量下降

产能过剩的情况下，企业赢利能力和技术开发能力的弱化，使企业以往承诺的许多服务无法兑现，并且会引发企业在产品生产问题上的短期行为，如通过偷工减料，以次充好来降低产品成本以扩大企业过低的赢利空间，结果引发产品质量的全面滑坡。这种结局与正常市场竞争到最后可以促使行业质量水平大规模提高的结果截然相反。在恶性竞争中，企业大量低价倾销自己的商品，不但使劣势企业、甚至也使得市场中优势企业的赢利水平遭到极大削弱，企业的资金积累能力大大降低，甚至连流动资金的正常周转都无法维持。企业要大量对外融资，导致负债率不断升高，经营成本剧增。2001年处境艰难的彩电行业的赢利能力持续恶化，赢利率比起2000年同比下降了2.8%，仅为2%，许多企业利润总额的下降幅度在50%～80%之间，目前的发展态势不能不令人忧心。

2.削弱制造业创新动力，整体行业利益减少

与此同时企业赢利能力的削弱，使处于恶性竞争行业中的企业没有更多能力投入资金用于新产品和新技术的研究开发，导致行业中的企业无法突破各自在生产技术和产品结构方面的同质性，不能有效增加产品的差别性，更增添了对价格战的依赖性，形成了价格战——低技术发展——产品同质性维持——价格战继续的恶性循环。正常的市场竞争经过一番激烈的角逐，总会有少数优势企业胜出，在一连串优胜劣汰的兼并重组过程中，市场诸侯割据的格局逐渐演化，那些优胜企业的市场份额会迅速提升，企业规模和生产能力得到极大提高，市场规模经济的效益明显，生产成本大幅度下降，市场价格也可随之相应降低。但此时价格的降低，不再是以牺牲企业的利润为代价，无论企业还是消费者都可以获得真正的双赢，但在产能过剩甚至严重的情况下，恶性竞争会推迟甚至瓦解这一格局的出现。

1997年农用二轮车行业的价格战造成的经济损失高达20多亿元，国税流失6.6亿元；1998年上半年平板玻璃的连续降价，使全行业亏损7亿元。行业中众多企业的发展举步维艰，并使一些很有发展潜力的企业都不能逃脱过剩产能导致的恶性竞争对企业带来的巨大杀伤力。中国彩电行业的恶性竞争已使彩电行业的巨头企业康佳受到重创，2001年康佳抛出了一份令人震惊的巨亏6.99亿的年报。恶性竞争极大损害了产业发展的稳定性，国内企业实力被削弱，给洋货和国外企业进入中国市场造成了可乘之机。

3. 企业和社会资源的巨大浪费

制造业是我国经济发展的重要支柱，一般存在恶性竞争的行业均为产品供过于求的行业，按照社会资源优化配置的原理，社会资源不应再继续投入这个行业。而由于种种原因许多恶性竞争行业中的企业面对很高的行业退出壁垒，只好继续留在该行业中背水一战，将宝贵的生产资金投入到早已饱和的生产中去，形成社会资源的巨大浪费。并且恶性竞争带来的行业亏损也使投入该行业的许多银行贷款面对极大的还贷风险。

第三节　化解产能过剩的影响

一、化解产能过剩思路与重点产业

1. 基本思路

在传统制造业领域淘汰落后产能、化解产能过剩，从产出和投资两个角度都会对宏观经济增长带来较大的负面影响。从理论上讲，对于影响程度的估算可以分别依托GDP核算的生产法和支出法，从产出和投资两个角度分别实施。然而，在具体估算过程中发现，细分到产业领域的增加值数据缺失严重，相比之下固定资产投资方面的行业细分数据相对充分，因此，最终从投资角度估算化解产能过剩对经济增长的负面影响。

分析估算的基本逻辑是：制造业的产能过剩很大程度是由以往过度投资引起的，而前些年产能过剩行业领域的投资快速增长也是支撑中国经济高速增长的重要因素。当前化解产能过剩，绝不可能重走继续刺激投资需求的老路，这是由我国所处的工业化发展阶段、资源环境约束等客观原因所决定的。化解产能过剩，淘汰落后产能，相关行业领域投资增速将大幅下滑（甚至出现零增长或负增长），降低全社会整体投资增速，进而降低资本形成对经济增长的贡献率。

根据上述逻辑，拟按照以下思路大致匡算重点行业领域化解产能过剩对宏观经济增速产生的影响：① 梳理出主要产能过剩行业领域，计算出这些领域固定资产投资占全社会固定资产投资大致比重；② 计算产能过剩行业领域近年来固定资产投资增速及其对全社会固定资产增长速度贡献度；③ 估算相关行业领域在化解产能过剩中引起的固定资产投资增速下降幅度，并计算其对制造业及全社会固定资产投资增速下降的贡献；④ 将全社会固定资产投资增速与支出法GDP核算中的资本形成增速进行对比，并结合前面的计算结果，进一步匡算化解产能过剩可能带来的宏观经济增速下滑幅度。

化解产能过剩还将对就业产生负面影响。随着相关行业领域落后产能的淘汰，被淘汰产能原先吸纳的就业人员必然面临重新下岗失业困境，在宏观上表现为就业压力的增大。由于细分就业数据的缺乏，很难准确估算具体的再就业人数，但仍可以按以下步骤进行大致估算：① 在主要产能过剩行业领域梳理基础上，通过历年数据大致计算这些领域现有从业人员占工业或重工业从业人员比重；② 根据相关行业领域淘汰落后产能目标和现有产能，大致推算可能带来的新增再就业人员比例；③ 根据最新行业就业数据和上述两个比例，大致匡算由于淘汰落后产能而带来的新增再就业人员数量。

2. 化解产能过剩主要行业领域

根据国家《指导意见》，产能严重过剩行业领域包括钢铁、水泥、电解铝、平板玻璃、船舶。国家《指导意见》还特别指出："坚决淘汰落后产能。分解落实年度目标，在提前一年完成'十二五'钢铁、电解铝、水泥、平板玻璃等重点行业淘汰落后产能目标任务基础上，通过提高财政奖励标准，落实等量或减量置换方案等措施，鼓励地方提高淘汰落后产能标准，2015年底前再淘汰炼铁 1 500 万吨、炼钢 1 400 万吨、水泥（熟料及粉磨能力）1 亿吨、平板玻璃 2 000 万重量箱。"

事实上，产能过剩领域并不局限于《指导意见》中所列上述 5 大行业领域，从近年来工信部淘汰落后产能任务计划看，至少还包括焦炭、电石、铜、铅、锌、印染、化纤等。因此，拟着眼于上述 5 个领域，同时综合考虑其他产能过剩领域，对制造业领域的产能过剩行业进行较为全面的梳理。

二、化解产能过剩对经济增长带来的影响

钢铁、水泥、电解铝、平板玻璃、船舶 5 大行业领域在国民经济行业中分别归属于"黑色金属冶炼和压延加工业""非金属矿物制品业""有色金属冶炼和压延加工业""交通运输设备制造业"。如果从更粗略的划分看，上述领域都属于制造业中的重工业。事实上，在制造业领域，除了上述五大行业外，很多传统行业也都处于产能过剩状态，急需化解，包括焦炭、电石、铁合金、铜冶炼、铅冶炼、锌冶炼、造纸、酒精、味精、柠檬酸、制革、印染、化纤等。在化解产能过剩过程中，制造业整体投资都将出现大幅下降，甚至零增长或负增长。

从表 6-1 可以看出，制造业固定资产投资增长对于全社会固定资产投资增长贡献度很大。2012 年的贡献率为 34.55%，近 5 年平均贡献率为 37.16%。据此，不妨假定制造业固定资产投资增长贡献了全社会固定资产投资增速的 1/3 强。接下来可以考察产能过剩细分行业领域投资增速及其对制造业固定资产投资增长贡献度。

表 6-1 近年来制造业对固定资产投资增长贡献情况

年　份	2012	2011	2010	2009	2008
全社会固定资产投资（亿元）	374 694.74	311 485.13	251 683.77	224 598.77	172 828.40
制造业固定资产投资（亿元）	124 550.04	102 712.85	88 619.20	70 612.90	56 702.36
全社会固定资产投资增速（%）	20.29	23.76	12.06	29.95	25.85
制造业固定资产投资增速（%）	21.26	15.90	25.50	24.53	27.41
制造业对固定资产投资增长贡献率（%）	34.55	23.57	66.48	26.87	34.35

1. 钢铁行业

根据相关数据资料，目前我国钢铁行业的产能已经达到 10 亿吨以上。而从需求角度看，我国钢铁消费的峰值大约在 8 ～ 10 亿吨。这意味着维持现有产能不变也完全可以满足峰值时的钢铁消费需求。那么，未来几年为化解产能过剩，在淘汰落后产能的同时，新增置换产能应该小于淘汰产能才有可能达到目的。

表6-2　2008—2013 年钢铁产业产能及投资相关数据

年份	产能 （亿吨）	新增产能 （万吨）	淘汰产能 （万吨）	产量 （亿吨）	产量增速 （％）	固定资产投资 （亿元）	投资增速 （％）
2008	6.60	—	—	—	—	3 248.91	24.16
2009	—	—	—	5.68	—	3 264.93	0.49
2010	8.00	—	3 969.00	6.27	9.26	3 494.24	7.02
2011	8.50	8 000.00	3 000.00	6.83	8.90	4 036.20	15.51
2012	9.00	7 015.00	2 015.00	7.16	3.10	5 055.00	-2.00
2013	10.00	6 000.00	1 044.00	7.75	7.82	5 594.00	3.54

经过"十二五"以来有计划、大规模地淘汰落后产能行动，今后需要进一步淘汰的落后产能并不太多。根据《指导意见》，2014 年提前一年完成"十二五"相关计划；2015 年再淘汰炼铁 1 500 万吨、炼钢 1 500 万吨。假定钢铁行业未来总产能稳定在 2013 年的水平，那么新增产能水平大约在 3 000 万吨（炼钢、炼铁等合计）。新增产能规模直接决定固定资产投资规模。对照 2011—2013 年新增产能和投资增速，可以大致判断，未来 2-3 年内钢铁行业的固定资产投资应该出现较大幅度的负增长，不妨设定为 9%，从投资规模上看，钢铁行业及整个黑色金属行业，其固定资产投资占制造业固定资产投资的比重在 5% 左右。如果以 2012 年制造业的固定资产投资增速 21.26% 为基准，在其他细分行业投资增速不变的条件下，钢铁行业投资增速下降 5%，整体制造业固定资产投资增速将降低为 19.7%，降低整体增速 1.51 个百分点。

2.水泥、平板玻璃及建材整体

建材行业中的水泥和平板玻璃都被列入五大严重产能过剩行业领域。从我国所处的发展阶段，结合相关预测，未来5年我国水泥需求将达到25亿吨/年峰值水平，而当前水泥行业产能大约为31.8亿吨。这意味着未来新增产能必须小于淘汰产能，才可能逐步缓解水泥行业产能过剩的矛盾。

表6-3 2008—2013年水泥行业产能及投资相关数据

年份	产能（亿吨）	新增产能（亿吨）	淘汰产能（亿吨）	产量（亿吨）	增速（％）	固定资产投资（亿元）	投资增速（％）
2008	20.75	——	——	14.24	——	——	——
2009	22.69	2.66	0.72	16.44	16.10	1 700.70	61.75
2010	26.48	4.86	1.07	18.82	13.51	1 754.00	3.19
2011	28.97	3.99	1.50	20.99	10.44	1 439.00	−8.30
2012	29.00	2.61	2.58	22.10	5.87	1 379.00	−7.00
2013	31.8	3.53	0.73	24.00	——	——	——

平板玻璃行业同样处于现有产能大于需求峰值，产能严重过剩的状况。事实上，整个建材行业都存在较为严重的产能过剩。未来每年新增产能规模应该小于淘汰的落后产能才能实现缓解产能过剩的目标。由于数据收集过程中只能收集水泥行业细分的固定资产投资情况。基于对建材行业整体产能情况的判断，同时也出于匡算方便，不妨对建材行业整体（或非金属矿物制品）的固定资产投资情况进行预估。

表6-4 2008—2013年平板玻璃行业产能相关数据

年 份	产能（亿重量箱）	新增产能（万重量箱）	淘汰产能（万重量箱）	产量（万重量箱）
2008	——	——	——	59 890.39
2009	7.4			58 574.07

年　份	产能 （亿重量箱）	新增产能 （万重量箱）	淘汰产能 （万重量箱）	产量 （万重量箱）
2010	7.94	13 000	7 648	66 330.80
2011	9.9	—	2 940.00	79 107.55
2012	10.40	—	5 856.00	71 416.6
2013	—	6 184	2 250.00	77 454.50

　　根据统计公报等相关资料，建材行业所属的非金属矿物制品业，其固定资产投资占制造业固定资产投资的 1/10 以上。从水泥行业及平板玻璃产能过剩情况看，单就水泥、平板玻璃而言，未来固定资产投资增速应该下降 10%以上。考虑其他细分行业产能过剩程度也比较严重，不妨假定非金属矿物制品整体固定资产投资增速下降 10%。同样以 2012 年制造业增速为基准，在其他行业增速不变情况下，整体的制造业固定资产投资增速将降低为 18.13%，降低整体增速 3.13 个百分点。

　　3. 铝、铜、铅、锌及有色行业整体

　　电解铝也是产能严重过剩，需要大力淘汰落后产能的五大行业领域之一。除电解铝之外，有色金属行业的其他细分行业领域几乎都存在产能过剩问题，都是淘汰落后产能的重点对象。

表 6-5　2008—2013 年电解铝行业产能及投资相关数据

年份	产能 （万吨）	新增产能 （万吨）	淘汰产能 （万吨）	产量 （万吨）	增速 （%）	固定资产投资 （亿元）	投资增速 （%）
2008		21.53	—	1 316.54	—	—	—
2009	2 071.14	69.57	—	1 288.61	—	—	—
2010	2 195.44	158.20	33.90	—	—	—	—
2011	2 340.88	207.33	61.90	1 756.00	—	300	17.3
2012	2 600.00	286.12	27.00	2 027.00		851.00	
2013	3 031.50	458.80	27.30	2 486.60			

表6-6 2008—2013年铜冶炼产能相关数据

年　份	产能（万吨）	新增产能（万吨）	淘汰产能（万吨）	产量（万吨）
2008	—	116.19	—	379.46
2009	—	112.66	—	405.13
2010	—	154.35	11.70	454.03
2011	—	182.86	42.50	—
2012	—	146.06	75.80	—
2013	—	—	66.50	—

表6-7 2008—2013年铅冶炼产能相关数据

年　份	产能（万吨）	新增产能（万吨）	淘汰产能（万吨）	产量（万吨）
2008	—	61.67	—	345.18
2009	—	89.26	—	377.29
2010	—	100.73	24.3	425.73
2011	—	77.69	66.10	471.19
2012	—	86.6	134	464.7
2013	—	—	87.9	—

表6-8 2008—2013年锌冶炼产能相关数据

年　份	产能（万吨）	新增产能（万吨）	淘汰产能（万吨）	产量（万吨）
2008	—	—	—	404.23
2009	—	—	—	428.63
2010	—	—	11.3	520.89
2011	—	—	33.8	516.83
2012	—	—	32.9	484.50
2013	—	—	14.3	—

事实上，有色金属行业中的电解铝、铜、铅、锌都在工信部近年来淘汰落后产能之列。为匡算方便，同时也不失代表性，不妨对有色金属行业整体的固定资产情况进行考察，测算未来有色金属行业对制造业固定资产投资增速的影响。有色金属行业的固定资产投资规模与黑色金属大体相当，大致也为制造业固定资产投资的5%左右。考虑电解铝等同钢铁一样都属于严重产能过剩行业，不妨假定其固定资产投资在未来几年内会以8%左右的速度下降。那么，同样以2012年制造业的固定资产投资增速21.26%为基准，在其他细分行业投资增速不变条件下，有色金属行业投资增速下降8%，整体的制造业固定资产投资增速将降低为19.8%，降低整体增速1.46个百分点。

3. 船舶及交通运输设备制造业

船舶作为5大产能严重过剩行业领域，属于交通运输设备制造业。交通运输设备制造业固定资产投资在制造业中占据较大份额，约为10%。当然，交通运输设备制造业固定资产投资中汽车工业比重最大，约占80%。当前，我国汽车业产能过剩的苗头也已经出现。据汽车业内预测，2015年，国产汽车产量可达2 500多万辆，而产能高达3 500万辆，整整多出1 000万辆的产能，按现行标准也属于严重产能过剩。这意味着，化解船舶产能过剩的同时，我们即将面临如何化解汽车业产能过剩，这样交通运输设备制造业整体都面临固定资产投资下滑情形。

如果未来交通运输设备制造业固定资产投资增速出现7%负增长，在其他行业保持不变情况下，以2012年制造业投资增速21.26%为基准，整体投资增速将下降18.43%，降低约2.83个百分点。

4. 造纸业及纸制品

造纸业也是近年来工信部淘汰落后产能、化解产能过剩重点行业之一。2013年，造纸业产量出现了前所未有的零增长，预示着纸制品的需求也已经基本达到峰值。未来几年，造纸业产能规模将进一步压缩下降，相应的固定资产投资也将减少。据此，不妨假定造纸业固定资产投资速度下降6个百分点。从2011年、2012年造纸业固定资产投资的规模来看，在制造业中大约占比3%。可以进一步推算出，以2012年制造业固定资产投资增速21.26%为基准，在其他行业不变情况下，制造业固定资产投资增速将下降20.44%，降低0.82个百分点。

6. 印染及纺织业

印染也一直是近年来工信部淘汰落后产能的重点领域，而当前整个纺织业都处于产能过剩状况。纺织业固定资产投资占制造业比重在 6% 左右。如果未来几年由于化解产能过剩而导致纺织业全行业固定资产投资下降 3% 左右；以 2012 年制造固定资产投资增速 21.26% 为基准，在其他行业情况不变条件下，制造业固定资产投资增速将下降 19.8%，降低 1.46 个百分点。

7. 化纤、铅蓄电池及其他行业

化纤、铅蓄电池以及其他一些行业同样存在较为突出的产能过剩问题。假定这些行业领域固定资产投资规模占制造业的份额合计在 15% 左右，未来几年固定资产投资下降 4% 左右。那么，以 2012 年制造业固定资产投资增速 21.26% 为基准，在其他行业情况不变条件下，制造业固定资产投资增速将下降 19.8%，降低 1.46 个百分点。

8. 制造业固定资产投资增速下降及对增长影响测算

考虑制造业整体增速不断下滑，特别是上述七大领域以外的电石、焦炭、铅蓄电池等行业领域同样属于产能过剩行业，也将出现较大幅度投资下降。因此，以 2012 年制造业固定资产投资增速 21.26% 为基准，假定除前述提及的七大行业领域外，其他制造业在未来几年仍保持 15% 的相对高增长。结合前述假定和推算，通过淘汰落后产能，钢铁、有色、建材等相关行业将分别出现一定程度投资下降。

综合前面推算，在淘汰落后产能、化解产能过剩过程中，制造业固定资产投资增速将下降约 3.4% 的水平（见表 6-9）。

表6-9 制造业细分行业固定资产投资变化匡算

行业	钢铁	建材	有色	运输设备	造纸	纺织	化纤	其他制造业	合计
占比	5	10	5	10	3	6	15	46	100 —
增速	−9	−10	−8	−7	−6	−3	−4	15	—
贡献	−0.45	−1.0	−0.40	−0.70	−0.18	−0.18	−0.60	6.90	3.39

假定化解产能过剩导致制造业整体固定资产投资增速出现上述大幅度下降，甚至接近于零增长，那意味着全社会固定资产投资增速将在原有基础上下降大约1/3。通常情况下，固定资产投资增长对GDP的拉动作用主要体现在资本形成对增的贡献率（尽管固定资产投资与资本形成并不能完全一一对应）。根据统计年鉴，可以获得资本形成对经济增长的贡献数据。

　　从表6-10可以看出，资本形成对GDP的拉动作用一直非常大，其中2012年为3.63个百分点。以2012年为基准，根据前面的假设和推算，化解重点领域以及制造业其他领域的产能过剩可能减少对GDP增速的拉动约1.2个百分点。换言之，如果大力淘汰落后产能、化解产能过剩，在其他条件不变情况下，可能会带来GDP增速下降约1.2个百分点。根据国家统计局公布的国民经济初步核算数据，2013年，全国GDP总量为568 845亿元，增速为7.7%。如果以2013年GDP数据为基数，那么增速下降1.2个百分点对应的增加值为6 826.14亿元，这部分少增加的增加值需要由接续型新兴产业的快速增长加以弥补。

表6-10　支出法下各项对近年来GDP贡献及拉动情况

年　份	2012	2011	2010	2009	2008
最终消费支出对国内生产总值增长贡献率（％）	55	56.5	43.1	49.8	44.2
最终消费支出对国内生产总值增长拉动（百分点）	4.24	5.26	4.49	4.58	4.24
资本形成总额对国内生产总值增长贡献率（％）	47.1	47.7	52.9	87.6	47
资本形成总额对国内生产总值增长拉动（百分点）	3.63	4.44	5.5	8.06	4.51
货物和服务净出口对国内生产总值增长贡献率（％）	-2.1	-4.2	4	-37.4	8.8
货物和服务净出口对国内生产总值增长拉动（百分点）	-0.06	-0.39	0.42	-3.54	0.95

三、化解产能过剩对就业可能带来的影响

　　根据《指导意见》，2012年底，我国钢铁、水泥、电解铝、平板玻璃、船舶产能利用率分别仅为72%、73.7%、71.9%、73.1%和75%。通过淘汰落

后产能化解产能过剩，上述 5 大行业及其他产能过剩领域净压缩产能应该在 10% 左右；考虑淘汰落后产能的同时也会新增一些较为先进的产能，不妨假定每年淘汰的落后产能在总产能的 10% 左右，3 年左右的时间内净压缩产能达到总产能的 10% 左右。

由于落后产能通常技术水平落后，劳动生产率较低，由此导致的下岗再就业人员占行业从业人员比重应该大于 10%。考虑行业内部通过优质产能置换可以吸纳一部分从业人员，不妨假定每年需要推向劳动力市场再就业的人员占行业从业人员比重大致为 10%。

表 6-11 的数据虽然不够准确，且不同行业的数据年份有所差异，但从中大致可以看出，5 个重点行业领域从业人员数至少在 700 ～ 800 万人。如果这些从业人员中有 10% 人员需要重新再就业，便会产生再就业人员约 80 万人。

表 6-11　部分行业领域从业人员数

钢　铁	有　色	建　材	水　泥	平板玻璃	船　舶
321（2012）	179（2011）	900（2011）	151（2011）	12（2008）	63（2009）

根据《中国统计年鉴》，2012 年，我国制造业城镇就业人员数 4 262 万人；刨除上述 5 大行业领域，就业人员数大约为 3 460 万人。考虑制造业中还有其他领域也存在较为严重的产能过剩，如果上述剩余就业人员中有 3% 需要再就业，就是 103.2 万人。据此，大致匡算，淘汰落后产能、化解产能过剩过程中，每年直接产生新增再就业人员数可能在 180 万人左右，为 2012 年我国城镇登记失业人数的 20% 左右。另外，由于产业之间存在关联效应和带动效应，淘汰落后产能还可能导致其他关联产业领域的间接失业。从河北等相关省份情况看，直接再就业与间接再就业的比例大致是 1∶2。照此比例，通过淘汰落后产能化解产能过剩还将间接影响 360 万个就业岗位。

第七章　我国制造业产能过剩治理中存在的问题

第一节　国内外产能过剩治理经验

"产能过剩"是市场经济下供需分离的必然产物，因此，在市场经济条件下，对于"产能过剩"只能减小其过剩程度，而不能根除。治理产能过剩主要有两种思路，一是美国的需求管理，在出现产能过剩时，短期通过扩张需求适应产能规模来缓解过剩困境，长期通过市场自身调整淘汰落后产能；一是日本的供给管理，政府通过行政手段进行事先的进入控制和事后的设备淘汰，调整产能适应需求。从美、日等发达国家多年实践的经验来看，在特定时期，运用行政手段对部分领域出现的"产能过剩"现象进行适当干预有其必要性，也能取得一定的效果，但从长期来看，通过加强市场经济体制建设，充分发挥市场在资源配置中的基础性作用，减少政府在产能形成过程中的直接干预，会取得更佳的治理效果。

自 1825 年英国第一次爆发生产过剩的经济危机以后，产能过剩就成为市场经济的常态。按照传统的马克思主义政治经济学原理，资本主义经济危机即生产过剩的危机，是资本主义生产方式的必然产物，根源在于资本主义生产的社会性和生产资料的私人占有形式之间的矛盾。只要资本主义制度及其内在矛盾存在，经济危机就不可避免地周期性发生。产能过剩是企业过度竞争的必然结果，具有周期性特点。

英、美等西方发达国家大都经历了与以苏联为首的社会主义阵营的政治、经济发展方式的论战，这些国家的主流意识形态对生产过剩原因的马克思主义政治经济学解释是高度排斥的。古典经济学认为市场是可以出清的，市场自身的运行可以在一定时期内化解生产过剩，而不需要人为的干预。发生在制造业部门的相对于需求而言的总供给过剩的现象，或多或少地应该能通过正常的经济调节机制很容易直接加以解决，也就是说，通过对生产要素的重新配置，一些资本会从高成本、低利润的部门流向高利润、低成本的部门。20世纪30年代大萧条期间，世界范围内资本主义国家出现了持续的、大规模的生产过剩，于是凯恩斯宏观经济理论应运而生，目标指向需求管理，提出通过需求管理来化解生产过剩。遵循这种理论指导，在英美等市场经济体制比较完善的国家，一般很少有直接指向治理生产过剩的政策措施，与市场出清理论相呼应，他们更倾向于短期的需求管理、长期的市场自我运行来实现出清。因此，在这些国家，产能过剩更多的是一个企业微观层面的问题，甚至是企业的一种市场竞争策略，而不是宏观层面需要考量的问题。而以日本为代表的后发国家，由于通过引进资本和技术等生产要素，在较短时间内实现了产业规模的扩张和升级，在此过程中，伴随着很多产业出现了较长时间的产能过剩，因此，这些国家普遍采用了产业政策对产能过剩问题进行治理。

一、发达国家产能过剩历程

1. 美国的产能过剩现象及特征

在美国经济发展史上，产能过剩曾多次出现，并且都是与经济衰退和危机同步发生，因此，这种过剩可以归结为市场经济条件下的周期性产能过剩。

经济周期性问题是与市场经济体制相伴而生的，经济一般均衡的出现是短暂的，相对的，而不均衡（无论是生产过剩还是供给不足）则是长期的，绝对的，但总体来看，生产过剩是消费不足的必然结果。产能利用率是考察产能过剩的重要指标。根据美国的经验，当工业产能利用率超过95%以上时，代表设备使用率接近全部；当产能利用率在90%以下且持续下降时，表示设备闲置增多，产能过剩出现；工业产能利用率在81%及以上时，为正常的产能过剩，低于81%时，为较严重的产能过剩。

内战结束后的美国借助第二次工业革命的契机，于1894年实现了工业生产超过英国跃居世界首位，钢铁、煤炭产量，机器生产比重在世界各国中遥遥领先。但是，尽管美国国内市场规模远超过英国，资本扩张的本性和分散化却导致工业产能很快超过了需求，美国遭遇了国内市场不足与产能过剩危机。1907 年 3 月美国爆发了金融危机，以月度数字计算，1907 年美国钢产量下降近 60%，生铁 38%，机车 69%，货车车厢 75%，新建铁路量 46%。1908年，美国新建筑合同减少 23%，钢铁拉斯所属企业一半以上停工，由此美国进入了一次经济调整期。而第一次世界大战的爆发为美国走出经济危机提供了机遇。美国通过对参战国提供军火，化解了国内产能过剩的矛盾，工业实力进一步增强。四年间，美国制造业生产增长了 32%，钢产量增长了近 90%（从 2 351万吨增加到 4 446 万吨），汽车产量增加了一倍（从 57 万辆增加到 117 万辆），而拥有 10 亿美元以上的大公司也从 1901 年的 1 家增加到 1909 年的 6 家。

一战结束后，美国国内的房地产建筑需求膨胀，汽车消费空前繁荣。房地产和汽车的发展带动了钢铁、石油、化工、公路建设等一系列工业和交通部门的发展，消费信贷的发展为其提供了有力支持，在重化工业快速发展的带动下，美国产业结构从以轻工业为主升级成了重化工业为主，工业化进程取得了重大进展。随着对住宅与汽车的购买开始下降，住宅建筑在 1927 年达到顶峰之后开始下降，而汽车工业也在 1927 年之后出现明显的产能过剩问题，急剧衰落，成为 1929—1933 年大危机的前奏。美国原有的庞大工业生产能力过剩问题无法解决。在这次危机中，美国真实经济产出从 1929 年到 1933年下降了 29%，工业生产下降了 46%，煤、铁、钢的产量下降，分别倒退了28 年、36 年和 31 年。股票价格下跌 79%，证券交易所遭到巨大破坏，银行大批倒闭。失业人数超过 1 300 万，失业率达到 25%。为应对这次危机，美国推出著名的"罗斯福新政"，罗斯福新政指向三个目标，即复苏经济、改革和救济，其中改革是重要组成部分，也是影响最深远的内容。

二战给美国提供了迅速扩张的又一次难得的机遇。从 1939 年开始，美国经济走上了增长的快车道，彻底摆脱了经济危机的阴影，在此期间，与军事相关的高科技产业和制造业获得了巨大发展。战争经济的结束，意味着美国必须另辟蹊径，解决国内需求相对不足的问题。1948 年 8 月，爆发了战后美国的第一次经济危机，这次危机延续时间长达 15 个月，到 1949 年 10 月才结束。危机在各部门中的发展是不平衡的，最先在消费品生产部门发生，消费品生产在 1948 年 7 月开始下降；原料生产从 1948 年 8 月起下跌；设备部门的生产则从 10 月起萎缩，机器和设备产量逐月减少，危机迅速在广度和深度上进一步发展，整个工业生产急剧下降。在危机的打击下，美国的钢铁产量下降了21.7%，煤产量下降了28.1%，原油下降了15.8%。这次危机中建筑业受到的打击比较严重，新开工私人住房建筑早在1947年11月就开始减少，1948年下半年至1949年上半年，情况更趋严重，从美国国内各地发出的报道，成百成千的新屋既没有人买，也没有人租，新开工私人住房建筑从1947年10月的157万幢下降到1949年2月的113万幢，降低将近30%。通过对外扩张向国外输出商品成为美国化解这次危机的重要手段。1948年，美国推出了马歇尔计划，也称"欧洲经济复兴计划"，即通过提供资金帮助欧洲重建，为美国国内企业和产品提供市场。该计划对美国经济的影响是迅速而直接的，1948年美国经济比上年增长了4%，1950年、1951年更是达到了8.7%和7.7%，是美国战后经济增速最高的年份。

在战后的20世纪50～70年代，美国生产能力利用率是逐步下降的。在此期间，美国私人的固定资本投资（不包括住房建筑）每年保持在国民生产总值的9%到10%强。这个比重与战前高涨年份1929年的比重相差不远，但比20世纪30年代要高得多。在战后危机期间，固定资本投资下降也较小，如以1958年价格的季度数字计，在1948—1949年和1957—1958年危机期间，分别下降15.1%和15.6%，比战前危机期间要小得多（1929—1933年危机期间下降了77%），在战后其他三次危机期间，下降幅度更小，约在3.9%至9.2%之间。由于战后固定资本投资较多，生产能力的过剩情况越来越严重，甚至在历次周期性高涨阶段，生产能力利用率也表现了下降的趋势。战后第一个周期中高涨年份1950年到1952年制造业生产能力利用率达91.9%到95.1%；第二个周期的1955年和1956年为90.0%和88.2%；第三个周期的1959年则为81.4%；在扩大侵略战争前的1962年和1963年分别为81.4%和83.0%；在第五个周期的1971年和1972年下降至75.0%和78.6%。生产能力过剩现象显然是越来越严重了。在第六个周期的1973年发生的经济危机使得美国的工业生产下降了15.3%，持续时间为18个月；1979年发生的经济危机使得美国工业生产下降了11.8%，持续时间约44个月。处于经济周期底部的1982年底，美国制造业的开工率估计为69.8%（1980年为79.1%），其中粗加工部分开工率为66.4%（1980年为80.5%），精加工部分开工率为71.6%

（1980 年为 79.4%），这是由 20 世纪 80 年代初美国经济暂时性衰退所致。在二战结束到 20 世纪 80 年代的三十年间，虽然美国也不断出现周期性经济衰退，但这三十年间，美国经济实现了机械化与电气化，劳动生产率大幅提升。

20 世纪 80 年代中期以来，美国又先后经历了四次较为严重的产能过剩。一是 20 世纪 80 年代中期，二是 20 世纪 90 年代初期，三是 21 世纪初期，四是 2007 年以来的次贷危机。在前两次产能过剩中，1986—1987 年和 1991—1992 年，美国工业产能利用率都曾下降到 79% ~ 80%，产能过剩主要集中在汽车、钢铁等传统制造业。为解决工业产能过剩的危机，美国采取了大力发展服务业和高新技术产业的产业升级方式。美国经济重心向第三产业转移的速度明显加快，工业经济也开始向信息经济转型。第三产业的发展使工业部门的生产波动对整个经济稳定性的冲击减小，而以信息产业为核心的高新技术产业的发展创造了新的投资增长点和工业生产增长点。在美国 21 世纪初的互联网泡沫造成的过度投资、出现严重的产能过剩中，企业生产能力的利用率从 1995—2000 年的 81.5% 降到了 2002—2003 年的 73.6%，除 1982 年和 1975 年外，比战后的任何时期都要低。不过，这一次过剩的产能不是出现在钢铁和汽车，而是集中于电子制造业和信息通信产业。电讯器材、微处理器、计算机等高科技部门是生产过剩问题的中心所在，但是传统的工业部门如钢铁工业和纺织业也遭受重创，与它们有着紧密产业联系的其他非制造业的部门，尤其是电信和商业服务。这轮高新技术产业"产能过剩"，最终通过相关企业破产和并购重组等方式得以缓解。随后，由于缺乏新的经济增长点，美国通过宽松的货币政策刺激住房和汽车等消费，最终导致了 2007 年次贷危机的爆发，并扩散为全球性的金融危机，其危害程度几近于 1929 年的大萧条。在情况最严重的 2009 年夏天，美国工厂的平均开工率只有 68%，创下 1967 年以来的新低。

2. 日本的产能过剩现象及特征

以日本为代表等后发国家，由于通过引进资本和技术等生产要素，在较短时间内实现了产业规模的扩张和升级，在此过程中，很多产业由于非市场因素干扰而出现了较长时间的产能过剩。因此，在治理产能过剩的问题上，这些国家普遍采用了产业层面的干预政策。这些国家应对产能过剩的方式我们可以总结为市场运行与政府产业政策调控相结合（主要是微观的直接干预）。

二战后，日本对原有的战争经济体系进行了改造，并重新进入国际市场。但是，日本从控制型经济向竞争型经济的转型并不彻底，因此，在日本以后的经济发展中，行政控制、干预的一面与竞争、禁止垄断的一面同时存在，并相互对立与抗衡。在微观组织层面，这种局面造成日本的企业是软弱的，而政府是强大的，为官员主导并具有浓厚政府干预色彩的产业政策实施提供了权力基础。在两种力量作用下，再加上美国的有意扶持，日本具备了多项后发优势，经济进入了高速增长期，经济产出迅速增加。1950—1970年间，日本经济实际平均增速接近10%。在这种情况下，日本政府开始担心出现产能过剩问题，于是，政府对企业投资行为进行干预，企图将民间投资控制在政府预期的增长率范围内，事先防止形成设备生产能力过剩。这种政策与认为日本产业组织是"过度竞争"特征的思想是分不开的。根据日本学者小宫隆太郎提出的判断"过度竞争"的四点标准之一：企业积极建设新工厂，引进新型机械设备，这种投资竞争的结果，在不久的将来就会发生"极度的设备能力过剩"，有可能出现"设备开工率在50%的产业部门"来看，日本社会所指的产能过剩就是指生产设备的过剩。日本政府把需要设备处理和产业改组的行业称为"结构性萧条行业"。

但是，在20世纪70年代年前，由于经济处于高速增长期，现实的增长率不断超过产业的预期增长率，因此，日本的任何主要产业都没有出现过度的产能过剩。在此期间，面对生产的快速增长，日本在扩大需求方面也是成功的。一是"二战"后到20世纪50年代，确立出口导向型发展模式，通过出口来消化过剩产能，拉动经济增长。日本经济的对外依存度从1946年的10%左右迅速提高到1960年的38.8%。二是20世纪60～70年代，通过启动内需来消化产能。20世纪60年代初，日本提出了明确而具体的"国民收入倍增计划"，引入了"最低工资制"，扩展了社会保障计划，完善养老保险金，提高健康保险付给率等。这项政策引发了日本国内的一场消费革命，过去以出口为主的日本制造企业也开始为国内市场进行生产，成为消化快速增长产能的有效渠道。

日本的产能过剩集中表现在20世纪70年代到80年代初，治理政策也集中在这一段时间。进入 20 世纪 70 年代以后，随着石油危机等国际经济事件的发生，日本经济面临增长率下降和以基础材料工业为中心的长期萧条局面。特别是炼铝等工业，在开工率显著下降的情况下，出现了设备的闲置过剩。在石油危机以后，日本的基础材料工业基本上趋于停滞，发展缓慢，基础材料工业生产指数在 1975 年时是 99，1979 年虽有所上升但不到 130，1982 年则下降到 114，相比之下，加工制造业生产指数从 1975 年的 99 一路上升到 1982 年的 214。相对于以前的高速增长期，日本的基础材料工业陷入了长期的生产停滞。

在发挥市场作用的同时，日本政府于 1978 年推出《特定萧条产业安定临时措施法》（以下简称"特安法"），积极采取措施推进落后产能的退出，以更快地实现产业结构调整和升级的目标。表 7-1 简述了 1977 年以后"特安法"制定的部分行业调整生产情况。各行业开工率都很低，但除了炼铝业以外，在 1977—1981 年间，由于设备缩减，开工率逐步上升。

表 7-1　"特安法"制定的部分行业生产调整情况（%）

项　目	1977	1978	1979	1980	1981
平、电炉	62.7	84.5	89.9	81	80
冶炼铝	73	64.4	89.9	89.9	58.5
聚酯长纤维	76.9	96	89	81.7	86.2
尿素	50.1	53.6	77.4	67.1	56.5
氨	61.7	62.9	76.5	68.4	62.4
湿法磷酸	58	69.1	75.8	68.1	63.6
棉纺	70.1	83.8	94.1	91	88
毛纺	64.3	62.5	85	80.3	83
硅铁	55.4	52.1	80.3	68.9	63.6
瓦楞纸	62.9	65.7	88.4	75.2	68.8
造船	76	51	39	64	79

从表 7-2 来看，为减轻产能过剩程度，各行业根据"特安法"进行设备处理的比例是相当大的，大部分在 20% 左右，高的达到 30% 以上，最高的甚至接近一半。从实际处理量看，除棉纺外，基本完成了计划处理量，对于缓解开工率不足起到了很大作用。

表 7-2 根据特安法进行的设备处理（千吨/年）

项　目	设备处理前的生产能力（A）	设备处理计划量（B）	至 1981 年度的累计处理量（C）	A/B（%）	C/B（%）
尼龙长纤维	366.7	71.5	72.9	19.5	102
尼龙短纤维	430.5	73.2	95.5	17	130.5
聚酯长纤维	349.8	36.8	36.6	10.5	99.5
聚酯短纤维	397.5	67.6	70.7	17	104.6
尿素	3 985	1 790	1 670	44.9	93.3
氨	4 559	1 190	1 190	26.1	100
毛纺	181.7	18.3	17.6	10.1	96.2
瓦楞纸	7 549	1147	1 083	15.2	94.4
平、电炉	20 790	2 850	2 720	13.7	95.4
冶炼铝	1 642	530	899	32.3	169.6
造船	9 770	3 420	3 580	35	104.7
硅铁	487	100	100	20.5	100
湿法磷酸	934	190	174	20.3	91.6
棉纺	1 204	67.1	52.3	5.6	77.9

在此期间，虽然出现了一定的产能过剩，但总体来讲，日本政府与企业抓住了危机带来的机遇，结合本身的岛国和资源短缺的特点，以节约能耗为技术突破点，不断提升产品的技术含量，在完成工业化发展阶段之后，实现了产业结构的高级化，为进入发达国家行列奠定了坚实的经济基础。

20 世纪 90 年代经济泡沫破裂后，日本再次面临严重的产能过剩，日本政府继续选择通过扩大出口来消化产能。但由于日本科技创新和产业结构升级滞后，在国际上具有竞争力的行业仍然主要集中在汽车、钢铁、家电、造船等传统产业方面，但日本这些产业领域的出口面临亚洲"四小"和中国的激烈竞争而无法取胜。其结果是产能过剩压力长期难以消化，大量企业破产、倒闭，导致日本陷入长期通货紧缩。

　　首先，日本在 20 世纪 80 年代后半期的泡沫经济中形成了大量的过度投资，当时资产价格的高企为很多人带来了意想不到的收益，促成了对高级商品和奢侈品等的过度消费需求，造成了对厂商生产的强烈刺激；再加上企业的股价上升、拥有资产担保能力的提高，使企业融资非常容易而且利息很低，提高了企业投资的积极性。在 1985—1990 年的 6 年中有 4 年企业设备投资增长率达到了 2 位数，而且 1988 年到 1990 年连续迅速增长，分别达到 15.3%、14.9%、10.4%。这在 1971 年后是少有的现象。1971 年至 2002 年间共有 8 次设备投资增长率达到 2 位数，而泡沫经济时期就占到了 4 次。泡沫经济时期的过度投资转化为 20 世纪 90 年代的过剩设备。进入 20 世纪 90 年代后，随着泡沫经济的破灭，资产价格大幅缩水，再加上工资收入增长率停滞不前甚至下降、失业率不断攀升等原因促使民间消费需求紧缩。需求下降进一步导致企业大量设备开工不足，形成了过剩设备。如图 7-1 所示，日本企业的过剩资本实际存量 1979 年至 1984 年间平均每年为 153.05 兆日元，在 1985—1990 年间平均每年为 220.1 兆日元。如果假设 1984 年以前的年均 153.05 兆日元的过剩资本存量是因为设备耐用年限到期等待更新的正常值的话，那么 80 年代后期的年均 220.1 兆日元便包含了一个超过正常值的过剩资本存量，这是因为泡沫经济时期的过度投资在当时已经造成了设备过剩的缘故。至于 1991 年至 1996 年的年均 310.7 兆日元的过剩资本存量则是出现了大量超过正常过剩资本存量的数目，它说明了 20 世纪 90 年代的长期萧条使 20 世纪 80 年代的过度投资暴露无遗，这意味着更多的不到更新年限的设备也被闲置起来。由于企业存在着大量的过剩设备，因而减少了新设备投资的需求，同时也促成了企业设备的老化。

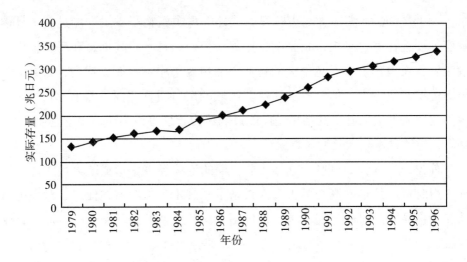

图 7-1 日本企业过剩资本实际存量

二、发达国家治理产能过剩的措施

1. 美国治理产能过剩的措施

美国是典型的以市场机制作为淘汰落后产能主要手段的国家。美国本身没有太多专门针对落后产能的政策，这是因为，一方面，美国执世界技术创新的牛耳，引领着产业技术发展的方向，它相对落后的生产能力在世界范围内往往并不落后；另一方面是美国市场经济体制比较完善，存在较少的价格扭曲，能源成本、环境成本、社会成本能够充分反映到企业的生产成本中，因此落后产能就基本等同于成本高或质量差，缺乏竞争力，很容易被淘汰出局。因此，在出现经济萧条（危机）或产能过剩时，美国的纠正措施往往以一般的宏观调控措施为主，着重于产能过剩的对立面——需求不足的管理。

（1）扩张性的财政政策

财政政策主要运用税收手段进行调节。每当经济萧条时，为了扩大需求，为过剩产能找出路，美国政府就实施减税政策，减税的手段包括降低税率和缩小税基（如提高起征点、增加免税额等）。里根执政的 20 世纪 80 年代，为了刺激经济发展，实施了大幅度减税措施；小布什执政期间，先后在 2001 年和 2003 年两次提出了以减税为核心的经济刺激计划，按照该计划，美国 10

年内的减税总额高达 15 000 亿美元。因此，财政政策作用的主要对象是刺激消费支出。此外，美国财政政策还具有长期供给型的特点。20 世纪 80 年代以来，美国政府注重研究与开发、技术转化和教育的投资，增加对新生产能力的投资，并运用竞争机制改善国家创新机制，取得了全球竞争优势。近期，奥巴马政府加大了对新能源等新兴产业的财政投入，既能扩大当期支出，又具有长期供给效应，得到了国会的批准。

（2）货币政策

货币政策主要使用利率杠杆进行调节，经济疲软就通过减息降低资本支出的成本，提高投资意愿，扩大投资需求。比如，1994 年当美国经济出现过热苗头时，美联储在一年内连续 7 次提高利率，把联邦利率从 3% 提高到 6%，迫使当时的美国经济降温。1998 年为防止世界金融动荡造成对美国经济的冲击，美联储分别在 1998 年 9 月、10 月、11 月连续三次降低利率。2001 年至 2004 年 6 月，美联储为了刺激经济尽快恢复增长，连续 10 次调低联邦基金利率，将其调至美国 46 年来的历史最低点（1%）——自金融危机以来美国大幅降息，当前基本实行零利率政策。

（3）贸易保护主义政策

在经济萧条程度特别严重时，美国政府往往会凭借其国家实力，要求主要贸易对手扩大对美国产品的进口或强迫竞争对手进行货币升值，以削弱自身的出口竞争力，为美国消化过剩产能，度过危机争取时间和空间。历史上典型的事例是马歇尔计划，强迫日元、马克升值，以及近期的要求人民币升值，都是美国政府转嫁经济危机的具体体现。1985 年初，美国国会通过了《美日贸易决议案》和《紧急贸易及促进出口法案》，提出凡对美出口超过从美进口额 65% 的国家，将对其进口产品一律征收 25% 附加税。日本首当其冲，1985 年 9 月，里根总统首次援引《贸易法》301 条款，授权对日本进行贸易报复。

总体来看，美国应对产能过剩的手段就是宏观调控，而不会进行直接的产业或微观干预。这种建立在市场机制基础上的调控方式虽然不能彻底消除周期性产能过剩，但却能在目前的历史阶段下，将产能过剩的损失降低到最低点。而且，美国基本实现了每次大的衰退后，通过技术创新、金融创新，实现经济的更高层次的发展，一直牢牢掌握着引领世界经济发展潮流的主动权。

2. 日本治理产能过剩的措施

日本是较多采取政府干预手段的发达国家和市场经济国家。除了一般的针对萧条时期的宏观调控政策外，日本治理产能过剩的思路体现在两个方面，一是事先干预和预防，二是事后干预调整。

（1）事前预防的政策——官民协调

在 20 世纪 60 年代石油危机以前，日本企业的预期成长率很高，因此，许多企业都对设备投资采取了非常积极的行动。这使政府产生了这样的判断，即在不久的将来，不可避免地要出现设备生产能力过剩的局面，认为价格机制不能起到有效分配资源的作用。因此，日本政府通过官民协调方式对钢铁、合成纤维、石油炼制、石油化工、纸浆等行业的设备投资进行了干预。这一协调方式构想被具体化为官民恳谈会。官民协调方式与产业界的自主运用方式不同，它使政府的政策意图在产业界的决策中得到反映，以保证政策得到实际效果。其前提是政府必须拥有某些干预权限，以便有条件保证政策实际效果。例如，日本政府干预石化、合成纤维部门的权限依据是外资法，因为这两个行业的设备大都依赖国外进口，而能否引进外国技术均由外资审议委员会决定。

但是这一政策是否起到了应有作用是值得怀疑的。以石油化工为例，日本政府的行政指导是缺乏法律依据的非正式产业政策，政府不断提高新建石油化工企业的进入规模标准。1965 年日本制定新建石油化工中心企业的标准，获批企业产能的门槛是年产乙烯能力达到 10 万吨，此后根据 30 万吨以上的大规模成套设备已经成为时代潮流的这一变化，很快又将该指标提高到 30 万吨。这一措施确实起到了获取规模效益和降低产品价格的作用，但是，与依靠企业自主选择成套设备规模的情况相比，在经济形势变化的过程中发生萧条的深刻程度却可能大大提高了。在政府以拥有的约束力进行干预时，就会破坏价格机制形成的自然投资节奏，容易出现各个企业一起进行同等规模投资的情况，加快了过剩设备生产能力的形成。20 世纪 70 年代的石油危机证实了这一点，日本石油化工行业由于石油危机而陷入设备生产能力过剩，增长时代宣告结束。

（2）事后干预调整——产业调整援助政策

"特安法"的推出成为日本政府在总结以往经验教训的基础上实施产业

退出援助、淘汰过剩产能的最重要措施。"特安法"的主要内容是：① 共同处理过剩设备（废弃、长期封存与停用、转让）；② 由政府制定关于设备处理的安定基本计划并指定共同处理的对象；③ 为了确保处理设备所必需的资金，设立共同基金；④ 为推行就业对策和地区对策制定必要的法律。

日本政府淘汰过剩产能的具体做法包括：

第一，设备注册制度。在纤维行业，注册现有设备和限制生产品种，限制非注册设备使用，限制新增设备。

第二，收购报废"过剩设备"。政府通过与产业界合作，对供求进行预测，并据此推算出来的"过剩部分"由政府出资收购报废。1964 年《纤维工业设备等临时措施法》（又称"纤维新法"）采用了废弃两台旧设备才允许添置一台新设备的"废旧更新"原则，1967 年的《改善特定纤维工业结构临时措施法》（又称"特纤法"）将废弃"过剩设备"、设备现代化以及企业规模适当化作为三项基本内容。1978 年《特定萧条产业安定临时措施法》（以下简称"特安法"）决定对平电炉钢材制造业、炼铝业、合成纤维制造业、船舶制造业、化学肥料、棉化纤纺织业、瓦楞纸板制造业等萧条产业实施调整，共同处理过剩设备。1977 年在炼铝行业，对炼铝企业设备冻结而产生的进口需求减免关税，1978 年，根据"安定基本计划"停歇炼铝设备能力 29.84 万吨，废弃设备能力 18.66 万吨。

第三，设立特定萧条产业信用基金（以下简称"萧条基金"），援助企业设备处理。萧条基金对由于设备报废而产生的借款提供信用保证，对那些按计划淘汰落后设备的企业提供优惠利率贷款；采用特别折旧制度、即允许企业把一部分利润作为固定资产折旧摊入成本以降低税收负担；对淘汰设备造成的失业人员给予救济。在制定安定计划后，各企业或行业团体可以利用这项基金。但炼铝工业、平、电炉工业等一部分行业完全没有利用萧条基金。从该基金的实际执行情况来看，虽然萧条基金的信用保证能力达 1 000 亿日元以上，但是实际的信用保证累计额仅为 232 亿日元（1983 年 7 月末）。而且萧条基金的保证对象也包括由于设备报废而产生退职者的退职金的资金贷款，这一部分占到了全部保证累计的 64%。因此，萧条基金为设备报废提供的财政援助是相当有限的。

第四，制定准入标准。在造船业，新建、转让或转借能够制造或修理总吨数 500 吨以上或长 50 米以上的钢船的船台以及能制造或修理拥有船坞或卷扬船台的船舶的设施，需由主管大臣批准；钢船的制造或修理业、钢船以外的船舶其总吨数在 20 吨以上或长度在 15 米以上的船舶的制造或修理业、轴马力在 30 马力以上的船动力设备的制造业及受热面积在 150 平方米以上的船用锅炉的制造业的营业，须向主管大臣提出申请；对小型造船企业新加入者也进行了限制，对设备进行了技术限制，必须达到政府的技术标准。石油危机以后，虽有上述政策的控制，但造船业产能过剩的状况没有得到明显改善。因此，1977 年运输省甚至提出不许新建和扩建 5 000 总吨以上的船台和船坞，5 000 总吨以下的虽可新建但不能增加座数。这一政策在随后几年得到了严格执行。

注册权被资产化，阻碍设备废弃的无偿自发进行。企业只有在保证能够得到设备更新所需银行贷款的情况下方能利用这种注册权。很多企业把本来应该自动废弃的设备也列入“过剩设备”之列，以等待政府报废收购，套取政府资金。

第五，调整设备开工。这是一项短期应对措施，要求企业在一定时期内缩短开工时间，封存设备，不准使用，以减轻市场供给和降价压力。1952 年，由于朝鲜战争的影响，日本的棉织品出口减少了近 20%，因此，日本政府进行了首次生产和设备调整。在 1952 年 3 月至 1953 年 3 月期间，建议棉纺织业缩短开工时间，大约 20% 的精纺机停止作业。如果不接受建议，就对企业采取扣发外汇配额的惩罚措施。1976 年 11 月，面对造船工业开工时间长的局面，日本运输省以《造船法》第七条为依据，向主要企业提出了限制开工时间的建议，但这种办法可能会导致企业提高作业强度而却不会降低产量的可能。因此，1978 年 12 月，运输省又改为限制开工量，加强了限制强度。炼铝行业也有停歇设备的经历。

第六，振兴出口，扩大外需。日本振兴出口政策的目的并不是为了缓解国内的产能过剩，但客观上，这一政策起到了这样的作用。日本政府采取的振兴出口政策主要有：一是出口优惠金融制度（1946—1972 年），日本银行通过特别低的利息将出口票据再贴现或以此作为担保让外汇银行发放贷款，以保证出口企业的资金顺利运行。二是在振兴出口的税制方面，先后采用了出口收入扣除制度（1953—1963 年），加速折旧制度（1964—1971 年）和技术等国外交易收入扣除制度（1959 年以后），开拓国外市场准备金制度（1964—1972 年）等。三是通过大规模海外投资，将国内制造业产能向海外转移。石油危机后的1974—1980 年期间 GDP 年平均增长速度均超过了 10%。随着出口的快速增长，出口对拉动经济增长的作用明显提高。1974—1985 年，出口对整个 GNP 增长的拉动上升至 34.5%。出口占总需求的比重也在不断上升。1985 年上升至 14.6%，贸易盈余不断扩大。同时，日元对美元的汇率比价也逐渐低估，日元汇率处于"抵抗升值阶段"。20 世纪 80 年代中期以后，受日元升值的影响，日本国内传统制造业企业加快对亚洲"四小龙"（韩国、中国台湾、中国香港和新加坡）、东亚和中国等国家和地区的海外投资，向海外转移过剩产能。

综合日本的经验来看，在特定时期，政府采取适当措施对非周期性的产能过剩进行干预是必要的，日本在这方面也基本取得了成功。但从长期来看，行政直接干预的手段仍难免会存在一定的后遗症，政策执行的效果事后也会引发一定争议。因此，综合各种因素来看，坚持经济市场化改革可能是逐步消除非周期性产能过剩的最有效的方式。

第二节　中国治理产能过剩的主要政策与措施

我国抑制部分行业产能过剩和重复建设产业政策中更为依靠的是直接干预的政策措施。2006 年《国务院关于加快推进产能过剩行业结构调整通知》（以下简称《结构调整通知》）中的重点措施是：严把土地、信贷两个阀门，严格控制固定资产投资；在环境、安全、技术、规模方面制定更加严格的标准，提高准入门槛，严格控制新上项目；淘汰落后生产能力，促进兼并重组；加强信贷、土地、建设、环保等政策与产业政策的协调配合；健全行业信息发布制度；深化行政管理和投资体制、价格形成和市场退出机制等方面的改革。其中，深化行政管理体制、投资体制和价格形成机制等方面的改革虽然被列为一项重要措施，但缺乏推进体制改革的具体措施，深化体制改革涉及各方面利益，国家必须从更高层面大力推进才能完成。以《结构调整通知》为基础，国家发展改革委联合财政部、中国人民银行等部门，相继发布了汽车、钢铁、电石、水泥、煤炭、铝工业、铁合金、纺织、铅锌等行业加快结构调整、应对产能过剩的相应政策。国家发展改革委又相继颁布电石、铁合金、焦化、玻璃纤维、铝、铅锌、锑、钨、锡、铜冶炼10个行业准入条件，从技术标准、生产规模、能耗、环保等方面制定具体准入条件。这些文件的相继出台，将《国务院关于加快推进产能过剩行业结构调整通知》的政策和措施具体落实到各行业。

2009年9月颁布的《关于抑制部分行业产能过剩和重复建设引导产业健康发展的若干意见》（以下简称《若干意见》）中的对策措施有九点：严格市场准入、强化环境监管、依法依规供地、实行有保有控的金融政策（信贷审批）、严格项目审批管理、做好企业兼并重组、建立信息发布制度、实行问责制、深化体制改革。这些措施很大程度是原有产能过剩治理措施的延续，《若干意见》与《结构调整通知》相比，细化了土地控制和信贷控制措施，新增了问责制内容，试图通过行政问责制来保障政策的实施。《若干意见》中关于社会体制改革内容依旧缺乏具体措施，难以具体实行。从以上两个重要政策文件来看，投资的审批与核准和行业准入实际是最为核心的政策措施，供地审批和信贷审批措施都是以行业准入与投资项目的审批、核准为依据，政策措施依然以直接干预为主。

国际金融危机以来，强制淘汰落后产能成为治理产能过剩与结构调整极为重要的措施。虽然淘汰落后产能在此前抑制部分行业产能过剩政策中已采用，但这种措施只有通过行政体制的强力推动才会具有一定效力。2009年以来，政策部门越来越重视淘汰落后产能工具的使用，并强调通过行政问责制保障淘汰落后产能工作的实施。在2010年2月颁布的《国务院关于进一步加强淘汰落后产能工作的通知》中，淘汰落后工作被赋予极为重要的意义，"加快淘汰落后产能是转变经济发展方式、调整经济结构、提高经济增长质量和效益的重大举措，是加快节能减排、积极应对全球气候变化的迫切需要，是走中国特色新型工业化道路、实现工业由大变强的必然要求"。为保证这一措施行之有效，《国务院关于进一步加强淘汰落后产能工作的通知》强调，"采取更加有力的措施，综合运用法律、经济、技术及必要的行政手段"，规定"工业和信息化部、能源局提出分行业淘汰落后产能年度目标任务和实施方案，并将年度目标任务分解落实到各省、自治区、直辖市，各省、自治区、直辖市人民政府要根据工业和信息化部、能源局下达的淘汰落后产能目标任务，认真制定实施方案，将目标任务分解到市、县，落实到具体企业"，并进一步强化问责制的实行和行政上的组织领导，就淘汰落后产能重点工作在各部、委以及各级地方政府进行详细分工。

随后下达，《国务院关于化解产能严重过剩矛盾的指导意见》《贯彻落实国务院关于化解产能严重过剩矛盾的指导意见》《部分产能严重过剩行业产能置换实施办法》《关于推进国际产能和装备制造合作的指导意见》等文以推动我国产能过剩问题治理。见下表 7-1。

表 7-1　化解产能过剩的主要政策

阶　段	产业政策脉络		部　门
	时　间	政　策	
1997—2005年	1999 年 1 月	《关于做好钢铁工业总量控制工作的通知》	国家经贸委
	1999 年 8 月	《工商投资领域制止重复建设目录（第一批）》	国家经贸委
	2000 年	《关于进一步做好 2000 年钢铁总量控制工作的通知》	国家经贸委
		《关于下达 2000 年钢铁生产总量控制目标的通知》	
	2002 年 4 月	《关于制止电解铝行业重复建设势头的意见》	国家计委、经贸委
	2003 年 11 月 19 日	《关于制止钢铁行业盲目投资的若干意见》	国家发改委、国土资源部、商务部、环保总局和银监会
		《关于制止电解铝行业违规建设盲目投资的若干意见》	
		《关于防止水泥行业盲目投资加快结构调整的若干意见》	

阶 段	产业政策脉络		部 门
	时 间	政 策	
1997—2005年	2003年12月23日	《国务院办公厅转发发展改革委等部门关于制止钢铁电解铝水泥行业盲目投资若干意见的通知》	国务院办公厅
	2004年	《国务院办公厅关于清理固定资产投资项目的通知》	国务院
		《国家发展和改革委员会关于印发国家发展改革委核报国务院核准或审批的固定资产投资项目目录（试行）的通知》	
		《政府核准的投资项目目录（2004年本）》	
		《国务院关于投资体制改革的决定》	
		《国务院关于调整部分行业固定资产投资项目资本金比例的通知》	
		《中华人民共和国国家发展和改革委员会公告2004年第76号》	
	2005年7月	《中国钢铁产业发展政策》	国家发改委
	2005年	《国务院关于发布实施〈促进产业结构调整暂行规定〉的决定》（国发〔2005〕40号）	国务院
2005—2008年	2006年3月12日	《关于加快推进产能过剩行业结构调整通知》	国务院
	2006年6月	《国务院办公厅转发发展改革委等部门关于加强固定资产投资调控从严控制新开工项目意见的通知》	国务院

续　表

阶　段	产业政策脉络		部　门
	时　间	政　策	
2009 年至今	2009 年 9 月 26 日	《关于抑制部分行业产能过剩和重复建设引导产业健康发展的若干意见》	国家发改委、工信部、监察部、财政部、国土资源部、环境保护部、人民银行、质检总局、银监会、证监会
	2010 年 2 月 6 日	《关于进一步加强淘汰落后产能工作的通知》	国务院
	2010 年 10 月 13 日	《部分工业行业淘汰落后生产工艺装备和产品指导目录》	工信部
	2011 年 4 月 20 日	《淘汰落后产能中央财政奖励资金管理办法》	财政部、国家能源局
	2011 年 4 月 18 日	《关于做好淘汰落后产能和兼并重组企业职工安置工作的意见》	人力资源和社会保障部
	2011 年 4 月 26 日	《国务院关于发布实施〈促进产业结构调整暂行规定〉的决定（国发〔2005〕40 号）》	国务院
	2013 年 10 月 15 日	《国务院关于化解产能严重过剩矛盾的指导意见》	国务院
	2013 年 11 月 5 日	《贯彻落实国务院关于化解产能严重过剩矛盾的指导意见》	国家发改委与工信部
	2014 年 4 月 10 日	《国务院关于化解产能严重过剩矛盾的指导意见》	银监会
	2014 年 4 月 14 日	《水泥单位产品能源消耗限额》	国家发改委、工信部
	2014 年 7 月 31 日	《部分产能严重过剩行业产能置换实施办法》	工信部

续　表

阶　段	产业政策脉络		部　门
	时　间	政　策	
2009 年至今	2015 年 5 月 7 日	《关于严格治理煤矿超能力生产的通知》 《做好 2015 年煤炭行业淘汰落后产能工作的通知》	国务院、国家能源局、国家煤矿安全监察局
	2015 年 5 月 16 日	《关于推进国际产能和装备制造合作的指导意见》	国务院

第三节　产能过剩治理政策存在的问题

一、过于依赖行政手段和相关部门判断

长期以来，我国政策部门以包括市场准入、项目审批、供地审批、贷款行政核准、目录制定、强制性清理等行政管制措施治理产能过剩，体现出直接干预微观市场的特征。2009 年出台的《若干意见》中投资审批与核准和行业准入实际是最为核心的政策措施，供地和信贷审批措施都是以行业准入与投资项目的审批、核准为依据的。而关于深化体制改革，依旧缺乏具体措施，难以具体实行。近来强制淘汰落后产能也成为治理产能过剩的重要手段，并进一步强化了问责制的实行和行政上的组织领导。治理产能过剩依然以直接干预微观经济措施为主。

在产能过剩治理政策制定和实施过程中，政策部门以其自身对市场供需状况的判断以及对未来供需形势变化的预测来判断某个行业是否存在产能过剩，并以此为依据制定相应的行业产能投资控制目标和控制措施，实际上是以政策部门的判断和控制来代替市场协调机制。这种政策需要相应部门能对未来市场供需状况做出准确预测，而这一点恰恰最让人质疑。政策部门对于供需状况的准确判断和预测，需要事先知道关于消费者偏好、生产者成本、潜在生产者进入意愿等大量市场细节信息，而这些信息只能依靠市场机制才

能逐渐展现出来，并且具有很强的时效性。现实中，政策部门难以及时收集和处理数量巨大的市场信息，也不可能对未来市场进行准确预测。以钢铁工业为例，20 世纪 90 年代以来，从许多政策文件对未来市场预测看，无论长期或者短期预测，均与实际情况存在很大差异，如果这些政策中的控制目标实现，将会出现严重的供不应求。

表7-2　历年政策文件对钢铁工业市场的预测值或控制目标值

做出预测的政策	做出预测的时间	对钢铁工业市场的预测或者控制目标	钢铁工业市场实际运行情况
钢铁工业"九五"规划	1994 年	2000 年市场需求钢材产量达到 9 600 万吨	2000 年国内成品钢材消费量达 14 118 万吨
钢铁工业"十五"规划	1999 年	2005 年钢材表观消费量达到 14 000 万吨以上	2004 年的钢材实际表观消费量达到 3 亿吨
关于做好钢铁工业总量控制工作的通知	1999 年	1999 年全国钢产量比 1998 年压缩 10%，BP10 313 万吨，全年钢材进口控制在 700 万吨	1999 年粗钢产量达到 12 353 万吨，全年钢材进口 1 486 万吨，粗钢表观消费量为 13 632.49 万吨
关于做好钢铁工业 2000 年总盘控制工作的通知	2000 年	对钢铁工业的总盘控制目标为产钢 1.1 亿吨、钢材 1 亿吨	实际产量钢材达到 13 146 万吨、产钢 12 850 万吨，钢材价格普遍上涨，钢材净进口 972 万吨
关于做好钢铁工业 2001 年总量控制工作的通知	2001 年	总量控制的目标是钢产量 11 500 万吨，钢材 10 500 万吨	实际钢产量 15 163.44 万吨，钢材超产量达到 16 067 万吨、钢坯、钢锭净进口 544 万吨，钢材净进口 1 247 万吨，价格仅有小幅下降
关于做好钢铁工业 2002 年总量控制工作的通知	2002 年	2002 年总量控制的目标是钢产量 12 500 万吨	但是实际产钢量 18 224 万吨，钢材表观消费量达到 2.115 亿吨，全年钢材价格整体上扬

做出预测的政策	做出预测的时间	对钢铁工业市场的预测或者控制目标	钢铁工业市场实际运行情况
关于制止钢铁行业盲目投资的若干意见	2003 年	2005 年底形成 3.3 亿吨钢铁生产能力,已大大超过 2005 年市场预期需求	2004 年产能超过 34 013 万吨,大多数钢铁工业企业满负荷生产,产品价格大幅上升,2005 年粗钢产量就达到了 3.5 亿吨,消费量达到 3.76 亿吨
关于钢铁行业控制总量淘汰落后加快结构调整的通知	2006 年初	认为钢铁工业产能过剩	2006 年我国累计粗钢、生铁和钢材产量同比分别增长 18.5%、19.8%、24.5%,国内钢材市场运行总体良好,钢铁行业利润实现历史最好水平
钢铁产业调整与振兴规划	2009 年 3 月	认为 2009 年钢铁行业表观消费量为 4.3 亿吨。2011 年,粗钢产量 5 亿吨,表观消费量 4.5 亿吨	2009 年表观消费量和产量均在 5.7 吨左右。2011 年粗钢产量 6.83 亿吨,表观消费量为 6.48 亿吨
抑制部分行业产能过剩和重复建设引导产业健康发展若干意见的通知	2009 年 9 月	认为 2009 年钢铁行业表观需求量为 5 亿吨	2009 年表观消费量和产量均在 5.7 亿吨左右

　　计划色彩强烈的投资管制政策,不但不能从根本上治理产能过剩,反而导致市场协调困难、市场波动加剧等不良政策效应。以钢铁工业为例,严格控制产能投资的政策,曾阻碍了钢铁产品结构的迅速调整与技术装备的及时更新,引起钢铁工业固定资产投资在"过冷"和"过热"之间剧烈波动,市场机制下正常的产能调整受到阻碍,鼓励板材产能投资的政策在一定程度上直接导致了这类产品生产能力的相对过剩;限制线材、螺纹钢产能等低端产

品产能的政策，则直接导致建筑钢材市场供应的相对短缺。还需指出的是，金融危机后刺激汽车消费需求、家电产品需求政策，虽然短期内显著刺激了这两个行业的消费，但是一定程度上使消费者消费行为提前，并扭曲了市场信号，推动两个行业加大产能投资，使得政策退出时或政策效应减退时行业的产能过剩问题更为显著，供需动态平衡的调整更为困难。

有些研究者认为，这类治理政策直接干预市场的投资管制类政策并没有什么问题，采用更为科学的预测方法就能让政策部门做出更为准确的预测，就能完善这类政策并使其行之有效。这显然没有认识市场的真正功能与政府准确预测的不可能性。政府对于市场供需状况的准确判断，需要关于消费者偏好、生产者成本、潜在生产者进入意愿等大量市场细节知识，而这些知识只能依靠市场过程的展开而逐渐显示和暴露出来。不仅如此，这些信息自身的默识性、不确定知识的黏性（Sticky Knowledge）以及这些知识与特定的语境高度相关性，导致这些知识传播的局域性和知识收集的艰巨性，这些缄默知识和黏性知识同时是无法汇总的知识，政策制定部门也不可能依据这些知识进行正确计算和预测。需要进一步指出的是，只有具体场景中的现场个人才具有可获取资源、局部市场变化等私人知识，才有可能充分利用特定知识优势对环境与条件的变化做出更为灵活的反应（王廷惠，2005）。政府不可能具有比企业家更为敏锐地发现正在运行的市场过程中潜在知识的能力，也不可能比经济个体更能对市场做出灵活反应。因而，政府不可能准确预测未来市场供需状况，也就不可能通过投资管制正确指导市场企业中的产能投资。计划色彩强烈的投资管制政策，更会导致市场协调困难、市场波动加剧等不良政策效应（江飞涛、陈伟刚等，2007）。

现行产能过剩治理政策中，以设备规模作为落后产能标准，投资审批过程中设定比较高的设备规模标准，市场准入标准中设定比较高的企业规模标准，这些政策一定程度上加重了产能过剩的程度。淘汰落后产能以设备规模作为主要标准，这可能会导致小企业为了避免被淘汰而投资相对大规模的设备，在投资审批过程中设定比较高的设备规模标准，使得企业在扩大规模时，不得不选择大规模设备和生产线；在准入标准中设定比较高的规模标准，则会使小企业避免被淘汰而进行新的产能投资。这些都会进一步加重产能过剩的严重程度。

现行产能过剩治理政策中,片面强调提高市场集中度,导致大量低效率重组行为。推动兼并重组与提高市场集中度,一直被做作产能过剩治理政策的重要手段,从政策诸多方面扶持大企业并限制小企业发展。这种政策模式导致大量地方政府主导的非市场导向的兼并重组,这些重组大多效率较低。地方政府为了避免本地企业被政策边缘化,也为了获取更多的政策扶植,地方政府倾向于将本地钢铁企业拼凑在一起。河北钢铁集团、山东钢铁集团的组建实际就是出于这样一种目的。这种兼并有异于高效率企业对低效率企业的兼并整合,往往是几家效率不高的企业在形式上的组合,即便是行政强力推动下实现了财务、采购和销售上实现了整合,除了地区垄断能力得到提升外,核心能力的提高有限。从近年钢铁、有色金属等行业兼并重组的案例来看,多数兼并重组企业不但没有缩减产能,反而大规模扩大了产能。

二、市场机制不合理

在比较成熟的市场经济中,市场竞争的优胜劣汰机制是化解过剩产能最为有效的工具,在市场出现过剩产能时市场竞争总能把缺乏效率或者不符合市场需求的企业和产能较快清理出市场。在我国,由于部分地方政府采用财政补贴、提供廉价能源资源、放松环境监管等手段保护本地落后企业,导致低效率企业长期难以被逐出市场;不仅如此,这些低效率企业甚至利用所获得的成本优势进行恶性竞争,使得行业陷入日趋严峻的困局。当前,钢铁、电解铝等行业正深陷在这样困局中,这些行业的债务风险正在快速累积,极有可能造成系统性风险。

三、金融和法律途径不畅

破产机制是市场经济体制中化解过剩产能最为重要的金融和法律途径,在出现较为严重产能过剩时,随着竞争的加剧,大量低效率企业会因资金链断裂、难以偿还债务本息、资不抵债等情况触发破产机制,从而被清理出市场。而在我国,由于以下几个方面的原因,导致破产这一化解过剩产能的重要途径严重受阻:第一,地方政府保护本地企业,一方面,干预金融机构经营行为,迫使金融机构为已陷入破产危机的企业继续提供贷款;另一方面,地方政府通过干预司法，阻碍银行和其他债权人通过法律途径追讨到期债务，债权人对于本地企业的破产诉讼不予立案或尽量拖延，甚至直接干预破产程序帮助本地企业免予破产清算。第二，企业账目不清、甚至给贷款银行提供假账，加之国内金融机构风险管理能力弱，有些企业已处于资不抵债且经营困难时，金融机构或其他债权人却无从知晓，仍为这些企业提供大量贷款支持。第三，国内金融治理结构存在缺陷，各级金融机构负责人都不愿意任内已发放贷款变成坏账，往往对一些已资不抵债或已不能偿付债务的企业网开一面，不及时诉诸破产诉讼。第四，我国《破产法》等法律法规与执行机制不完善，对于债权人利益保护不够，债权人往往很难通过破产诉讼保护自身权益，这使得银行或债权人主动采用这一法律手段的意愿下降。第五，资本市场不发达，银行处置破产清算企业不良资产途径少，采用资产证券化或者投资银行业务手段处理不良资产时，在政策和法律方面受到较多限制，降低了债权人采用破产诉讼的意愿。

四、兼并重组难以担当"去产能"重任

现行化解过剩产能政策中，都特别强调兼并重组的作用，但是在竞争性行业中，企业很少会以"去产能"作为兼并重组的动机，因为这不符合企业的自身利益。特别是在钢铁、电解铝等重资产、竞争性行业中，生产能力及相应设备是企业最有价值的资产，让并购企业收购目标企业然后自行报废目标企业有价值的资产，这显然是一厢情愿。此外，对历年来钢铁行业兼并重组情况调查研究表明，几乎所有的兼并重组不但没有减少产能，反而大量增加了产能。

兼并重组能盘活低效率企业的有效产能，但当前兼并重组仍面临诸多困难。一是在一些地方政府保护下，部分低效率企业兼并重组意愿不强；二是近年来产能过剩行业企业盈利水平普遍下降，资金压力已成为制约企业兼并重组的重要原因；三是兼并重组手续烦琐，过程漫长；四是现有政策使跨区域、跨行业、跨所有制的重组困难重重，金融资本参与兼并重组面临诸多限制；五是许多低效率企业财务不透明，地方政府干预兼并重组，增加了企业兼并重组的风险。

五、行政手段大规模"去产能"并不可取

第一，以行政手段强行"去产能"缺乏法理支持，容易引发诸多矛盾和纠纷，甚至成为社会不稳定因素；第二，地方政府与中央政府在"去产能"问题上利益不一致，大规模采用"自上而下"任务分解、行政问责方式"去产能"，地方政府出于对辖区内经济发展、就业等方面的考虑，会采取软抵抗方式，中央政府监督成本极高，而收效却可能很有限；第三，中央政府和地方政府关于"去产能"目标的商议和确定将是复杂、艰巨、耗时过程，由此确定目标也很难有其合意性；第四，自上而下以行政方式"去产能"，地方政府必然会以各种困难为由向中央政府提出各种条件和要求，中央政府实施"去产能"政策成本会非常高昂。

第八章　我国制造业产能过剩治理对策分析

第一节　产业组织优化

通过对中国制造业产能过剩的原因分析，我们知道当前中国制造业产业组织的最大问题是竞争不足。从中共十二大报告中提出"计划经济为主，市场调节为辅"的原则，到中共十四大提出"要使市场在社会主义国家宏观调控下对资源配置起基础性作用"，尽管我国进行市场化改革已经有三十多年，但是我国的社会主义市场经济体制还没有真正建立。2013 年 11 月 12 日，十八届三中全会提出："使市场在资源配置中起决定性作用和更好发挥政府作用。"这不仅是对市场的地位和作用的重新定位，也是解决当前中国制造业产业竞争力不足的唯一途径。要实现中国制造业产业组织合理化，首先要深化改革，充分发挥市场的决定性作用；其次要调整产业政策，走出产业政策误区，充分发挥产业组织政策的作用，促进产业组织合理化。

一、深化改革，充分发挥市场的决定性作用

1.加快产权制度改革，打破所有制壁垒

所有制改革与产权制度改革的区别：所有权与产权是不同的概念。所有权是物的归属权问题，它是一个单一的权属。而产权则是"对权利在人们之间分配的一种制度性安排，它是一组权属关系，确定在一个经济共同体中，或者在彼此的经济交往中，人们各自应当拥有的权利及应当承担的责任"。所有权回答的是物的归属问题，它明确的是物的边界问题。而产权所要回答的是，各种权责利关系的合理配置问题，它明确的是行为的边界问题。

所有权改革是明确企业资产的归属，是以资产所有者的财产权利为中心的制度变革，它是建立市场经济体制的需要。通过所有权改革，塑造了微观

主体，构造了市场经济的起点（财产权利）。而产权改革是明确企业运行资产的行为的边界，是以经营者的责权利为中心的改革，它是完善市场经济体制的需要。通过产权改革，建立微观主体的行为规则，建立和完善市场秩序（交易规则）。

（1）打破所有制壁垒，加快产权制度改革的必要性和紧迫性

中国三十多年的改革开放历程始终以所有制改革为核心，而所有制改革又是以国有企业改革为核心。从计划经济体制内部"放权让利"，到以"现代企业制度"为国有企业改革的目标模式，国有企业基本上实现了由计划经济向市场经济微观主体的转变。党的十五大提出积极探索公有制的多种实现形式、十六大提出"两个坚定不移与一个统一"的指导思想作为所有制改革达到高潮的两大理论标志，国有企业以所有制关系调整为主的改革已基本完成。现在国有企业改革进入了新的阶段——在市场经济体制下规范行为的改革，也就是深化产权改革，确立新型责权利关系。

私营经济经历了从"公有制经济的必要的和有益的补充"到"公有制为主体，个体经济、私营经济、外资经济为补充，多种经济成分长期共同发展"，再到"必须毫不动摇地巩固和发展公有制经济，必须毫不动摇地鼓励、支持和引导非公有制经济发展"的阶段，在国民经济中的地位不断提升，但是私有经济在投融资、行政审批、政策支持、公平竞争、法律保护等方面，都没有得到国有经济的待遇，甚至不如外资企业的待遇，因而在竞争中处于劣势地位。经过三十多年的所有制改革，目前已经形成了多种所有制并存的基本经济制度，同时市场本身也在不断完善，市场功能不断放大，此时，对"市场资源配置的基础性作用"进行重新认识，让市场发挥更大更强的作用，提高资源的配置效率，就显得尤为重要。

因此，深化产权改革，打破所有制壁垒，促进公有制和非公有制经济在社会主义市场经济体制下共同发展已被提上议事日程。

（2）如何加快产权制度改革，打破所有制壁垒

深化产权制度改革，打破所有制壁垒，要做到以下几点：

首先，要准确界定不同类型的国有企业功能。一方面要坚持公有制经济的主体地位和主导作用，另一方面要继续深化所有制改革，为产权制度改革

提供基础。要放开竞争性业务，推进公共资源配置市场化，同时国有资本要加大对公益性企业的投入，在提供公共服务方面做出更大贡献。在国有资本继续控股经营的自然垄断行业，实行以政企分开、政资分开、特许经营、政府监管为主要内容的改革，鼓励非公有制企业参与国有企业改革，允许非国有资本参股国有资本投资项目，破除各种形式的行政垄断。

其次，完善产权保护制度。健全"归属清晰、权责明确、保护严格、流转顺畅"的现代产权制度。公有制经济财产权不可侵犯，非公有制经济财产权同样不可侵犯。国家保护各种所有制经济产权和合法利益，保证各种所有制经济依法平等使用生产要素、公开公平公正参与市场竞争、同等受到法律保护，依法监管各种所有制经济。

最后，推动国有企业完善现代企业制度，鼓励有条件的私营企业建立现代企业制度。国有企业经过以建立现代企业制度为目标模式的改革，总体上已经同市场经济相融合，为了适应市场化、国际化的新形势，必须深化以规范经营决策、资产保值增值、公平参与竞争、提高企业效率、增强企业活力、承担社会责任为重点的改革。要以契约化的方式来理顺各方面的责权利关系，要围绕国有企业做大做强，提高效率效益、提升核心实力和竞争力来推动相应的产权改革。有条件的私营企业建立现代企业制度，建立健全协调运转、有效制衡的公司法人治理结构。

2. 规范地方政府行为，打破不对称行政性进入退出壁垒

地方政府人为设置不对称的行政性进入退出壁垒，一方面是出于保护本地区经济，实现政绩增长的需要，另一方面也是地方与中央政府的利益不一致，地方政府作为经济人实现自身利益最大化使然。要改变地方政府干预中国制造业产业组织演进的现状，就要理顺中央与地方的关系，使其利益目标一致，使地方政府更加关注经济长远的发展。同时要加快政府职能转变，规范地方政府的行为，打破不对称的行政性进入退出壁垒，促进市场竞争。

（1）理顺中央与地方关系，深化行政体制改革

地方政府之所以对国有企业和私营企业、本地企业和外地企业、特殊行业和一般行业等采取不同的政策，设置不对称行政性壁垒保护地区经济或者追求自身利益，甚至不顾国家整体经济利益和长远利益，主要是因为中央政

府与地方政府的关系没有理顺。地方政府在与中央政府利益不一致的情况下，地方政府作为理性的经济人有使其自身利益最大化的倾向，从而产生设置行政性壁垒的动机。要理顺中央与地方关系，必须深化行政体制改革，使其目标利益一致化。具体包括以下几方面改革：

改革政绩考核体系。地方政府之所以不顾经济长远发展，甚至不惜损害长远发展来提高短期利益，这与地方官员的政绩考核体系是息息相关的。以GDP增长为政绩的考核体系，必然带来地方政府为短期经济增长而不计后果的发展方式。因此，要完善地方政府考核评价体系，纠正单纯以经济增长速度评定政绩的偏向，加大资源消耗、环境损害、生态效益、产能过剩、科技创新、安全生产、新增债务等指标的权重，更加重视劳动就业、居民收入、社会保障、人民健康状况。

深化财税体制改革。1994年分税制改革解决了"统收统支"的有效激励不足问题，但是所建立的按照企业隶属关系划分企业所得税以及按照属地原则划分流转税的规定强化了地方政府的区域性利益。因此，要深化财税体制改革，改进预算管理制度，建立规范合理的中央和地方政府债务管理及风险预警机制，完善地方税体系和国税、地税征管体制，建立事权和支出责任相适应的制度，使中央和地方按照事权划分相应承担和分担支出责任等。通过上述措施，在保持现有中央和地方财力格局总体稳定的情况下，进一步理顺中央和地方收入划分、事权财权关系，使中央与地方的利益一体化。

构建有效的激励约束机制。在中国的渐进式改革过程中，中央政府作为委托人留给地方政府（代理人）一定的制度创新空间，但是这种制度创新空间导致了地方政府机会主义行为，地方官员为了在有限的任期内充分地实现其绩效，作为理性的"经济人"，必然会关注绩效"显著"的职能目标，采取短期发展的投机行为。因此，必须在中央政府与地方政府之间构建有效的激励约束机制。用法律来明确中央与地方的权限范围、责任关系，以防止中央与地方间权力分配的不合理性、中央放权的随意性、政策的不稳定性，以及双方行为的不规范性。同时，要构建完善的监督体系，包括立法监督、行政监督和司法监督等，促进双方合作激励机制的长期形成，促使地方政府放弃短期机会主义行为。

（2）加快地方政府职能转变，规范地方政府行为

中央的政策规定往往是原则性的，而将制定具体细则的权利留给了地方，这样地方政府就有了较大的自主空间。以放权让利为主线的经济体制改革，也使市场进入的决策主体下移，地方政府具有的资源配置权和经济决策权，使得地方政府有能力设置进入退出壁垒干预企业进入退出市场。因此要加快地方政府职能转变，规范地方政府行为，缩小或者规范地方政府的资源配置权，使地方政府全面正确地履行政府职能，减少对企业行为的直接干预。

首先，要重新界定地方政府的职能，打造服务型政府。要切实解决地方政府"缺位""越位""错位"的问题，把政府职能转移到经济调节、市场监管、社会管理和公共服务的轨道上来。要进一步简政放权，深化行政审批制度改革，最大限度地减少地方政府对市场进入退出及兼并重组等企业行为的干预，对于市场机制能有效调节的经济活动要尽量取消审批，对保留的行政审批事项也要规范管理、提高效率。

其次，建立健全政府预算体系，抑制地方政府的投资冲动。实施全面规范、公开透明的预算制度，"硬化"预算约束，防止"投资饥渴症"下地方官员盲目投资。一是要完善政府预算体系。将所有政府性收入纳入预算管理，取消预算外资金。完善国有资本经营预算收支政策，加快推动地方国有资本经营预算工作。二是要健全预算管理制度。继续规范预算编制程序，细化预算内容，进一步增强地方预算编制的完整性；完善各单位部门预算执行管理制度，健全预算支出责任制度。三是要建立健全完整规范的预算公开机制。按照《政府信息公开条例》的要求，及时向社会公布财政收支统计数据、政府预决算、部门预决算和转移支付安排情况，强化预算公开责任制度加快预算公开的法制化、规范化进程。

最后，要明晰产权，真正实现政企分开。健全协调运转、有效制衡的公司法人治理结构，国有企业要合理增加市场化选聘比例，合理确定并严格规范国有企业管理人员薪酬水平、职务待遇、职务消费、业务消费。对于一些不关系到国计民生的资源能源、公用事业、自然垄断等行政性企业，要尽快实行市场化改革。深化投资体制改革，确立企业投资主体地位，做到"除关系国家安全和生态安全、涉及全国重大生产力布局、战略性资源开发和重大公共利

益等以外的企业投资项目，由企业依法依规自主决策，政府不再审批"。

3. 维护制造业竞争秩序，培育、健全市场体系

对于当前我国制造业产业组织合理化过程中行政性干预比较严重的现象，我们应该客观地看待。一方面，伴随着市场经济的发展，竞争秩序也是一个从无序走向有序的过程，我国现在还处于市场经济较为初级的阶段，无序竞争不可避免。

另一方面，作为一个计划经济转轨的国家，我国行政性干预色彩一直比较浓厚，这也是我国无论是垄断行业还是竞争行业，都存在无序竞争或者不正当竞争的原因。为此，必须健全社会主义市场经济体制，建设统一开放、竞争有序的市场体系，加快形成企业自主经营、商品和要素自由流动，公平竞争、平等交换的现代市场体系，清除市场壁垒，提高资源配置效率和公平性，使市场在资源配置中起决定性作用成为改变中国制造业产业组织不合理现状的途径。一是要建立公平开放透明的市场规则。实行统一的市场准入制度，除了必须由国家垄断的领域外，其他竞争型领域要保证各类市场主体可依法平等进入。加快政府职能转变，减少行政审批事项，简化行政审批流程，使市场主体进入退出市场更加自由。清理和废除妨碍全国统一市场和公平竞争的各种规定和做法，反对地方保护，反对垄断和不正当竞争，使每一个参与竞争的经济行为主体都享有平等的权利和均等的市场交易机会。

二是要完善主要由市场决定价格的机制。价格机制是市场经济发挥作用的关键，20世纪90年代中期，中国实物商品和劳务价格的市场化改革就已基本完成，但是有些生产要素如土地和水、石油、天然气、电力等资源能源的价格市场价格调控机制还没有确立。扭曲的生产要素价格导致市场机制不能真实反映资源配置情况，并将制约经济的进一步增长，因此需要理顺生产要素价格市场调控机制。除了重要公用事业、公益性服务、网络型自然垄断环节等需由政府定价的领域，其他诸如石油、天然气、电力、电信、水、交通等领域，凡是能由市场形成价格的都交给市场，政府不进行不当干预。

三是要完善金融市场体系。金融体系是经济发展的中枢，促进金融领域市场化对于培养和健全市场体系具有重要作用。要健全多层次资本市场体系，完善人民币汇率市场化形成机制，加快推进利率市场化进程。在加强监管前

提下，允许具备条件的民间资本依法发起设立中小型银行等金融机构，允许民间资本进入金融市场。加大对中小企业发展的融资支持，破解中小企业融资难的问题，为中小企业发展提供政策支持。

二、提高制造业产业组织政策地位，促进产业组织合理化

制造业产业结构效益和结构转化能力高低优劣在一定程度上决定一个国家经济的兴衰，决定各国之间经济实力对比关系的变化。我国的产业政策体系始终以产业结构政策为中心，从20世纪80年代以后就开始致力于产业结构的调整与优化，制定了一系列的产业结构政策，时至今日，种种迹象表明产业结构调整对于提高我国经济效益、改善我国制造业产能过剩没有发挥应有的作用，甚至可以说收效甚微，一个重要原因就在于没有重视结构调整中的关键因素——产业组织调整。

1.提高制造产业组织地位意义

（1）制造业产业结构调整需要重视产业组织政策

产业组织调整是产业结构调整的重要组成部分，也是突破经济增长制约瓶颈的重要途径。总量增长与结构调整共同构成拉动和支撑经济增长的力量，从我国当前经济发展所面临的问题和矛盾来看，结构问题十分突出，已超过总量问题，成为制约我国经济发展的主要矛盾、主要瓶颈。党的十八大报告指出推进经济结构战略性调整是加快转变经济发展方式的主攻方向，并强调要"着力解决制约经济持续健康发展的重大结构性问题"。

当前制造业产业结构矛盾已经成为制约我国经济持续健康发展的重要因素，是产能过剩的主要原因。解决产业结构矛盾需要产业组织优化调整。经济增长所需要的结构转变不仅仅是以部门划分的产业转换、产业升级过程，更重要的是产业内部结构高级化过程。而产业内部结构的高级化是以产业内部结构的合理化为基础的，没有合理的产业组织，不可能实现产业内部结构的高级化，更不可能实现产业结构的高度化与合理化。将产业组织调整作为产业结构调整的关键，是化解当前结构性矛盾，突破经济增长制约瓶颈的重要途径，也是当前需要迫切需要解决的问题。

（2）促进制造业创新和技术进步需要重视产业组织政策

技术进步是产业发展乃至经济增长的基础，它渗透于产业的市场行为和市场结构的方方面面，并且最终通过经济增长表现出来。技术进步与市场结构呈现一种互动的关系，不同的市场结构类型对技术进步有重要影响，而技术进步也反过来会影响市场结构，合理的产业组织有利于促进创新和技术进步。企业是技术进步与创新的主体，对于不同规模的企业在技术进步过程中的作用和地位不同，通常大企业有技术创新的资金保障，能承担创新失败的风险，同时大企业能够利用和发挥研发中的规模经济，更好地利用研发成果；小企业作为竞争中的弱势者，更加具有创新的动力和活力，而且中小企业作为"潜在进入者"时刻威胁着大企业的垄断地位，使垄断企业受到创新激励。大企业在创新和技术进步的能力上强于小企业，而小企业的技术发明和创新的活力对大企业形成挑战和竞争压力，两者的互相作用，能够加速技术进步的进程。合理的产业组织有利于大企业和小企业在促进创新和技术进步过程中相互联系、互相补充，克服大企业有创新能力而无创新动力、小企业有创新活力而无财力支持的缺点，有利于将小企业的创新转化为现实的生产力，充分发挥大中小企业的创新优势。因此，促进创新和技术进步需要重视产业组织政策，促进产业组织合理化。

（3）维护制造业在国际竞争中的利益需要重视产业组织政策

从国际上看，在经济全球化浪潮出现以前，各国产业组织政策着眼于维护市场竞争的公平有序和规范市场竞争行为，以寻求资源在国内市场合理配置。其主要特点有两个，一是立足于本国市场，二是产业组织政策的主流是限制垄断，鼓励自由竞争。20世纪80年代中期以来，随着经济全球化浪潮悄然兴起，企业不得不面对国外竞争对手，在全球范围内配置资源，展开激烈的竞争，国家战略利益问题凸现。产业组织政策从主要弥补国内市场经济的局限性转向干预经济以维护国家战略利益。

我国作为一个经济基础薄弱的发展中国家，保护幼小产业成长，要想在国际竞争中不被淘汰，通过制定产业政策维护本国幼小产业就显得尤为重要。同时作为一个制造业大国，而非制造业强国，提高我国产业的国际竞争优势层次和大企业的国际竞争力，维护国家利益，也具有非常重要的意义。所以，我国产业组织政策肩负着保护幼小产业和提升大企业国际竞争力的双重责任。因此，无论是从产业结构调整、促进创新和技术进步的角度，还是从维护国家利益的角度，重视产业组织政策，提高产业组织政策在产业政策中的地位，都是非常重要的。

2. 建立健全制造业产业组织政策目标体系，促进产业组织合理化

长期以来，我国只在意产业结构调整的重点放在三次产业之间的比例关系、产业部门之间的协调性、行业内产品结构调整等方面，虽然产业政策中不乏产业组织调整的内容，但是产业组织调整作为产业结构升级（产业结构高度化）和产业结构优化（产业结构合理化）的关键因素并没有得到研究者和政策制定者太多的重视。产业结构政策缺乏有效的产业组织政策的支撑，导致产业内部企业与企业之间不能形成合理有序的产业组织结构，这是我国产业结构调整中支柱产业"支"不起来的重要原因。进行产业组织调整，必须以市场为导向，建立健全产业组织政策的目标体系，促进产业组织合理化。根据本文提出的产业组织合理化目标，需要从以下三方面建立健全产业组织政策目标。

（1）鼓励形成"寡头主导，大中小企业共生"的竞争合作关系

在全球商业革命中，大型跨国公司通过系统集成发展核心业务，并通过瀑布效应将变革的压力传递给他们自己的供应商网络，从而使得系统集成者和瀑布效应中的企业保持在全球市场上的领先地位。发展中国家试图通过小公司与大公司竞争，弱者向强者学习、模仿强者并超过强者的发展途径来提高产业国际竞争力已经不现实，全球商业体系的"制高点"几乎全部被来自高收入国家的公司所占领，这也对产业组织的市场结构提出了挑战，中国产业组织政策目标也必须与这种变革相适应，因此产业组织政策的市场结构目标要鼓励形成"寡头主导，大中小企业共生"的竞争合作关系。

首先要提高产业集中度，促进寡头垄断型市场结构的形成。企业规模过小、集中化程度过低的市场结构不仅无法利用规模经济优势，造成企业成本高、利润不高，企业之间无序竞争，降低资源的使用效率，而且还会因为缺乏产业国际市场控制力，无力参与全球竞争。西方发达国家已经过渡到垄断资本主义阶段，许多产业都已经形成成熟的寡头垄断型市场结构，为了在国际竞争中立于不败之地，发展国际性的大企业和企业集团，提高产业集中度

应该是我国产业组织政策的重要内容之一。

其次，提高专业协作化水平，鼓励形成"寡头主导，大中小企业共生"的竞争合作关系。新的国际分工格局使企业创造价值的过程分解为互不相关但又互相关联的价值链条，一个企业可能只在一个价值链上具有比较优势。这就需要企业在价值链的某些环节上展开合作，提高专业化协作水平，使大中小企业之间形成一种分工发达、竞争中又有合作的企业共生网络，将企业之间的竞争转化为企业网络之间的竞争，企业在这种网络中"共同优胜"，避免被"共同劣汰"。在这种企业共生网络里，寡头垄断企业可充分利用规模经济优势和市场影响力形成市场势力，而大量专业化水平较高的中小企业不仅可以适应市场的多样化需求，还可以通过专业化协作为大企业生产零部件配套，有效地利用资源降低社会生产成本，提高生产网络的产品竞争能力。

（2）提高制造业产业的经济绩效，尤其是国有及国有控股行业

从第六章对我国制造业 30 个行业的市场绩效分析，可知除了烟草制品业、石油加工、炼焦及核燃料加工业两个行业以外，我国的国有及国有控股企业经济绩效普遍较低，总资产贡献率不仅低于行业的平均水平，更是明显低于私营企业。

而大中型企业的经济绩效也不高，除了食品制造业，饮料制造业，烟草制品业，印刷业和记录媒介的复制，医药制造业等少数几个行业以外，其他行业的大中型企业的总资产贡献率不仅低于行业的平均水平，更是低于小企业的总资产贡献率。与西方产业组织中大中型企业经济绩效较高不同，我国大中型企业并没有形成规模经济，这是因为我国的大中型企业主要是由效率较低的国有及国有控股企业组成。我国的国有及国有控股企业虽然企业规模较大，集中度较高，但是经济绩效不高。这是因为我国国有及国有控股大多是低效率的行政性垄断，而不是西方发达国家中高效率的经济性垄断。

因此，在我国已经形成大中型企业规模的基础上，要注重市场绩效的提高，除了关系国民经济命脉的重要行业和关键领域，其他行业和领域中要破除行政性垄断，在市场准入条件、市场退出条件、市场价格、企业行为等方面放开政府管制和干预，全方位引入竞争，鼓励通过竞争提高产业的经济绩效，增强产业竞争力。

（3）培育不同层次的竞争优势，提高产业国际竞争力

我国制造业出口比重略高于世界的出口比重，在国际市场上具有一定的比较优势，尤其是纺织服装、鞋、帽制造业，皮革、毛皮、羽毛（绒）及其制品业，纺织业等行业的国际市场占有率较高，产业国际竞争力较强。但是我国制造业具有出口竞争力的行业竞争优势层次都较低，主要集中在利润率最低的加工环节，包括劳动密集型产业以及资本、技术密集型产业领域中的劳动密集型环节。资本、技术密集型产业等高端产业和高新技术行业缺乏国际竞争力。而且不同行业之间的国际竞争力差距较大，我国 30 个制造业行业中，显示性指数最高的行业是最低行业的 178 倍。中国产业中企业松散的结构不仅很难赶超系统集成者，也很难赶超价值链中各个层面的强大供应商。因此，要培育不同层次的竞争优势，整体提高产业的国际竞争力。作为一个制造业大国，要改变"中国制造"遍布全球、"中国品牌"踪影难觅的现状，就需要发展不同层次的竞争优势，尤其要注重高层次竞争优势的发展。要增强资本、技术密集型产业领域及产业链中高附加值环节的竞争优势；围绕提高效率效益、提升核心实力和竞争力进行国有企业改革，打造高效创新、具有国际竞争力的跨国企业。在经济全球化不断深化的条件下，培育不同层次的竞争优势，提高产业国际竞争力。

3. 弥补市场失灵，反对垄断和不正当竞争

（1）弥补市场失灵，也要防止政府失灵

产业组织政策除了促进产业组织合理化的核心功能以外，作为产业政策的组成部分，自然也承担着产业政策弥补市场机制的缺陷和培育、健全市场体系的功能。也就是说，产业组织政策要在反对垄断、约束各种不正当竞争行为，维护市场竞争秩序、促进公平竞争等方面发挥作用。

我国一直都是以"市场失灵"作为产业政策制定和实施的理论基础，并在此基础上对产业发展进行了全面的干预，但是我国产业政策中对"市场失灵"存在一定程度的误解，政府干预不仅没有弥补市场失灵，反而造成了政府失灵。主要表现在两个方面："一方面是政府的无效干预，即政府宏观调控的范围和力度不足或方式选择失当，不能够弥补'市场失灵'和维持市场机制正常运行的合理需要；另一方面，则表现为政府的过度干预，即政府干预

的范围和力度，超过了弥补'市场失灵'和维持市场机制正常运行的合理需要，不但不能纠正市场失灵，反而抑制了市场机制的正常运作。"我国制造业产业组织政策不仅对某些行业单独设置市场准入条件，而且还通过目录指导、项目审批与核准、供地审批、贷款的行政核准、淘汰落后产能等对重点产业进行调控，通过这些手段政府代替市场进行产业、产品的选择。

由于政府不是万能的，不能掌握所有的市场信息，所以代替市场选择时，难免会出现决策失误的情况，同时由于政府本身效率较低，作为经济人有自己的利益等原因，也会阻碍市场作用的发挥。因此，要正确认识"市场失灵"，做到以市场为导向，充分发挥竞争机制作用，在市场做不到和做不好的地方政府进行合理干预，防止政府过度干预，造成政府失灵。

（2）反对垄断和不正当竞争，重点是反对行政性垄断和过度竞争

西方资本主义国家进入到垄断资本主义阶段之后，所面临的主要问题是垄断（经济性垄断）可以凭借市场势力操纵价格，阻碍竞争机制发挥作用，所以西方发达国家的产业政策主要是以限制垄断（经济性垄断）的竞争政策为主。但是我国与西方发达国家不同，我国的经济性垄断较少，目前主要的问题是行政性垄断和过度竞争。因此，我国反垄断和不正当竞争的主要任务是反对行政性垄断和过度竞争。

行政性垄断是政府及其职能部门滥用职权，通过行政审批、地方保护、设置壁垒甚至插手企业兼并重组等方式限制自由竞争而形成的，行政性垄断企业或行业往往由于没有竞争压力而缺乏提高效率和创新的动力，甚至容易发生寻租设租行为而出现腐败。因此要加快市场经济体制改革，破除行政性垄断，在非"关系国民经济命脉的重要行业和关键领域"引入竞争，使企业在竞争中不断提高竞争力。

过度竞争作为中国制造业市场结构不合理的典型特点之一，它造成了产业利润率水平低下、规模经济水平低下、技术进步缓慢和资源配置效率低下等严重后果，其形成原因较为复杂，既有我国经济发展的历史原因，也有转轨体制下所有制结构、地方政府干预和产业政策等原因，但是其本质是竞争不足所致。因此，要培育、健全市场体系，维护竞争的市场秩序，使企业能够自由进入退出市场，使过度进入的企业能够退出市场，发挥市场优胜劣汰的作用。

4. 制造业产业组织政策需要注意的问题

（1）既重视大企业，也要重视小企业

我国的产业政策长期以来都有强烈的"扶大限小"倾向。扶持大企业发展，对于发挥规模经济优势，提高我国企业参与国际竞争能力具有非常重要的意义。我国产业政策也收到了一定的成效，通过产业政策的实施，已经形成了一批大企业和企业集团，从我国进入财富世界500强的企业不断增加可见一斑。但是"扶大限小"的产业政策也有其弊端。限制小企业发展，也就是限制了竞争，缺乏竞争，市场将失去活力。首先，小企业作为"潜在的进入者"会使大企业时刻感受到威胁，从而积极进取，努力创新以保持其竞争优势。限制小企业发展，容易使大企业变得懒惰和不思进取，缺乏创新的动力。其次，在信息技术飞速发展的今天，小企业凭借其高度的灵活性，更容易抓住新兴技术，迅速打开局面，进而扩张规模成为行业的主导，促进行业的更迭和寡头企业的更迭。第三，大企业也是由小企业在竞争中不断扩大规模形成的，从长远来讲，限制小企业将难以产生新的大企业。

因此，扶持大企业的同时，也要支持小企业发展，使小企业充分发挥其在竞争中的作用和优势。

（2）既关注市场结构，也关注市场行为

在我国不多的产业组织政策中，都是围绕市场结构来展开的。《九十年代国家产业政策纲要》中首次提出产业组织政策的目标是"形成适合产业技术经济特点和我国经济发展阶段的产业组织结构"。《"十五"工业结构调整规划纲要》中提出产业组织政策目标是实现产业组织结构的优化。而《促进产业结构调整暂行规定》中从大企业和中小企业两个方面提出了产业组织政策目标。

市场结构作为西方产业组织理论的核心内容，其重要地位不言而喻，但是产业组织政策不只包含市场结构，还应该包含市场行为和经济绩效。而经济绩效的实现有赖于合理的市场结构和市场行为。因此不仅要重视市场结构，还要重视市场行为，只有企业的行为合理，不存在损害市场竞争和损害消费者福利的行为，才能保证市场有效地配置资源，才能得到好的经济绩效。

（3）既要立足国内，又要放眼全球

我国产业政策主要着眼于国内，围绕产业结构调整和抑制产能过剩展开，虽然不乏打造具有国际竞争力的大型企业集团而进行的"扶大限小"倾向，但是这种产业政策实际上是对产业国际竞争力认识上的误区。我国产业组织政策通过行政手段形成了一批以国有企业为主的大企业，但是没有经过竞争形成的缺乏效率的大企业，表现出"大而不强"的特征，难以形成产业国际竞争力。

因此，产业组织政策不仅要立足国内，促进大企业的形成，更要放眼全球，着眼于产业国际竞争力的提升。要对企业现有的资源和能力进行重组与优化，围绕提高企业竞争力、创新力、资本运营效率，尤其是国有资本运营效率，培育具有国际竞争力的大企业和企业集团。鼓励企业从产业价值链的低端转向全方位的产业价值链竞争与合作，以不断提升本国经济在国际产业价值链中的地位为基本导向，在创新研发、资本经营、先进制造、服务营销等价值链环节，全方位地提升竞争力。鼓励有实力的大企业和企业集团走出去参与国际竞争，主动拓展国际分工的领域。

第二节　市场结构优化

比较优势是各国参与国际分工和国际贸易的基础。任何一个国家或地区的比较优势都不是一成不变的，它随着社会经济的发展，社会环境的变化，资源配置和市场需求变动而改变，旧的比较优势会逐渐丧失，新的比较优势将不断产生。由波特等人的竞争优势理论认为，一个国家在国际贸易竞争中的竞争力不仅与其自然禀赋有关，还与该国的企业状况、相关和支撑产业状况及需求状况密不可分。一个国家即使有自然禀赋的优势，并不意味着该优势一定会具有竞争力。首先，劳动密集型产品已趋饱和，国际消费需求结构以及相应的投资需求结构已向更高层次转换。其次，劳动密集型产品的需求弹性小、附加值低，容易出现出口的"贫困化增长"。从对出口贸易结构的实证分析中可以发现，制造业出口商品仍然是以劳动密集型产品为主，虽然在机电产品的发展优势相对提升较大，但是仍然没有形成自己的主导优势产业，在国际上同美国、日本等贸易大国相比级别较低。因此，我国以劳动密集型产品为主的出口贸易在国际分工中处于从属和被动的地位，极易陷入"比较优势陷阱"。为了确保外贸安全，向贸易强国迈进，进而促进经济持续、稳定、快速地发展，就需要在积极发展对外贸易的同时，加快优化对外贸易结构。

制造业出口贸易技术结构优化主要标准有：首先能够促进制造业出口可持续发展；对国民经济各个产业所产生的生产需求波及程度较高的商品能够占较大比例，与该程度相适应；所出口商品与世界经济发展趋势相符合，能够适应国际贸易竞争；贸易技术结构优化能够提升工人与社会的福利水平。从根本上讲，出口商品结构的优化目标就是要实现"两个转变"，即实现从主要出口粗加工制成品向主要出口深加工、精细加工制成品的转变，从主要出口传统产品向主要出口机电产品、化工产品和高新技术产品转变，逐步实现出口商品的高级化。如何立足现在的比较优势，培育具有长期发展潜力的主导产业，不断提升出口产品的国际竞争优势，促进出口贸易的持续快速增长，应该成为新形势下对外贸易政策和出口商品结构优化的核心。

一、优化产品结构，提高出口产品的附加值

目前正处于经济转型和产业结构调整的关键时期，我们应该抓住机遇，借产业结构调整之际，进一步调整出口商品结构，促进产品结构优化升级，形成产业结构演进与出口商品结构优化相互支持、相互促进的互动机制。

首先，针对纺织服装、皮革制造等传统的低技术含量、劳动密集型产品，从当前的情况看，在今后一段时间，仍将是出口创汇的主要产品。我们要在保持传统优势、发展和创新上做文章。一般都认为，优化出口商品结构就是变劳动密集型出口商品为资本密集型和技术密集型出口商品。其实这种观点有其局限性，是一种超越现实的理想主义观点，理由是：第一，我国的劳动密集型产业历史悠久，有一定的根植性，不可能说放弃就能放弃；第二，中小企业的资本短缺和研发薄弱是一个现实问题，不可能在短期内完全改变这种现状，一味地强调以资本和技术密集型出口商品完全替代劳动密集型出口商品不具有现实性。第三，纵观国际贸易商品，除了极少数高科技商品外，大部分国际贸易商品是劳动、资本和技术密集的混合体，也就是说大部分国际贸易商品都隐含劳动密集成分。因此，我国的劳动密集型产品仍将是出口创汇的主要产品，我们只有通过增加产品的技术含量提高产品发展趋势，在淘汰一些国际市

场上需求萎缩、换汇成本高、失去比较优势的亏损产品的同时，新技术、新材料、新能源等高新技术向传统产业渗透，提高传统产品的加工技术含量、产品质量和档次，形成一批或系列的国际名牌出口产品，使我国的劳动密集型产品转变为技术含量高、加工程度深、附加值高的传统新型产品。

其次，大力发展高新技术产品，使其成为今后出口的主导产品。吸引跨国公司把高技术水平、更大增值含量的加工制造环节转移到我国，提高管理水平，引导加工贸易企业加强企业配套，逐步从代加工向设计和自创品牌发展；引导加工企业更多采用国产料件，延伸产业链条。随着竞争的加剧，高新技术应用速度在不断加快，而高新技术出口商品的附加值高、国际竞争力强的特点使其在国际竞争中将处于有利地位。有计划地发展高科技产业和开发高科技出口商品可以缩小与发达国家和地区的技术代际差距，因此在对现有的出口商品进行技术改造的同时，还需大力发展高新技术产业，提高高新技术商品在出口中所占的比重。要逐步地、推进式地实现出口产品的质量升级，通过确立一批高新技术的主导项目，使其成为出口的主导产品。

二、拓展国际市场，实施市场多元化战略

在保护和巩固已有市场的基础上，积极开辟新的海外市场。目前的主要出口地区集中在东盟、欧盟、中国香港特区、日本以及美国。亚洲、欧洲和北美洲占据出口贸易的比重高达90%，而南美洲、非洲、大洋洲所占份额仅有12.73%，这种过于集中的出口地区结构会使得出口风险增大。短时期内对部分国家和地区的出口数量增加也极易引发进口国的限制和制裁，一家企业在某个出口市场上的成功也极易引来其他企业的竞争效仿，往往会带来价格战，形成增量不增效的局面。

一方面，与日本、美国、韩国等国家已建立了一定的外贸基础，其经济互补性较强，具有了技术、资源方面一定的比较优势，因此在这些国家实施有效的海外投资带动战略，既有利于扩大我国的出口市场，降低外贸风险，实现"边际产业"的国外转移，又有利于利用海外资源满足国内生产需要。另一方面，在实施多元化策略中，必须逐步实现以新兴市场为重点、以周边国家为支撑、以发达国家和发展中国家市场合理分布的多元化外贸市场结构。

在巩固扩大传统外贸市场的同时，逐步扩大新兴外贸市场，积极开发中东、非洲、拉美等市场，针对中低档产品具有一定出口规模的现状，瞄准适合消费的非洲、北亚、南美、中东、俄罗斯等地区和国家，多渠道、多形式扩大出口。

另外，外商直接投资额的不断增加与出口商品结构的不断优化这二者之间有着必然的联系，国内已有不少学者使用相关系数检验、协整分析技术和误差修正模型、回归分析方法分析了外商直接投资对我国工业制成品出口贸易的影响，均指出外商直接投资对我国工业制成品出口的影响显著大于对初级产品出口的影响，外商直接改善了我国的出口商品结构。从研究结果可以发现，外商直接投资不论在短期还是在长期都构成了变动出口商品结构的因素，尽管外商直接投资对出口商品结构影响的弹性力度在短期和长期完全相反，但长期的弹性力度仍然大于短期的弹性力度，这主要是由于外商直接投资带来的新技术提高了工业制品的出口档次，因而弥补了其短期对出口商品结构的负效应。应该充分利用其地理条件的优越性，积极引导外商直接投资从劳动密集型产业向技术型、知识含量高和资本密集型领域转变。从注重数量转向注重质量，并合理制定优惠政策引导外商投资在地区结构、行业结构和单位面积投资密度的优化。

三、扩大出口主体规模，增强出口企业竞争力

在出口主体方面已形成了由国有企业、三资企业、私营企业共同开拓国际市场的格局。尤其是私营企业发展迅速，近几年已在出口贸易中占据绝对的主导地位。到2009年，三资企业和私营企业的出口额已占出口总额的80%以上，但出口增长的企业数量效应明显大于企业规模效应，在实现出口主体多元化的进程中，存在着出口企业平均规模不大、研发和市场开拓能力不强等突出问题，导致在出口贸易中的过度竞争，引发了出口秩序混乱、压价竞销，从而招致国外限制并引发国际贸易摩擦。今后，在继续发挥三资企业、私营企业双头作用的同时，应着力培育大型出口企业，提高组织化程度，进一步有效地规范竞争秩序。

首先，鼓励、支持和引导更多的企业办理对外贸易经营者备案登记，不断壮大对外贸易经营主体，鼓励民营和中小企业发展出口商品生产，开拓国

际市场。近年来，尽管私营企业出口占比不断提高，但就目前看，企业数量与其出口占比仍很不相称。因此，要进一步加大出口企业数量，通过继续调整招商引资和对外贸易政策，如两税合一、终结外商投资企业超国民待遇，调整出口退税等，鼓励企业出口产品。另外，要从资金、技术等方面引导和支持私营企业发展对外贸易。发挥现有高新技术开发区的骨干作用，建立一批高新技术产品出口生产基地，形成若干个高新技术产品出口的产业集群。形成大型骨干带动，出口生产基地支撑，众多中小企业联动的对外贸易主体发展态势。

其次，要增强出口企业竞争力，培育和创造企业的名牌产品。在经济全球化的今天，用品牌来扩大自己在国际市场上的影响力和竞争力，是竞争策略最有效的方式之一。自我国政府于1989年开始认定驰名商标以来，经国家工商局商标局认定的驰名商标不多，在国外注册的就更少，品牌的知名度与世界的距离依然遥远，在强大的竞争对手面前仍处于不利的地位。一种产品或服务要进入世界市场并占有一定的市场份额和具有较强竞争力，除了产品的实体、包装物及服务所能体察到的信息外，还要提供必要的附加信息。因此，出口企业尤其是私营企业要有名牌意识，加大培育名牌产品的投资，树立企业良好形象，通过培育自己的品牌产品，提高产品的品质和声誉、增加产品的附加值，拓宽海外市场，提高出口效益。企业在创造名牌过程中，要保证产品的高质量，选择好目标市场，做好产品市场定位，完善今后服务，强化品牌宣传。同时，企业要有名牌的保护意识，谨防商标被抢注，推动商标名牌战略，提高出口商品的档次，创建良性的出口格局。世界经济的发展趋势表明，对于一个经济大国，要想保持经济持续稳定发展，最终必须要培育自己的出口主体。因此，应该大力培育各个地区的内资企业尤其是民营企业，稳定和提高内资企业的出口份额。

第三，进一步规范跨国公司和外资企业的经营行为。要引导企业积极开展跨国采购业务，成为跨国采购供应商和供应基地，大力推广国际连锁经营方式，融入国际连锁营销体系；着力推动企业与跨国公司的合作，成为跨国公司产业链的一环，进入国际贸易主流渠道，深入推进电子商务，充分利用网络资源和平台开展对外贸易，继续推行外贸代理制，促进"科、工、贸"一体化。同时，外资企业在出口主体中一直保持着较高份额，使得出口贸易较多依赖于外资企业，增加了地方经济发展的不稳定性，所以必须加强对外商投资企业的引导和监督，及时化解风险，在充分调动他们的积极性和主动性的同时，保证地方经济的稳定发展。

四、多方合力，营造出口贸易的良好环境

出口贸易结构调整和优化是一项复杂的系统工程，需要政府、企业等多方的共同努力才能实现。企业作为出口贸易的主体地位不可小觑，而政府的作用也不容忽视，政府主要是通过制定财政、金融、产业、外贸和环境保护等相关法规政策，从宏观上引导和扶持出口商品结构的调整，协调同其他经济体和相关组织的关系，行使保护贸易利益的职责。当今国际市场的竞争，说到底是科技的竞争，科技创新是提高出口商品的核心竞争力的主要途径。不论是通过产业的高级化，还是将技术生产要素注入劳动密集型商品之中，出口商品结构调整都离不开科技创新。

首先，要加大科技投入，促进融资投资体系的完善。科技创新一般需要长时间不间断地投入，具有较大的风险，对于一般企业和个人来说，这是很难承担得起的。这就需要政府的参与，当然在形式上应主要采取市场化手段，适当地倾斜于有实力进行自主研发的民间资本。企业本身增加对研发投入的同时，政府通过增加投资预算，把重点放在战略性、关键性的项目上，对处于创业期的企业给予资金上的支持。这样形成以企业为投资主体、政府辅助的局面；建立和完善多层次资本市场体系，发展证券市场创业板等多种资金融资渠道，促进投资的良性循环。

其次，风险投资是高新技术产业发展的重要支撑，美国高新技术产业的突飞猛进跟美国大量的风险投资有一定关系。因此，要完善风险投资机制和风险投资退出机制，促进高科技融资投资体系的形成和完善，大力发展完全商业化的风险投资基金，负责进行高科技投资，并对投资项目进行跟踪监督；另外，应加强和完善高科技产品出口融资体系，对企业的高技术产品出口和高技术投资项目，在流动资金贷款和出口信贷方面给予政策性金融支持，建立风险规避机制，为到境外从事高技术产业投资的企业提供保险服务。

最后，要加快科技创新成果的推广和产业化进程。如果不能将科技创新

成果转化为生产力，那么，科技创新就失去了其应有的意义，反而会成为对社会资源的一种巨大浪费。可通过鼓励民间资本创设风险投资基金，和由政府出资与成果的接受者共同分担成果的转让费用，以扶持科技成果的推广和应用。另外，在经济全球化的背景下，国际标准应当是企业经营的最佳参照系。事实上尽管各国在统一标准方面面临着诸多困难和矛盾，贸易自由化所导致的经济一体化和日趋强化的竞争产生了愈来愈强烈的产品标准甚至生产过程标准统一的要求，在经济一体化的强力推动下，区域经济体内标准的融合过程实际上越来越紧密，我国的企业绝对不能忽略这一重要趋势。要围绕国际贸易、商品检验、谈判协议、货物交接、处理贸易纠纷等，以积极的姿态引入国际标准提高竞争力，否则市场的空间会越来越小，出口新技术的增长不能持续。

第三节　产能过剩预警体系构建

产能过剩行业多是我国国民经济的基础性支柱行业，其发展健康与否将会牵动上下游相关行业的发展状况以及整个国家的经济发展。因此，必须加强我国行业产能利用状况的安全监测预警机制。建立行业产能利用状况安全监测预警系统，动态跟踪我国工业行业的发展态势，不仅可以掌握行业的经济运行状况以及监控其产能利用的变动趋势，而且有助于企业进行投资决策，以及政府决策部门根据预警系统发出的预警信号确定产能过剩的程度及其发生原因，及时采取措施进行调控，防患于未然，从而促进我国工业行业健康发展和宏观经济稳定运行。特别是在我国工业化、城市化进程尚未结束，工业产品未来总体需求还会快速增长，但需求增长速度会出现大幅波动的情况下，工业产能利用情况走势复杂，因此，采取适当的方法预警行业的产能利用综合状况对于考察行业的经济运行动态和健康发展具有重要意义。近年来国家开始加强产能过剩行业的监测预警用以及时发现产业发展中的倾向性苗头问题。同时要加强政府的信息引导作用。完善产能过剩的预警机制已经成为政府部门监测产能利用水平、为企业和行业提供准确市场信息进而避免盲目投资和产能过剩的重要基础性工作。

一、经济预警的应用范围

1. 经济预警的应用范围

经济预警是指对经济运行过程中存在的扩张与收缩相交替这一循环波动现象的描述与预测。这种扩张与收缩的反复交替是客观存在的。经济预警在宏观经济、产业经济及企业经济三个层面应用广泛。

宏观经济预警主要是对某个国家或地区的整体经济状态进行监测。通过宏观经济预警系统，可以全面、准确、及时地把握宏观经济的发展过程及其变动趋势，利用所获取的宏观经济运行状态、未来经济走势以及经济景气动向等信息，宏观经济管理部门和相关研究机构进行宏观经济形势分析、景气循环测定和预警支持，有利于各级政府和相关部门做出决策。

产业经济预警是指对某个产业的经济运行状态进行监测。通过产业经济预警，可以把握产业经济的发展态势与循环波动规律，了解某个产业的经济运行态势和未来走势，为产业管理部门、研究机构、相关企业进行形势分析、预测及制定投资决策提供支持，从而有利于产业的健康协调发展。

企业经济预警主要集中于企业的财务风险预警、营销风险预警及经营管理风险预警三个方面。

2. 经济预警主要方法

预警系统的构成要素包括警情、警源、警素、警兆、警限与警度六个方面。所谓警情是指出现危机时所表现出来的极为不正常的各种状况。警源是指产生警情的根源。警素是指警源所包括的一个或多个影响警情变化的因素。警兆是警情爆发之前产生的一种预兆。警限则是指警兆指标（包括单项及综合）的变化范围。警度是权衡系统警情的定量刻画，也是预警的目的所在。预警系统一般由上面的几个部分组成，具体使用的预警系统组成比较灵活，根据不同的预警方法具体选用不同的组成部分。

经济预警的方法较多，目前应用较多的有如下几种。

（1）指数预警系统

通常对应某一个警素会有若干个警兆指标，通过对警兆进行综合可以得到反映警级的指数。这种方法对入选警兆指标的条件较为宽泛，其对警兆综合的方式比较程序化、规范化。经济预警综合指数主要有扩散指数法（diffusion index，DI）、合成指数法（compound index，CI）、预警信号法（early warning signal，EWS）及功效系数法（desirability function，DF）等方法。

扩散指数法是现在国际上广泛使用的景气指数法。扩散指数是指处于上升的警兆指标个数占全部警兆指标个数的比重。当这一指数大于 0.5 时，表示警兆指标中有半数以上处于上升，因而预示警素指标也将上升；如果小于 0.5，表示半数以上警兆指标下降，预示警素指标也将下降。

合成指数法又称为景气综合指数法，是美国商务部于 20 世纪 60 年代针对扩散指数无法反映经济波动幅度，受随机干扰较重等缺点而开发的。它的指导思想是编制警兆总指数。即对所有警兆指标的变动值进行标准化加权综合处理，根据警兆合成指数的升降可以判断警素的升降。

预警信号法。一般把经济系统的景气态势分为"正常""较热""过热""较冷""过冷"五个区间，分别用"红灯""黄灯""绿灯""浅蓝灯""蓝灯"五种信号表示，并用四个预警界限作为临界点来划分这五个区间。最后通过观察这些信号的变化，来判断未来经济增长的趋势。

功效系数法是在已设置的监测指标体系的基础上，给其中的每个指标规定两个数值，一个是满意值，另一个是不允许值，然后计算各指标的功效系数。

功效系数法能够消除预警系统中各个指标的量纲不统一和性质各异问题，通过对每一个指标计算功效系数进而计算系统的综合预警系数，将其作为判断经济运行状态的依据。

（2）统计预警系统

统计预警系统，即对警兆与警素之间的相关关系进行统计处理，然后根据警兆的等级预测警素的警度。先对警兆和警素进行时差相关分析，确定其先导长度和强度，然后根据警兆变动情况确定警兆的等级，结合警兆的重要性进行警级综合，最后预报警度。统计预警强调的是警兆指标的统计显著性检验，其综合方法不求规范。

（3）模型预警系统

这种预警方法是指在指数预警或统计预警方式基础上对预警的进一步分析，通常建立的模型有以警兆为自变量的一元或多元线性回归预测模型、多元逻辑模型、多元概率模型、人工神经网络模型等。

（4）综合评分法

综合评分法是指将各指标取值划分为几个区间，每个区间赋予一个分值，并根据各指标的重要程度赋予不同的权重，然后用各个指标得分的加权平均乘以指标个数得到一个综合得分，最后通过这个综合得分进行预警。

3. 国内外预警系统的应用

随着预警理论的发展、预警方法和技术的改进，预警系统开始在很多领域广泛应用开来。Kumar（1998）采用一系列变量构建模型对干旱地区的农业旱灾情况进行预警；Zan 等（2002）利用 LabView 软件构建了山体滑坡的监测预警系统；Brockett 等（1994）引进神经网络人工智能模型作为预警系统用来预测保险公司破产的可能性；Fuertes 和 Kalotychou（2007）分别从计量方法和预警系统本身评价两个角度设计了新兴国家主权违约的预警系统。

国内对预警系统的使用也较为广泛。董文泉等（1998）较早地介绍了宏观经济监测预警信号系统的构建方法，利用一组反映经济运行状态的敏感性指标来构建一个综合性指标以反映经济运行态势。余根钱（2005）对中国经济监测预警系统进行研制，分别编制了中国经济运行指数和地区经济运行指数，前者主要用来反映经济运行是否正常以及变动情况；后者主要用来反映地区经济运行现状和各地区经济差异。王恩德等（2006）根据国际上通用的景气指数方法，利用中小工业企业实际经济统计数据构建了中小工业企业的景气指数和预警信号系统，用来反映中小工业企业的经济运行状况。李成和郝俊香（2006）构造了资本流动影响金融安全测算体系，对 1996—2005 年我国资本流动情况进行了实证分析。胡健颖等（2006）以北京市房地产月度数据作为样本，采用经济计量模型建立了我国房地产预警模型。何维达等（2007）在对我国纺织工业"十一五"期间的供求和出口情况进行预测的基础上，通过构建预警系统对我国纺织业的产业安全度进行估算。余凯（2008）根据房地产相关经济理论，以福州市 7 个房地产预警复合指标构建了房地产监测预警系统，并利用灰预测方法对未来两年房地产发展情况进行了预测。王占祥和冯泰文（2008）基于 BP 神经网络和控制图建立了我国工业经济预警模型。高铁梅等（2009）从消费、投资和外贸等宏观经济的主要领域以及能源、钢铁、汽车、房地产等主要行业的多个角度，运用多维数据结构的指标体系构建景气指数和监测预警模型等来监测我国的宏观经济波动运行态势。殷克东和马景灏（2010）设计了10个反映我国海洋经济发展的预警指标，构建了我国海洋经济周期波动的预警信号灯系统。

目前，虽然产能过剩问题已经成为各界人士关注的焦点，但是国内对于产能过剩安全监测预警系统建立方面的研究甚少，王兴艳（2007）初步建立了产能过剩指标体系，将指标体系分为总体层、系统层和变量层三个层级，来突出不同层次的指标对产能过剩的贡献性和影响程度，提出了产能过剩预警模型的建立思路和目标。王兴艳（2008）以我国钢铁行业作为研究对象，在对我国两次产能过剩进行分析的基础上，探寻了产能过剩的衡量方法以及评价指标体系，建立了产能过剩评价模型；构建了产能过剩预警指标体系，分别运用黑色预警法和综合指数预警法建立了我国钢铁行业产能过剩的监测与预警系统，对我国钢铁产业产能利用状况进行了监测预警。刘晔和葛维琦（2010）科学界定了产能过剩的内涵，从总供给与总需求均衡角度，提出了建立中国特色产能过剩评估指标体系及预警制度的基本思路，给出了主客观指标，并将其分为反映供给程度、需求状况、短期产能和未来可利用产能四个方面，提出了产能过剩评价的重点步骤，并将其运用到我国焦炭行业，为建立我国产能过剩评估指标体系提供了借鉴和参考。

二、产能过剩预警系统的构建

1. 产能过剩安全监测预警指标体系的建立

（1）产能过剩安全监测预警指标体系的建立原则

为了准确地分析行业产能过剩情况、科学地测度产能过剩警情程度，需要选取科学、合理并且能够准确全面地反映我国行业产能过剩的基本指标，构造产能过剩安全监测预警指标体系。

应根据国内外相关研究成果，结合行业本身的特点，选取一系列反映行业产能过剩各个侧面的指标。既要有能够反映产能过剩特征的指标，又要有能够反映影响产能利用状况的指标。预警指标体系的设计和选择是产能过剩安全监测预警的基础，关系到能否科学有效地建立产能过剩安全监测预警系统。因此，在确定产能过剩安全监测预警指标体系时，通常要符合以下标准。

第一，综合性：即指标体系应该从不同的角度采用多个能够反映行业生产实际情况、有代表性的指标对产能过剩情况进行度量和分析，尽可能全面、系统地反映产能过剩的状况和特性。

第二，科学客观性：即每个指标都要有科学内涵，根据产能过剩本身及其与经济社会发展的内在联系，选择含义准确、便于理解的指标，科学、客观地反映产业产能的实际状况。

第三，可操作性：即所选用的指标应该是可测量、可比较、可获得的连续性的产能过剩评价指标，易于搜集整理、计算应用、评价分析和操作运用，使得政府在对经济运行实施宏观调控时，能够充分利用这些指标体系所提供的信息。

（2）产能过剩安全监测预警指标体系的构建

从目前产能过剩监测预警的研究现状来看，主要根据产能过剩的相关理论和实践，采用定性方法来选择合适的产能过剩安全监测预警指标。一旦行业出现产能过剩问题，最突出的表现是产能利用率下降、产品价格下降、产成品存货增加、利润增幅下降、企业出现亏损、行业整体的经济效益出现下滑以及资产周转率下降等；另外，产能利用状况还与固定资产投资以及原材料、燃料、动力价格等因素有关。因此，本章将分别从资本形成、产需与库存、行业效益、劳动和生产要素五个方面选取有代表性的指标来构建产能过剩安全监测预警指标体系（表8-1）。

表8-1 产能过剩安全监测预警指标体系

系统层	基本变量层
资本形成	固定资产投资增速
	产能利用率
产需与库存	工业品出厂价格增速
	产成品存货增速
	行业总产值增速

续　表

系统层	基本变量层
行业效益	利润总额增速
	亏损面增速（亏损企业个数与全行业的工业企业单位数之比）
	流动资产周转次数增速（主要业务收入/平均流动资产总额）
劳　动	职工平均工资增速
生产要素	原材料购进价格增速
	燃料、动力价格增速

2. 产能过剩安全监测预警系统预警界限的确定

产能过剩安全监测预警系统的建立，是在安全监测预警指标体系建立的基础上将多个指标合并成为一个综合性的指标。单个指标预警界限的确定在构建产能过剩安全监测预警系统中起着至关重要的作用。预警界限的确定，对于准确地监测各项指标的变动情况，进而准确地对产能过剩综合情况做出正确的判断影响很大。

参照关于产业安全度估算的研究（何维达和何昌，2002），本章将产能利用状况分为五个级别，即严重过剩、显著过剩、安全、产能不足和产能瓶颈。为了后文定量分析的需要，将其划分为不同的数值范围（数值越高表示产能利用程度越高），如表8-2所示。

表8-2　行业产能利用状况等级与数值范围

预警状态	严重过剩	显著过剩	安　全	产能不足	产能瓶颈
分值	0～15	15～35	35～65	65～85	85～100

（1）确定预警界限的方法

预警界限是预警的限值，在产能过剩安全监测预警系统中分别对应五个不同预警区间的四个预警限值。确定预警限值的方法主要有数理统计方法和公认标准或经验分析法。

数理统计方法。根据统计误差理论（殷克东和马景灏，2010），提出了 3σ 法则来确定预警界限的区间。3σ 法则的基本原理如下：各指标正常和异常的参考值不是一个单一的数值，而是一个范围，指标在各个预警状态区域的概率应服从正态分布。根据正态分布原理，数据 x 分布在中心值附近，离中心值越近，可能性 p 越高；越偏离中心值，可能性 p 越低。如果偏离超过 1 倍标准差，可能性只有 31.74%；如果偏离超过 2 倍标准差，可能性只有 5%；如果偏离超过 3 倍标准差，可能性不足 1%。因此，可以根据偏离中心值的标准差倍数来反映数据是否合理，不同的行业具有不同的选择标准，如果要求严格，选择偏离 1 倍标准差以上作为异常；一般选择偏离 2 倍标准差以上作为异常；宽松的则选择偏离 3 倍标准差以上作为异常。

公认标准或经验分析法。根据国际通用标准、行业平均水平和企业自身特点，或者由专家根据以往历史数据进行经验上的划分。另外，国内应用较多的是系统化分析方法，即根据各种并列的客观原则进行研究，这些原则主要有以下几种：多数原则、半数原则、少数原则、均数原则、正数原则、负数原则等，根据每一种原则确定一种预警界限，然后将各种原则确定的预警界限加以综合平均，最后经适当调整求得各指标的预警界限。

（2）产能过剩安全监测预警系统各指标预警界限的确定

本章根据数理统计的方法初步确定了各预警指标的预警界限，同时结合定性认识和以往的经验对得到的预警界限进行适当微调。

在一个正常的经济系统中，数据偏离中心值过大或者过小的可能性都很低，根据钢铁、有色金属和非金属矿物制品行业产能过剩安全监测预警系统各预警指标的数据波动特征，本章选择 1 倍标准差以上作为数据的异常区间，同时选择偏离 0.5 倍标准差到 1 倍标准差的范围作为基本正常区间，从而得到了产能过剩安全监测预警指标的五个状态区间（表 8-3）。

表8-3　产能利用状况区间划分

预警状态	严重过剩	显著过剩	安　　全	产能不足	产能瓶颈
区　　间	$[-\infty, x-\sigma]$	$[x-\sigma, x-5\sigma]$	$[x-5\sigma, x+5\sigma]$	$[x+5\sigma, x+\sigma]$	$[x+\sigma, \infty]$

（3）指标值到安全状态分数值的映射

在测算历年产能利用综合状况时，首先需要把单指标历年的实际值转化为相应的分数值，进行指标值到分数值的映射处理。具体方法如下（陈彪如和冯文伟，2002）。

假设映射处理后的第 i 个指标用 S_i 来表示，指标的警戒下限为 $\underline{\omega}_i$，警戒上限为 $\overline{\omega}_i$；相应的分数下限为 $\underline{s}_i$，分数上限为 $\overline{s}_i$；Y_i 为预警指标。

当指标值越大越安全时，采用如下公式计算：

$$S_i = \underline{s}_i + (Y_i - \underline{\omega}_i) \times (\overline{s}_i - \underline{s}_i) / (\overline{\omega}_i - \underline{\omega}_i)$$

当指标值越小越安全时，采用如下公式计算：

$$S_i = \overline{s}_i + (Y_i - \underline{\omega}_i) \times (\overline{s} - \underline{s}_i) / (\overline{\omega}_i - \underline{\omega}_i)$$

当指标在某点最安全，距离该区间越远则越不安全时，采用如下公式计算：

$$S_i = 100 - 2[Y_i - (\overline{\omega}_i + \underline{\omega}_i) / 2] \times (\overline{s} - \underline{s}_i) / (\overline{\omega}_i - \underline{\omega}_i)$$

当指标没有警戒上限时，将警戒下限值的 2 倍作为上限。当指标值大于上限时，按该上限计算。

当指标没有警戒下限时，分为以下两种情况：① 当指标警戒上限大于 0 时，则以 0 作为下限；② 当指标警戒上限小于 0 时，则将警戒上限值的 2 倍作为下限。指标值小于该下限时，按该下限计算。

（4）预警指标权重的确定

指标权重确定的方法通常有等权处理法和专家系统评分法，然而这两种方法本身都具有一定的局限性。因为各预警指标显然对整个预警系统的影响程度各不相同，因此，等权处理是不合理的，应该依据各指标的重要程度分别赋予不同的权重；专家系统评分法过于依赖个人的主观判断，缺乏客观性。因此，出现了不同的指标权重确定方法，如熵值法、主成分分析法、因子分析法、层次分析法等，本节采用熵值法来确定指标的权重。

熵是从热力学引入信息科学领域的一种概念，可以理解为解释随机事件不确定性程度所需要的信息量，是对系统无序的一种度量，也可以用熵值判断某个指标的离散程度。利用熵值法确定指标权重已经在社会经济领域得到广泛应用，在利用多个指标对事物进行综合评价时，指标值波动程度的大小反映了指标在综合分析中所起作用的大小，若指标值波动很大，即该指标的离散程度很大，则这个指标对综合分析具有重要影响，反之亦然。因此，可以将熵值作为确定指标权数的一个依据。

第一，指标的标准化处理。

在利用熵值法确定指标权重时，需要将指标进行同趋势化变换，同时也可以消除不同指标之间类型和量纲不同的影响。设有 m 个对象 n 个评价指标，X_{ij} 表示第 i 个对象的第 j 项指标值（$i=1, 2, \cdots, m$；$j=1, 2, \cdots, n$），y_{ij} 是经过同趋势化变换后的数据。

对于正指标（指标值越大越好），令：

$$y_{ij} = \frac{x_{ij} - \min(x_{1j}, x_{2j}, \cdots, x_{mj})}{\max(x_{1j}, x_{2j}, \cdots, x_{mj}) - \min(x_{1j}, x_{2j}, \cdots, x_{mj})}$$

对于负指标（指标值越小越好），令：

$$y_{ij} = \frac{\max(x_{1j}, x_{2j}, \cdots, x_{mj}) - x_{ij}}{\max(x_{1j}, x_{2j}, \cdots, x_{mj}) - \min(x_{1j}, x_{2j}, \cdots, x_{mj})}$$

经过上述变换，有 $0<y_{ij}<1$，并且各类指标均转化为正向指标，得到标准化，得到标准化后的指标矩阵为：

$$Y = \begin{bmatrix} y_{11} & y_{12} & \cdots & y_{1n} \\ y_{21} & y_{22} & \cdots & y_{2n} \\ y_{m1} & y_{m2} & \cdots & y_{mn} \end{bmatrix}$$

第二，数据处理。

由于部分数据在经过标准化处理后出现零值，为了避免在利用熵值法求权数时取对数无意义，需要对数据进行处理，通常的做法是将数据进行平移。

令：

$$r_{ij} = y_{ij} + 1(\ i = 1,2\cdots, \ m)\ ;\ j = 1,2, \cdots, n$$

第三，计算第 e_j 项指标的信息熵。

$$e_j = -\lambda \sum_{i=1}^{m} p_{ij}\ \text{In}p_{ij}$$

其中，$\lambda=1/\ln m$；$p_{ij}=r_{ij}/\sum_{i=1}^{m} r_{ij}$。

某一个指标的熵值越小，则表明该指标下系统的有序程度越低，指标值波动很大，不同值之间具有较高的差异性，该指标在判断评价对象时的权重越高。

第四，计算第 i 项指标的熵权。

$$\omega_j = \frac{1 - e_j}{\sum_{j=1}^{n}(1 - e_j)}$$

其中， ω_j 为熵值法确定的第 j 项指标的权重。

三、安全监测系统的建立——以钢铁行业为例

钢铁行业是我国国民经济的基础性支柱产业，涉及面广，其发展健康与否将会牵动其上下游相关行业的发展。宏观经济形势向好带动了我国钢铁行业的高投资、高增长，在连续 3 ~ 4 年的需求旺盛和价格冲高以后，2005 年，钢铁行业企业个数增加了 34.4%，全国钢产量首次突破 3 亿吨，同比增长了 24.6%；生铁产量同比增长 28.2%；钢材产量同比增加了 24.1%。与此同时，钢铁行业投资增长所带来的风险逐步显现，导致供需形势发生了急剧变化，产能集中释放导致了钢铁行业产品价格大幅回落，库存增加，企业利润大幅下滑，钢铁行业亏损企业个数同比增加 82.4%，亏损额增加了 2.25 倍，行业内部结构性矛盾突出。另外，原材料价格不断上升，能源约束不断趋紧，导致大部分钢铁企业利润空间逐步缩小，面临着淘汰落后产能、提升生产技术水平、加快推进行业结构调整等问题，钢铁行业成为中央政府抑制产能过剩和重复建设的重点调控对象。

近几年来，在全球性金融危机的影响下，国内外经济形势严峻，同时我国钢铁产品出口屡屡遭遇贸易摩擦，出口大幅下降，过剩的产能需要由国内消化，然而国内需求持续处于低位，在建项目产能巨大，截至 2009 年年末，过剩产能接近 2 亿吨。进入 2012 年以来，我国钢铁行业主要钢材品种都已供大于求，根据第 8 届钢铁产业发展战略会议消息，我国钢铁行业从结构性、阶段性产能过剩阶段进入了全面产能过剩阶段。因此，如何判断行业是否存在产能过剩以及产能过剩的程度对于钢铁产业的健康发展及其上下游相关产业的持续稳定发展具有重要意义，对我国钢铁行业产能利用状况的监测和预警研究也显得十分必要。

1.变量说明

为了考察 2008 年全球性金融危机发生之后我国产能过剩行业产能综合利用状况的变化，本章的时间跨度为 2000—2010 年。根据表 8-1 所确定的 11 个产能过剩安全监测预警指标，选取如表 8-4 所示的指标作为我国钢铁行业的产能过剩监测预警指标。

表 8-4　我国钢铁行业监测预警指标变量说明表

变量名称	代表指标	指标说明
Y_1	钢铁行业的固定资产投资增速	利用钢铁行业固定资产投资计算得到，数据来源于历年《中国统计年鉴》
Y_2	钢铁行业产能利用率	数据来源于产能利用率重新计算的结果
Y_3	钢铁行业工业品出厂价格增速	利用钢铁行业工业品出厂价格指数（上年 =100）减去 100 计算得到，数据来源于历年《中国统计年鉴》
Y_4	钢铁行业产成品存货增速	利用钢铁行业产成品存货计算得到，数据来源于历年《中国工业经济统计年鉴》
Y_5	钢铁行业总产值增速	利用钢铁行业工业总产值计算得到，数据来源于历年《中国统计年鉴》
Y_6	钢铁行业利润总额增速	利用钢铁行业利润总额数据计算得到，数据来源于历年《中国统计年鉴》
Y_7	钢铁行业亏损面增速	利用钢铁行业亏损面数据计算得到，亏损面 = 亏损企业个数 / 行业企业总个数。亏损企业个数和行业企业总个数来源于历年《中国工业经济统计年鉴》
Y_8	钢铁行业流动资产周转次数增速	利用钢铁行业流动资产周转次数的数据计算得到流动资产周转次数 = 主营业务收入 / 平均流动资产总额，数据来源于历年《中国统计年鉴》
Y_9	钢铁行业职工平均工资增速	利用钢铁行业职工平均工资计算得到，数据来源于历年《中国统计年鉴》

续 表

变量名称	代表指标	指标说明
Y_{10}	钢铁行业原材料购进价格增速	利用钢铁行业材料价格指数（上年=100）减去 100 计算得到，数据来源于历年《中国统计年鉴》
Y_{11}	钢铁行业燃料、动力价格增速	利用燃料、动力价格指数（上年=100）减去 100 计算得到，数据来源于历年《中国统计年鉴》

通过计算，得到我国钢铁行业 2000—2010 年产能过剩安全监测预警指标实际值，见表 8-5。

表 8-5　我国钢铁行业 2000—2010 年产能过剩安全监测预警指标实际值（单位：%）

年份	Y_1	Y_2	Y_3	Y_4	Y_5	Y_6	Y_7	Y_8	Y_9	Y_{10}	Y_{11}
2000	11.94	11.07	3.3	0.37	15.51	342.46	-19.42	18.94	10.57	0.9	15.4
2001	24.55	11.87	-1.4	5.29	20.59	27.6	1.61	5.1	8.89	0.5	0.2
2002	27.04	50.92	-1.5	-2.65	13.76	46.13	-10.45	13.91	12.16	-1.8	0.1
2003	57.22	66.85	10.09	34.25	54.14	106.79	-26.07	21.28	5.19	7.9	7.4
2004	33.33	96.45	18.9	63.1	69.36	70.14	13.2	15.35	11.54	I20.4	9.7
2005	28.81	87.19	4.65	35.76	26.68	2.74	35.71	6.46	3.36	7.5	15
2006	-0.86	76.65	-4	14.81	18.32	28.08	-11.42	0.36	11.94	-1.7	11.9
2007	14.5	87.84	7.9	29.52	32.67	52.68	-34.3	7.83	13.81	5.4	4.3
2008	24.16	99.26	19.74	24.33	32.71	-24.63	45.97	1.65	12.01	18.4	20.6
2009	0.49	55.13	-16.08	-7.36	-4.68	-12.54	1.97	-15.91	5.89	-13.7	-10.8
2010	7.02	56.08	7.4	17.24	21.57	56.19	-35.02	6.18	11.93	6.6	16.3

2. 钢铁行业产能过剩安全监测预警指标分析

下面分别从资本形成、产需与库存、行业效益、劳动和生产要素方面对 2000—2010 年我国钢铁行业的运行特征进行分析。

（1）资本形成

在资本形成方面，固定资产投资最具有代表性，它不仅是产能过剩形成的直接原因，容易受到国家宏观调控产能过剩政策的影响，而且其规模大小在很大程度上能够影响行业生产能力的形成。

自 2003 年开始，我国经济进入新一轮上升期，GDP 持续快速增长，工业化城镇化进程不断加快，房地产、汽车业发展迅速，对钢铁产品的需求大幅增加。钢铁行业经济效益大幅提高，行业固定资产投资保持高速增长，2003年增[甚至达到了 89%，其中城镇固定资产投资增速高达 57%，这一时期钢铁行业的产能规模扩张较快。2005 年，大量产能集中释放使得国家对钢铁行业产能过剩问题给予高度关注，经济、行政、法律手段等调控措施频繁出台，钢铁行业固定资产投资增速开始出现回落；2006 年继续加快推进产能过剩行业结构调整，严控投资过快增长，抑制产能过剩，当年钢铁行业固定资产投资的增幅出现了理性回落，首次出现负增长。然而，随着钢铁行业景气指数逐渐回升，2007 年行业固定资产投资再次出现反弹，产能规模继续扩大。2009 年，金融危机导致外需低迷、企业经济效益下滑、钢铁行业长期的产能过剩以及新增贷款猛增势头不可持续等因素都对投资增长产生了抑制作用，钢铁行业城镇固定资产投资增速同比增长仅 0.49%，远远低于全国城镇固定资产投资增速的平均水平，与 2008 年同期相比，其增速下滑了 23.67 个百分点。2010 年，虽然国际环境不确定性仍然较大，但是全球经济复苏态势表现明显，在国家一系列刺激经济增长的计划中最直接受益的即是基础设施建设，而且许多用钢行业受益于国家扩大内需政策，投资回升较快。

（2）产需与库存

在产需与库存方面，产能利用率是最能直接反映产能利用程度的生产性指标；工业品出厂价格的波动可以在一定程度上反映市场的供求情况；产成品存货的变动在产能利用率波动时表现较为明显，在很大程度上可以反映产能过剩特征。在行业出现产能过剩时，这三个指标均具有较为明显的表现特征。

2005—2006 年，我国钢铁行业产能过剩矛盾突显，产能利用率下降至76.65%，钢铁产品需求下降，工业品出厂价格开始走低（图 8-1）。根据中国钢铁工业协会的监测，2005 年年初，国内市场的钢材综合价格指数为 125.21

点，当年 10 月末，跌为 105.2 点，相当部分钢材产品市场价格已经跌破成本；产成品库存积压严重，2005 年产成品存货同比增长高达 35.76%，远远高于同期其他产能过剩行业的产成品存货的增速。2006 年，国家采取一系列针对产能过剩行业的调控措施，严控固定资产投资，限制新增产能的盲目扩张，淘汰落后产能；同时我国一跃成为钢铁净出口国，钢铁出口也成为消化新增巨大产能的重要途径，产成品存货增速大幅下降至 2006 年的 14.81%，也在一定程度上缓解了出厂价格指数下行的压力。

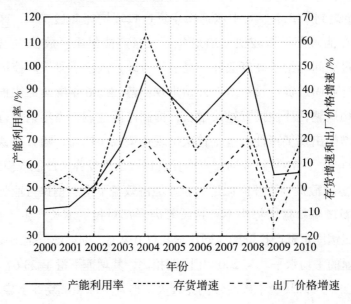

图 8-1　2000—2010 年钢铁行业产能利用率与存货增速和出厂价格增速

2009 年，受全球金融危机持续影响，钢铁行业的生产供给能力已经严重超过了市场承载力，出口大幅下滑，更加难以通过海外市场转移过剩产能；同时，2008 年钢铁行业固定资产投资增速大幅攀升，一些短期投资项目投产，新增产能大幅增加，而且面对国内外经济形势，也不乏一些钢铁企业自动限产，都导致了 2009 年钢铁行业产能利用率发生下降，达到了 55.13%，工业品出厂价格增速同比下降了 16.08%。随着国内经济逐渐复苏，钢铁行业呈现回升态势，原材料和燃料动力价格的上涨所带来的生产成本上升更是推动钢铁行业工业品出厂价格在 2010 年增加了 7.4%。同时，由于国内经济回升的基础尚需巩固，供大于求的矛盾突出，外需不足依然严峻，钢铁行业的经济运行依然面临较大考验，在投资规模不断扩大的情况下，钢铁行业的产能利用率增幅较小。

（3）行业效益

在行业效益方面，工业总产值反映一定时期内工业生产的总规模和总水平，利润总额反映一定时期内企业生产经营的最终成果，亏损面也是反映工业经济效益的指标之一，代表了亏损企业在整个行业所占的比例。流动资产周转率则表明企业流动资产的周转速度，较快的周转速度使得流动资产会相对节约，相当于流动资产投入增加，在一定程度上增强了企业的盈利能力。工业总产值、利润总额、亏损面和流动资产周转率这四个指标能够较全面地反映产能利用状况对行业经济效益的影响。

在产能过剩较为严重的 2005 年，受产能集中释放和生产成本上升的双重挤压，钢铁行业产量增速减缓，工业总产值增速由 2004 年的 69.36% 下降到 68%；行业利润同比增长 2.74%，相比上年同期下降了 67.7 个百分点。亏损企业个数同比增加了 82.4%，亏损企业亏损总额同比增加了 2.25 倍，企业亏损增速达到了 35.71%（图 8-2）。同时，产成品价格下降、存货增加等导致行业资金周转速度减慢，流动资产周转率发生下降，企业整体盈利能力减弱。

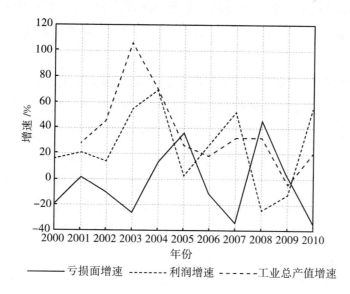

图 8-2　2000—2010 年钢铁行业亏损面、利润总额与工业总产值增速

2008 年上半年我国经济持续平稳运行，国内、国际原材料和燃料动力类价格大幅上涨，在需求拉动和成本推动的双重作用下，钢铁行业以较高的价格增速总体保持盈利水平；下半年遭受了金融危机的冲击，在生产成本上升和产品价格下降的双重挤压之下，钢铁行业工业总产值全年增速基本维持在 2007 年的水平，企业经营状况急转直下，全年利润总额同比下降 24.63%，亏损面同比增速 45.97%。2009 年，工业总产值同比下降 4.68%；利润总额仍保持下降趋势，亏损面同比增长了 1.97%，流动资产周转率发生大幅下降。在国内外经济日益复苏、钢铁产品价格上涨的背景下，2010 年，钢铁行业整体经济效益较 2009 年明显好转，亏损面持续大幅下降，利润总额和工业总产值发生大幅反弹，流动资产周转速度加快，在国家各种刺激经济增长的投资计划和产业振兴规划作用下，我国用钢行业生产大幅增长，为钢铁行业的企稳回升提供了重要支撑。

（4）劳　动

在劳动方面，职工平均工资的变动可以较好地反映产能利用水平给企业职工所带来的影响。2000—2010 年，除 2003 年、2005 年、2009 年以外，钢铁行业职工平均工资增速较为稳定。2005 年，在全国职工平均工资上涨 14% 的情况下，钢铁行业产能大幅释放，企业经济效益下滑，大批企业亏损倒闭，失业人数增加，职工平均工资水平发生下滑，钢铁行业在岗职工平均工资增幅下降至低点 3.36%。近几年，随着我国经济发展继续加快，用工缺口逐渐变大，劳动力需求紧张，民工用工荒现象严重，低端劳动供给由总量过剩转向结构性过剩，各种民营和外资企业大幅提高招工工资，各级政府大幅提高最低工资标准，加速市场化工资上涨局面出现，职工平均工资增幅持续上升。2006 年、2007 年，钢铁行业职工平均工资增速达到 13% 以上。2008 年年末金融危机爆发，大部分企业面临亏损甚至倒闭，企业开工率低，大量裁员，职工平均工资水平增速较上年大幅下滑，2009 年在岗职工平均工资增幅下降至 5.89%，反映了产能过剩给企业职工待遇和失业率水平带来了严重影响。

（5）生产要素

在生产要素方面，原材料购进价格和燃料动力类价格可以较好地反映行业生产时所耗费的资源和能源成本，可以在一定程度上影响工业企业的生产和产能利用状况。

2002年以来，钢铁行业的高速发展使得全世界对原材料的需求急剧上升，原材料价格涨幅较大；同时，资源约束不断加剧，部分瓶颈产业已经跟不上需求的扩张，粗放型增长方式使煤电油运全面紧张，原油等国际市场初级产品价格不断上涨，燃料动力类价格增速从2002年开始一路攀升至2005年的15%（图8-3）。2005年，在我国大部分行业产能过剩的背景下，产品需求低迷导致价格下滑，而原材料和燃料动力类价格的上升直接导致企业生产成本的增加，企业利润空间大幅缩小，很多企业出现被迫减产、产能闲置现象。2008年，原材料价格呈现持续上涨趋势，焦炭平均价格是2007年的2倍，铁矿石价格更是出现大幅上涨；能源和动力供应再次紧张，燃料动力类价格同比增加了20%，再创新高。钢铁行业再次面临产品价格下降和生产成本上升的双重挤压，很多企业压缩生产规模，钢铁工业的主要产品产量开始大幅回落，产能利用程度降低。随着工业经济稳步回暖，燃料动力类和原材料价格在2009年触底后开始回升，2010年燃料动力类和原材料价格均大幅上涨。

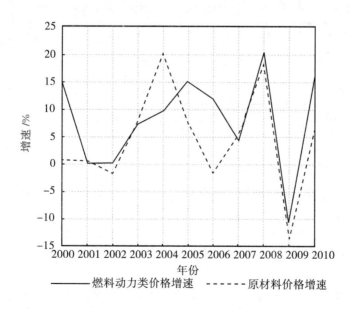

图8-3　2000—2010年钢铁行业原材料和燃料动力类价格增速

3. 钢铁行业预警指标警限的确定

根据本节所介绍的预警界限划分方法，确定了钢铁行业产能利用状况安全监测预警指标的预警界限，并根据经验进行了适当的调整，结果见表8-6，其中产能利用率的预警界限根据国际上通用的标准进行划分。

表8-6 我国钢铁行业预警指标的警限

预警指标	指标取值区间				
	严重过剩	显著过剩	安　全	产能不足	产能瓶颈
固定资产投资增速	<5%	[5%, 15%]	[15%, 35%]	[35%, 40%]	>40%
产能利用率	<70%	[70%, 75%]	[75%, 85%]	[85%, 95%]	>95%
工业品出厂价格增速	<-5%	[-5%, 0%]	[0%, 10%]	[1.0%, 15%]	>15%
产成品存货增速	<-5%	[-5%, 5%]	[5%, 25%]	[25%, 35%]	>35%
总产值增速	<10%	[10%, 20%]	[20%, 40%]	[40%, 50%]	>50%
利润总额增速	<-4%	[-4%, 15%]	[15%, 55%]	[55%, 75%]	>75%
亏损面增速	<-30%	[-30%, -17%]	[-17%, 9%]	[9%, 20%]	>20%
流动资产周转次数增速	<-3%	[-3%, 2%]	[2%, 13%]	[13%, 18%]	>18%
职工平均工资增速	<6%	[6%, 8%]	[8%, 11%]	[11%, 13%]	>13%
原材料购进价格增速	<-5%	[-5%, -1%]	[-1%, 9%]	[9%, 14%]	>14%
燃料、动力价格增速	<-6%	[-6%, 0%]	[0%, 10%]	[10%, 16%]	>16%

4. 指标值到分数值的映射

根据本节中指标值到分数值的映射方法，将钢铁行业各指标的实际值转换为相应的分数值，结果见表8-7。

表8-7 钢铁行业产能利用状况安全监测预警指标的分数值

年份	$S_1^{[Y]}$	$S_2^{[Y]}$	$S_3^{[Y]}$	$S_4^{[Y]}$	$S_5^{[Y]}$	$S_6^{[Y]}$	$S_7^{[Y]}$	$S_8^{[Y]}$	$S_9^{[Y]}$	$S_{10}^{[Y]}$	$S_{11}^{[Y]}$
2000	28.88	8.8	44.9	74.25	26.02	100	68.72	85.78	54.27	59.3	13.4

年份	$S_1^{[Y]}$	$S_2^{[Y]}$	$S_3^{[Y]}$	$S_4^{[Y]}$	$S_5^{[Y]}$	$S_6^{[Y]}$	$S_7^{[Y]}$	$S_8^{[Y]}$	$S_9^{[Y]}$	$S_{10}^{[Y]}$	$S_{11}^{[Y]}$
2001	49.33	8.97	29.4	64.57	35.88	44.45	43.52	43.44	41.64	60.5	64.33
2002	53.06	10.91	29	80.3	22.51	58.35	57.45	68.76	66.62	69	64.67
2003	91.46	14.33	65.36	16.5	86.24	91.36	78.96	87.73	12.98	38.3	42.8
2004	62.49	85.23	88.9	2.96	90.81	80.44	27.36	74.4	61.56	8.14	35.9
2005	55.72	69.39	48.95	20.65	45.02	21.74	3.22	47.17	8.39	39.5	15
2006	0	39.96	19	50.29	32.48	44.81	58.56	28.43	64.52	68.5	29.3
2007	34	70.69	58.7	25.96	54.00	63.26	87.15	50.9	83.06	45.8	52.1
2008	48.74	85.67	89.71	36	541.07	0	0	33.6	65.08	10.29	9.4
2009	1.18	11.81	0	92.08	0	0	43.11	0	14.74	100	97
2010	19.05	12.02	57.2	46.61	37.36	66.19	87.51	46.39	64.18	42.2	13.7

5. 权重的确定

利用熵值法来确定钢铁行业各预警指标的权重。首先对产能利用状况综合预警指标体系的各指标进行标准化处理，利用公式计算得到各预警指标的权重，结果见表8-8。

表8-8　钢铁行业产能利用状况安全监测预警指标的熵值法权重值

指标	Y_1	Y_2	Y_3	Y_4	Y_5	Y_6	Y_7	Y_8	Y_9	Y_{10}	Y_{11}
权重	0.095	0.138 7	0.076 1	0.077 1	0.077 5	0.091 8	0.098 1	0.068 4	0.098 1	0.082	0.094 1

6. 测算钢铁行业产能利用状况综合指数

根据各预警指标的分数值以及熵值法确定的权重，按照公式计算我国钢铁行业产能利用状况综合指数，对照表8-9对2000—2010年的产能利用状况进行评价，结果见表8-9。

表 8-9　我国钢铁行业产能利用状况综合指数

年份	2000	2001	2002	2003	2004	2005	2006	2007	2008	2009	2010
综合指数	48.66	42.49	50.85	54.46	57.28	34.81	40.02	58.52	40.72	31.89	43.43
预警状态	安全	安全	安全	安全	安全	显著过剩	安全	安全	安全	显著过剩	安全

从表 8-9 可以看出，除 2005 年、2009 年我国钢铁行业产能表现出显著过剩外，其他年份均处于安全区间。2005 年是我国钢铁行业周期性转折的一年，国家对房地产等行业的宏观调控导致钢铁需求减少，同时，2003 年、2004 年经年高速增长带动固定资产投资持续快速扩张所积累的产能在 2005 年、2006 年逐步释放，而且铁矿石价格出现大幅上涨，在产量不断放大和成本不断上升的双重作用下，钢铁行业的库存逐渐攀升，产品价格不断回落，2005 年年底多数产品价格已经跌破成本价，大量企业陷入困境甚至濒临破产，导致整个行业经济效益下降，行业利润从 2005 年 12 月开始下降，2006 年 1～2 月下降 4.6%，而后降幅逐月缩小，到 2006 年 9 月开始转降为升。2006 年 1～11 月比上年同期增长 20.2%，增幅比 2005 年同期高 16.3 个百分点，比 2006 年 1～10 月高 6.7 个百分点，这表明钢铁行业产能过剩问题已充分显现，全行业开工不足，产能利用率已于 2006 年下降至 76.65% 以下。从产能利用状况综合指数的走势可以看出，经历了 2003 年、2004 年的高速发展，产能利用状况综合指数由 2004 年的 57.28 下降到 2005 年的 34.81，进入显著过剩区间。

进入 2007 年后，国内工业化、城镇化进程深化，钢铁行业的下游行业如房地产、机械设备、造船、汽车等行业在国内良好经济态势下保持较快增长，钢铁行业以及这些用钢行业出口需求强劲，大量过剩产能在国内外旺盛需求的带动下得以消化，钢铁行业产能释放最快的时期已经过去，产能利用综合指数于 2007 年出现大幅上涨。2008 年下半年，由美国次贷危机引发的金融海啸席卷全球，实体经济遭受严重打击，国际钢铁市场需求急剧萎缩，全球钢铁企业纷纷采取大幅减产、裁员及削减成本开支等方式应对市场"严冬"。由于我国钢铁行业的对外依存度较高，国际市场需求的萎缩使钢铁行业长期粗放发展积累的产能过剩问题更加严重。可以看出，2008 年我国钢铁行业产能利用状况综合指数较 2007 年发生大幅下降，但尚未进入显著过剩区间。2009 年是此次金融危机对全球影响最深的一年，经济形势的恶化逐渐表现出来，在国内经济趋缓以及国际环境日趋复杂和不确定的背景下，我国钢铁行业产能过剩问题较 2008 年有了进一步的发展。因此，2009 年的产能利用状况综合指数在 2008 年的基础上进一步下滑，进入了产能显著过剩区间。2010 年，我国宏观经济持续回暖，国家应对全球性金融危机的宏观调控政策得到进一步完善和落实，扩大内需的政策效应继续发挥效用，钢铁行业的下游行业逐渐复苏并保持快速发展，为我国钢铁行业产能和利用综合指数的反弹提供了有力支撑。

第九章　我国制造业产能过剩治理中政府角色分析

　　当前，由于政府在经济管理中仍然存在着不当的"缺位"与"越位"，一定程度削弱了产能过剩的自我调节机制，不利于减少产能过剩的负面效应。产能过剩中的政府"缺位"主要表现在：缺乏健全的信息统计发布制度，缺乏科学系统的产业进入退出机制，缺乏有效的要素市场体系；政府"越位"主要表现在：直接参与产业投资和经营，直接限制行业产能和产量，过多控制企业经济合理性技术和规模的选择。科学应对"产能过剩"问题，需要政府适当地"补位"与"退位"。政府"补位"包括尽快建立健全相关统计信息发布制度，完善产业进入与退出机制，加快要素市场改革；政府"退位"包括进一步加快转变政府职能，进一步健全企业和行业自律制度，更加科学和审慎地运用技术、设备、规模等管理标准。

　　"产能过剩"是市场经济中经常出现的现象，也是近年来我国经济发展中时常面对的问题。近年来，我国在治理产能过剩实践方面取得了积极成效，但由于政府在许多方面仍然存在着一定的"缺位"与"越位"，在某种程度上削弱了市场机制对产能过剩的自我纠正作用，不利于减少产能过剩的负面效应。

第一节　政府的"缺位"角色

一、缺乏健全的信息统计发布制度

　　及时有效的信息是市场机制下企业投资经营决策的重要参考，一些西方国家（如美国、日本等）将产能、产能利用率等相关指标列入常规性统计之列，并系统公布分部门的数据，通过及时预警对规避企业盲目投资起到了一定的积极作用。然而，当前我国依然缺乏关于行业产能和产能利用的系统而及时的统计数据，缺乏投资项目和信息的动态发布制度，并且无论是统计部门还是产业政策部门，针对产能过剩问题提供的专题研究成果或对有关政策成效提供的分析报告也相对较少。由于缺乏对企业等市场当事人生产经营提供参考或警示，信息不对称很大程度加大了企业对未来投资的预期偏差和失误的可能，导致企业盲目投资现象突出，从而，加大了部分行业产能过剩风险。作为"信息产品"，行业性产能利用和供求关系等方面的统计数据，在数据收集、处理和提供方面具有很强的规模经济属性，在消费利用方面则具有非竞争性经济特征，考虑到政府部门在观察问题的视角上的相对公正性优势，政府有关部门提供上述信息和分析意见，不仅符合经济合理性原则要求，也是市场经济下政府发挥服务功能的体现。因此，有关部门在发挥特殊信息优势领域的作为仍然有待加强。

二、缺乏科学系统的产业进入退出机制

从经济学常识看，在企业社会成本不能内生化的市场失灵中，政府通过产业进入和退出机制实施监管，以减少直至消除外部性对资源配置的影响是必要与合理的。在治理产能过剩中，这类措施仍然存在诸多有待完善之处。一方面，为提高产业进入门槛，我国政府积极引入有关行业安全标准、排放污染控制、资源能源消耗等方面的管制要求，以限制产能过度扩张，并取得了积极成效。而产业准入标准依然缺乏科学性和系统性。如目前，国家虽然已初步建立了固定资产投资项目节能评估和审查制度，但仍然缺乏科学的产业能效准入标准，致使在执行产业准入条件时，特别是对于高耗能行业项目，无法科学、有效地确定能耗环节的准入门槛。并且，产业准入标准执行力度不统一。产能过剩时往往刻意拔高标准，而产能不足时又放松监管标准。另一方面，缺乏完备的产业退出机制，产业退出援助制度不健全，造成当市场条件发生不利变动后，虽然价格和利润已下降到无利可图，落后企业及产能仍难以退出而不得不继续经营，从而延缓了产能过剩的自我纠正过程。同时，

缺乏执行产业进入退出标准的刚性手段。如，目前，对高耗能行业落后产能实施淘汰和查处高耗能企业违法用能时，仅有《中华人民共和国节约能源法》部分条款可参照，但是由于该法颁布时间较早，加之过于注重原则性而缺乏操作性，已难以适应当前节能降耗形势的需要，无法成为淘汰高耗能行业落后产能和查处高耗能企业的强制性、刚性手段，以致无法形成强有力的倒逼机制，不利于遏制高耗能行业产能过快增长和淘汰落后生产能力。

三、缺乏有效的要素市场体系

相对于已经相当充分的商品市场化而言，我国各类生产要素的市场化发育却相对滞后，要素资源分配的双轨制问题仍未解决，价格杠杆难以有效发挥作用，扭曲的生产要素价格一定程度助长了盲目投资和产能过剩的频繁发生。首先是我国资本市场化程度较低，无论是直接融资市场还是间接融资市场，发育速度均较为迟缓。就间接融资市场发育来看，价格（利率）决定基本上仍由政府行政管制，而不是市场定价，国有金融资本居绝对统治地位。同时，我国土地要素市场化程度更低，包括城市土地和农村耕地，在产权制度、交易制度、价格决定和法律制度上，土地要素市场化配置的条件还远远不够。在地方经济分而治之的管理框架下，为促进招商引资和经济发展，各级地方政府往往运用非市场化的要素分配体系刻意压低各类要素价格以推动产能扩张，从而加剧了产能过剩风险。

第二节　政府的"越位"角色

一、直接参与产业投资和经营

当前，由于我国经济体制仍处于转轨过程中，经济中潜在的行政和金融基础设施仍然包含着结构性的过度投资动机，对资本的行政性配置仍然是产能过剩的重要动因。对于正处于市场化转型期的中国而言，政府职能还没有彻底转变，大量国有资产还需要政府进行指导和调控，产业结构调整仍是各级政府的重要工作内容。在现行政绩考核以及财税分配体制下，使得地方政府无论从政绩考虑还是从财政收入考虑，都有直接鼓励投资的积极性，它们的动机往往是尽可能多地创造更多的生产能力以锁定未来的 GDP 总额。对每个地方政府来说，这些投资都直接、间接是有利的，但对整个国民经济来说，过多的投资往往导致随后出现的总体生产能力过剩问题。

二、直接限制行业产能和产量

近年来，政府往往以对未来产能和需求的预测作为调控产能过剩的重要依据，并时常辅之以强制性的总量控制目标，有关部门采用各种措施广泛限制和禁止企业投资，甚至有时直接将控制任务分解到企业。在资源环境等外部性成本无法纳入企业成本的市场失灵以及进入退出机制不健全的条件下，一次性采用限产和淘汰产能等措施暂时缓解矛盾和压力具有一定的必要性和可行性。但必须看到，从市场经济基本原则看，投资对象、时机、规模应该基本属于市场配置资源问题，利用行政力限制产量和淘汰产能，不能长期替代市场经济机制的作用，并可能产生较多的负面效应，带来更大的产能波动。事实证明，准确的市场预测非常困难，特别是中国经济转轨阶段，不确定因素太多，预测更是难上加难。历史经验表明，政府对产能的预测准确率普遍较低。如果有关部门基于不准确预测限制投资，可能导致后来市场供不应求并反转刺激投资超常增长，于是又被看作盲目投资并追加严厉调控，结果干预政策偏差可能放大市场波动，从而更加不利于行业和经济的稳定运行和成长。

三、过多控制企业经济合理性技术和规模的选择

在我国治理产能过剩过程中，经常引入具体的有关技术标准、设备规格、企业规模等方面的指标，作为直接控制和干预投资和淘汰落后产能的重要依据。对这类管制措施的必要性需要区分两类情况加以探讨。一方面，如果低规格设备导致污染排放加剧或不符合安全要求，那么考虑市场失灵的背景，应当依据相关标准加以限制甚至禁止。但另一方面，在市场经济条件下，具有经济合理性的技术和规模的选择，是由技术存量、要素禀赋结构、投入品相对价格等经济参数决定的，并且受制于市场需求条件、竞争环境等多种因

素变动的影响，如果政府部门超越环保排放安全等功能性监管标准，额外对企业技术和规模选择进行过多管制，运用整齐划一的标准过多干预企业选择的权利，往往会抑制市场竞争活力的体现，并易于形成"优汰劣胜"的反向结果。

第三节　产能过剩治理中的政府作为空间

通过推动政府合理地补位退位，通过推进改革为市场机制调节产能过剩创造更好条件，有利于降低"产能过剩"的风险，强化产能过剩的自我纠正机制，尽可能减少产能过剩的负面效应。

一、行政调控手段

关于政府行政调控手段。有学者认为，行政手段至少有两大害处：一是容易矫枉过正，增加操作性失误的风险，反而增加了"硬着陆"的概率；二是容易打击伤害企业，尤其是私人企业的积极性，对未来就业和产出增长造成负面影响。从国外经验来看，对于产能多少的把握，企业与市场远胜过政府。政府往往难以获得足够的信息、提出正确的对策。20世纪60年代初期，日本政府认为汽车产业存在竞争过度、产能过剩、设备利用率低等问题，将出现"开工率50%以下"，所以希望"将国内汽车厂改组为三大集团"，并禁止其他企业进入；本田希望进入，通产省认为其总裁"精神不正常"，但实践证明本田的自主发展相当成功，日本政府事后也承认日本汽车称雄世界主要得益于民间企业的努力和市场竞争。

再看中国政府此前的行政调控实效。从历史上来看，通过政府的行政手段有效调控过剩，成功的例子很少。就政府行政调控最有力的"撒手锏"——严把土地闸门政策而言，现在固定资产投资增长过快和产能过剩已经和前些年的"圈地热"有很大的区别。对于有投资能力的民营企业而言，它们能巧妙地规避土地闸门，只要充分利用那些废弃旧厂房，进行产能设备更新，照样能扩大再生产。

在当前形势下，中央政府和地方政府博弈难度加大，地方政府往往会从本地区的实际利益出发，做出一些有利于地方而不利于整体的行动。中央政府的宏观调控职能得不到最大程度发挥。除此之外，中国目前仍处于转型阶段，政府的职能并没有转变到位。政府仍然在干许多干不了也干不好的事情。尤其是中国目前既处于"黄金发展期"，又处于"矛盾凸显期"，这对政府本身提出了很大的挑战。政府通过行政手段来调控产能过剩，面临的不确定因素太多，要想取得好的效果也难。再者，随着经济体制改革的不断深入，当前的经济成分也发生了很大的变化，政府宏观调控的对象已经由主要面对国有企业逐步转变为面对非公有制企业。但是，一个基本事实是，非公有制企业和政府之间并不存在行政隶属关系，行政手段自然很难对非公有制企业产生一些实质性影响。最后，行政手段的运用引来了社会争论，而这些争论使得行政手段迟迟不能发挥应有的作用。

1. 信息发布和预警机制

准确及时的信息资源对于投资者的投资决策具有至关重要的作用，如果能够获得完全对称的信息，市场资源将会得到最优化的配置及组合，即使不能做到完全的信息对称化，能够准确区分产能过剩行业及产能匮乏行业也将对投资者的投资决策具有重要的帮助作用，然而这种信息的获得依靠私人部门来获取显然是不可能的，因此，作为管理者的政府，应该发挥自身在整理、加工、分析信息等方面的无与伦比的优势，通过对数据的整理分析，建立完备的信息发布及预警系统，为企业生产经营提供可供参考的依据，也能够对产能过剩进行有效防范。中国幅员辽阔，各个方面仍处于转型之中从投资决策到项目建设，再到形成生产能力，最后到市场上销售，不同地方和企业之间的沟通存在一定的障碍。当某种产品不足时，各家企业纷纷投资，并不了解全国的整体情况，等形成生产能力时发现产品已经过剩了。很多企业投资失利都与投资前对投资行业缺乏清醒认识，未看到已出现产能过剩迹象而跟风投资有关，因此，政府建立行业预警体系迫在眉睫。

2. 具有中国特色的"保压"措施

"保"要坚决，"压"要有力，防止行业产能过剩恶化的现象继续发生。所谓"保"，是指遵循经济发展的一般规律，通过市场手段调节产能过剩，引导企业兼并重组，加强市场中企业的分工协作，形成规模经济效益，支持企业做大做强。所谓"压"，是指在充分发挥市场的竞争机制对落后产能进行淘汰的同时，严格按照政策制度的要求，对不符合安全生产标准及环保标准等的高污染、高能耗、高风险企业进行依法关停。在减少落后产能的同时，对于新增产能持审慎态度，在已出现产能过剩的产业中轻易不上新项目，确有必要增加的项目必须完全具备相应的安全、环保、能源及技术等政策标准，且在取得国家合法审批手续后，方可实施。对于在建项目，重新审核其项目资质，发现不符合安全、环保、能源及技术等政策标准的，与国家发展规划相违背的，一律停建，并追究相应责任人的责任在引进外资时，要避免对低技术质量、高污染、高风险资金项目的盲目引进。

3. 行政手段助推技术改造

在化解产能过剩，推进企业进行技术改造方面，政府应以企业为依托，以市场为导向，在政策制定方面向高新技术企业及对优化产业结构有促进作用的企业进行倾斜。产能过剩问题多发于传统行业，这类行业中的生产工艺流程较为落后，产品品种单一，企业普遍缺乏科研创新动力，产能过剩往往发生于这类产业。要解决这类产业中的产能过剩问题，政府应运用行政手段引导企业进行技术改造，推动产业升级，提高行业竞争力从而化解落后的产能过剩问题。优化企业生产工艺流程，鼓励企业丰富产品种类，提高环保标准使企业合理利用能源，注意保护生态环境，提高安全生产监督管理标准，促使企业提高生产管理水平，引导企业对设计、生产及包装销售的全流程进行技术改造和创新，在利用外来专利技术的基础上，努力研发自有专利技术手段。

二、经济调控手段

在政府考虑采用产业政策来调控产能过剩时，最终都指向产能过剩形成背后的机制。比如，产业政策中的政策保护倾向、产业政策制定过程中大企业与政府的关系、中央政府的"通知"对地方政府约束力的问题等。尤其是当一个行业存在产能过剩问题面临调整时，如果由政府来决定哪些企业可以保留、哪些企业应该被淘汰，其标准往往和企业规模有很大的关系，这有可能形成一种"反激励"，会进一步刺激企业竞相扩大规模，产能过剩不但没能消除，反而进一步扩大了。

国家相关职能部门采取的产业手段如提高企业进入门槛对新增项目产能规模的抑制具有一定的作用，但是，企业和地方政府通过各种途径寻求达到准入标准的行为，使得这一手段发挥的效果大打折扣。更重要的是，这种方式保护了现存者，打压了潜在的竞争者，不利于企业的优胜劣汰和兼并重组，不利于产业的优化升级。

再如，宏观调控中的货币手段的效果也并不令人乐观。央行单纯上调法定准备金率对投资"降温"作用不显著，因为民营企业的自由资金非常充裕，有些民营企业获取大项目并不需要去银行贷款。只要有市场机会，有盈利空间，民间资本就会进入。而且由于经营状况好，也能吸引社会资金的投入。这不同于国有企业，一定要靠银行贷款才能生存下去。由此，使得信贷这一"利刃"在当前形势下大打折扣。

其实，经济手段一直处于一种两难困境之中。就货币手段而言，常常陷入两难境地：如果从控制投资增长速度的角度考虑，中央银行有必要采取措施对市场上过多的流动性进行控制，因此多实行提高利率水平的措施，然而如果考虑到我国进出口双顺差的现实对人民币升值所造成的巨大压力，中央银行又有必要采取措施增加市场上的流动性，以此对外汇市场进行调节，维护人民币汇率的稳定。

总之，无论是产业手段、财政手段还是金融手段等其他政策调控手段，都需要一定的起效时间，因此或多或少有着时滞性，由于我国的转轨经济国情下市场经济体制尚不完善，这进一步加剧了各类经济调控手段的失效，经济调控的效果也因此而大打折扣。

长期以来，中国经济一旦出现投资过热时，政府解决的主要方式则是"关停并转"，当然，这和中国仍处于社会主义市场经济体制的完善阶段，仍处于体制转型过程中有关。在治理产能过剩时为使企业行为逐步走向市场化、理性化，增强对市场信号的反应能力，政府也采取了一系列经济手段，具体而言包括产业手段、财政手段和货币手段等等。

1. 产业政策调控

产业政策调控是调整产业结构、推动企业兼并重组、提升资源综合利用效率的有效手段，目前，中央采取的主要产业政策调控有以下几方面：

（1）完善产业政策

在产业政策制定方面，进一步细化类目及标准以便于企业在实际生产过程中参照执行，如明确发布已出现产能过剩情况的行业类目，在引导该行业企业逐步退出的同时，避免潜在投资者的进一步投资；发布产能持平行业类目，以防止潜在投资者进一步投资造成产能过剩；发布产能匮乏行业类目，鼓励企业进一步加大生产的同时，吸引潜在投资者进入。国家制订的产业政策应根据国内外的最新形势和市场经济的最新变化及时做出相应的调整，为企业投资决策提供参考和导向。

（2）推动企业兼并重组

在市场经济条件下，建立集中生产的大型企业集团是打破地方利益博弈造成的重复建设及产能过剩的有效手段。既有行业中成规模的企业具有先进的生产技术与完善的经营管理制度，经济规模效益显著，要引导成规模企业吸纳中小企业的生产力，使中小企业成为大型企业集团集中生产的重要配套企业，形成产业集中群。因此，要通过相关政策对成规模的企业进行激励，鼓励成规模的企业以自身品牌优势及成本优势等，对中小企业进行兼并重组，提高市场集中度，发挥资源集约优势，形成规模经济效益，完善要素市场及产权交易市场以促进企业间的兼并重组过程。

（3）强化产业政策指导及准入退出制度

根据国际国内情况，制定全国产业发展规划。各地要切实制定地区产业政策。主管部门及行业协会等中介组织要及时发布产业投资信息，使企业的微观经济活动有方向可循，避免短期行为和大的失误。同时检查纠正产能过剩行业不符合行业制度标准的情况，对不符合安全生产标准及环境保护标准等硬性规定的产能过剩情况要予以严格纠正。

2. 财政政策调控

财政政策历来是宏观调控的重要手段。在治理产能过剩过程中，必要的财政政策也是不可或缺的，不过，关于财政政策的使用力度问题，理论界也有不同的认识和看法。

有学者认为，产能过剩可能会导致通货紧缩，因而需要实施积极的财政政策和宽松的货币政策，在消费不足的情况下，对过剩产能的消化应偏重于用扩张性的财政政策来拉动消费，搞一些基础建设。虽然最后有多大的效益尚不确定，但至少可帮助一些产能的消化。但应该看到，积极的财政政策是应对投资不足，而现在中国经济中的问题是过度投资，固定资产投资增长过快。如果继续刺激经济，实施宽松性政策，将会进一步调动地方政府的投资冲动，不但不能解决产能过剩的问题，恰恰可能推动过剩产能的过度释放，将助长投资规模出现新的膨胀，产生更严重的产能过剩，从而引发经济的衰退。因此实施积极的财政政策和宽松的货币政策并不是解决产能过剩问题的好方法。相对而言，稳健的财政政策则更为可取。在稳健财政政策的具体运用上，应实现两方面的转型。一方面，从经济建设型财政转向公共服务型财政。在公共支出上加大社会保障、教育、医疗方面的投入，让居民敢于消费。另一方面，从为城市服务的财政转向扩大为农村服务的财政，让公共财政的阳光普照农村大地。在公共支出，特别是国债资金的使用上要更多地投向农村，大力发展农村教育、医疗社会保障事业，确保农民收入增长不会因农业生产资料涨价等因素而放缓。增加了农民的收入，解除了农民的后顾之忧，激发起农民的消费积极性，启动农民消费和农村市场，产能过剩问题的解决也就会容易得多。

3. 货币政策调控

货币政策是调整宏观经济的最重要工具之一。产能过剩问题除了地方的投资热情以外，还有商业银行过度的放贷热情，推动货币信贷的加大。

针对经济运行中出现的固定资产投资增长过快，货币信贷投放过多以及由此而导致的产能过剩等突出矛盾和问题，中央银行会同有关金融监管部门，继续执行稳健的货币政策，综合运用各种货币政策工具，抑制货币信贷过快增长，防止投资反弹。

（1）中央银行所采取的措施

灵活开展公开市场操作，调节银行体系流动性，针对外汇占款增长和投资、信贷增速变化情况，加大了中央银行票据的发行力度，加强对基础货币的控制。金融机构超额准备金率控制在较低水平。

发挥利率杠杆的调控作用，利用利率工具，用市场化的方法进行积极的信贷总量调控。从需求方对贷款总量进行调控，进而大力压缩过剩生产能力，控制新增产能，避免产能的过度释放应是一种有效的方法。如自 2006 年 4 月 28 日起，中国人民银行将金融机构人民币一年期贷款基准利率从 5.58% 调整至 5.85%，一次性上调了 0.27 个百分点。与此同时，对金融机构其余档次的贷款利率也进行了相应的调整。对金融机构的人民币存款利率未作调整。从 2006 年 8 月 19 日起，中国人民银行对金融机构人民币一年期存款基准利率进行调整，从 2.25% 调整至 2.52%，一次性提高了 0.27 个百分点；将人民币一年期贷款基准利率由 5.85% 调整至 6.12% 一次性提高了 0.27 个百分点；对金融系统其他类别的存贷款利率也顺次微调，总体而言，长期利率上浮空间高于短期利率上浮空间。

小幅上调存款准备金率，自 2006 年 7 月 5 日起，中国人民银行将金融机构人民币存款准备金率上浮 0.5%。2006 年 8 月 15 日起，中国人民银行将存款类金融机构存款准备金率提高了 0.5 个百分点。而为了加大对"三农"的信贷投入改善农村金融服务，农村信用社（含农村合作银行）的存款准备金率暂不上调，继续执行现行存款准备金率。

加强政策引导和窗口指导。地方政府投资冲动强，货币信贷相对宽松是主要原因，因此应促进金融机构把握信贷投放节奏，强化资本约束，认真贯彻落实国家宏观调控政策及产业政策的要求，加强贷款结构调整，严格控制对过度投资行业的贷款，加强对房地产信贷的管理，停止对地方政府的打捆贷款和授信活动；同时，加强对经济薄弱环节的信贷支持，进一步改善金融服务。

（2）商业银行可采取的措施

商业银行要密切关注产能过剩行业的信贷资产，严格控制过度投资行业的贷款，在支持符合国家产业政策的行业和项目的同时，严格控制对不符合产业政策和已经预警的产能过剩行业的贷款。对于钢铁、水泥、电解铝行业，提高项目资本金比率至 45%，对盲目投资、低水平扩张、不符合产业政策和市场准入条件，以及未按规定程序审批的三个行业的项目，一律不得贷款。在新增项目的信贷审批方面应该尤为审慎，新增项目只有具备了相应的政策审批手续，且完全达到国家对于拟建项目安全、技术、环境等方面的各项标准时，金融部门才可以对企业予以信贷支持。所以，对符合国家产业政策和市场准入条件的项目，继续给予支持。对不符合国家产业政策和市场准入条件以及未按规定程序备案的项目，一律不予授信；已实施的项目授信，要采取妥善措施予以收回。

商业银行应加强对已授信企业的信用管理，在已授信企业的信用管理中，需要密切留意的是对于过剩产业的已投放信贷资金情况，要密切关注过剩行业的产业状况，保持对该行业授信资金的敏感性。各银行总行通过现场监控和非现场监控等多种手段全面掌握已经授信的资金情况，对于已经出现风险的资金要及时采取措施，研究可行的挽救措施，总结经验教训。对已经发放的贷款，尤其是产能过剩行业贷款，要加紧跟踪与监测，密切关注过剩行业的生产经营状况，尤其是资金变化情况，出现问题及时采取行动，防范产生新的不良资产。此外，加强对热点行业集团客户、关联客户交易等的监控和管理，防止授信集中性风险的发生。

（3）在日常管理上，商业银行应上收审批权限，加大风险控制力度

例如，可上收钢铁行业的贷款审批权限，将钢铁和电解铝行业中长期贷款审批权限全部上收至总行，短期授信审批权限全部上收至一级分行。通过调整审批权限，适度调整授权，确保授信资产的安全，提高收益水平，减少风险。中国银行业监督管理委员会及各监管局应密切关注市场上的信贷情况，对商业银行的信贷行为进行动态监控，引导商业银行健康授信，从而规范市场信贷行为，从源头上控制金融风险的发生。

三、体制改革手段

1. 改革财税体制和政绩考核机制，规范地方政府投资行为

以加快财税体制改革和理顺政府考核体系为突破，抑制地方政府的过度投资、盲目投资冲动。理顺政府间的财政支出划分，按照中央政府着眼于收入再分配和经济稳定等领域，地方政府着眼于社会管理、公共服务和基础设施等领域的方向，出台相关法律法规，进一步明晰中央和地方事权的责任划分。理顺政府间的收入划分，结合中国税制改革的方向，重新构建和完善中央税制体系和地方税制体系，加快推进生产型增值税向消费型增值税改革，降低地方政府为扩大税收而过度刺激投资的积极性。进一步归并和简化转移

支付体系，以各地公共产品和公共服务均等化为目标，加快形成以一般转移支付为主体，以专项拨款为扶助的政府间转移支付结构模式。大力推进省级以下的财政转移支付建设，尽快建立具有均等效果的、规范化的财政转移支付制度。理顺政府考核评价体系。转变对地方政府的考核方式，在考核体系中适当降低经济建设方面的权重，更多增加社会管理、公共服务以及公众满意度等内容，同时，建立健全科学合理的干部考核制度，改变地方政府官员的考核指标，按照科学发展观重新拟定地方政府官员的评价体系。

2. 推进产权制度和国有企业改革，强化企业和行业自律制度

加快产能过剩行业产权制度改革，塑造公平竞争的制度基础，确保不同所有制企业间公平的竞争环境。继续深化国有企业改革，有进有退地调整国有资本的行业布局和结构。继续减少公共设施部分以外的国有投资的规模与数量，在国有资本垄断的行业加快推进政企分开、政资分开，放宽民间资本进入限制，逐步实现民间资本、企业、社会投资基金对国家投资的替代，弱化政府直接投资项目的冲动；推进国有股转让、国有股上市流通、国有股变现和国有股退出的市场机制改革。拓展和深化国有大型企业股份制改革，以提高资源配置效率为标准，在竞争性行业加快推进以国有资本绝对控股为主要形式向绝对控股、参股、相对控股等多元化持股方式转变。加快企业改革，建立符合市场经济、权责明确、约束强劲的国有产权委托代理体制，增强国有企业市场竞争意识，规范市场竞争行为。

在尊重产权和竞争规则前提下，进一步强化企业和行业自律制度。给予企业比较完全的投资决策权，给予金融机构和金融市场比较充分的融资选择权。积极引导企业整合，加速行业内部"洗牌"，优化生产能力配置，通过合理的兼并重组和联合，建立现代企业制度，进一步提高企业市场风险意识和管理能力；进一步健全行业协会制度，强化协会对政府调控的助手作用。着重完善和更充分地发挥行业自律与监督机制，发挥行业协会在企业投资、经营决策方面的指导、协调和监督作用。加强行业规划，合理引导企业投资方向。

3. 加快资源要素市场化改革进程，健全金融信贷体系

深化资源要素市场机制改革。重点推进资源类产品价格改革，健全反映市场供求关系、资源稀缺程度的价格形成机制。特别是要调整和理顺土地、重要矿产资源、水资源等稀缺资源的价格关系，建立和完善生态环保补偿责任机制，使本应由企业承担、以前却由政府和社会承担的那部分成本，真正计入企业的投资和经营成本中，从而引导各类投资者和企业节约使用稀缺资源；继续加快能源产品市场化改革进程，加快推进煤炭资源税、电力和天然气价格改革进程，根据市场供求关系减少对工业的能源价格补贴。

强化有效的金融信贷体系建设。强化我国微观银行体系的基础，从长期来讲，要积极采取有效措施，大力发展地区性中小金融机构包括中小银行，尽快将已经开始的试点工作及相关鼓励政策落到实处，降低我国银行的集中度，不断改变银行等金融信贷资金过度集中于大企业和少数行业的局面；积极鼓励金融机构尤其是地区性中小金融机构更好地支持中小企业的发展，加大对中小企业贷款的支持力度，带动投资多样化、增加就业、改进收入分配结构，从而降低储蓄倾向、扩大内需；更加灵活地采取定向票据和准备金率等手段，适时调节信贷投资，同时，强化运用窗口指导、贷款条件审查和要求等相关措施，加强银行信贷执行产业准入标准的科学性、规范性。

4. 完善产业进入与退出政策，改进行业信息统计发布制度

制定和执行科学的产业准入政策。强化中央政府战略规划和行业管理标准职能，积极运用统一公平的技术、环保、质量等功能性监管标准，继续强化资源利用、能耗、环保、安全等具有社会外部性的指标在产能过剩行业管理中的应用。从节约能源资源、强化环境保护、社会安全等角度出发，结合建设完善法制社会进程，逐步过渡到主要通过法律手段实现环保排放安全等功能性监管要求。提高地方环保部门的相对独立性，加强环保政策执行的力度。同时，放松垄断行业管制与市场准入限制，完善各种所有制企业、大中小企业公平竞争的市场环境，防止借机为民营经济、中小企业的市场准入设置更多的不合理障碍，促进市场公平竞争。

建立规范的落后产能退出制度。审慎地运用技术、设备、规模等管理标准，在符合监管标准的前提下，尽量让微观企业主体根据自身条件和外部竞争环境，更加自主地选择适用的技术、装备及企业规模，并应防止脱离我国经济发展阶段的市场客观条件，片面追求高新技术工艺，把本来具有市场需求产品的生产能力看作落后产能并加以淘汰。完善部分产能过剩产业的退出援助制度。规范企业关闭破产或淘汰落后产能的程序，着力深化企业和社保体制等方面改革，建立落后产能退出的保障和补偿机制。当前，应尽快建立由中央财政、地方财政和企业三方共同出资的"落后产能退出专项资金"，实现对关闭破产企业的经济补偿和企业职工的妥善安置。尽快建立产业结构调整基金，主要用于对关停和淘汰落后钢铁生产能力所涉及的人员安置以及为其转产提供引导资金。

尽快改进产能等方面的信息统计工作，定期发布相关信息及专题研究成果，及时预警行业产能过剩风险。加强市场信息预警与引导，借鉴美国、日本等发达国家按照月度、年度公布小行业的详细产能利用数据的做法，定期统计和发布我国各行业产能规模、产能利用率水平等相关数据，帮助企业进行投资决策和引导信贷投向。定期向企业和社会发布行业生产、技术、市场、国际经济和政策发展动向等信息，引导行业健康、协调、有序发展。

5. 推进收入分配体制改革，调节长期总供需关系

长期而言，总供需关系的改善有利于降低部分行业领域的产能过剩风险。要创造一个良好的消费环境，扩大消费需求的同时调整消费结构。重点解决居民收入差距问题，增加就业，尤其是对农民工、中低收入阶层要特别关注，继续适时提高最低工资标准，增加居民尤其是中低收入阶层居民的实际收入；改革税制，防止收入差距的进一步扩大；健全社会保障体系，提高对中低收入阶层的社会保障水平，为广大人民群众提供一个能体面生活的社会环境。鼓励企业适当增加职工寿险、医疗保险等社会保障方面的长期投入；大力增加国有企业分红，并设立将国企分红转向社会保障、医疗和教育等公共服务投入的机制；积极尝试将上市公司部分国有股权划拨给社保基金等方式，让公众能分享公司部门的高收益；继续扩大政府公共服务方面的消费支出，降低国民储蓄率，如加大对教育、卫生方面的投入规模，增加对贫困地区的转移支付。

四、法律调控手段

市场经济是法制经济，从这一方面来讲，在治理产能过剩的过程中注重运用法律手段是个进步。

国家相关职能部门采取的主要法律措施是依法提高准入门槛，严格控制

审批权限，对新增项目产能规模的抑制起到了一定的作用，但企业和地方政府通过各种途径寻求达到准入标准的行为，使得这一手段发挥的效果大打折扣，更重要的是这种方式保护了已存在者，不利于企业之间公平竞争，无法实现优胜劣汰，不利于促进产业结构化升级。

此外，中国的法制建设仍然比较薄弱，法律手段虽然有强制力，但发挥的作用毕竟有限。再加上中国目前仍处于转型之中，在执法力度上，也存在"很好的经让和尚念歪了"的问题。最后，法律法规从开始讨论制定到最后出台需要较长的时间，作用在短时期内不会显现出来。

（1）依法淘汰落后设备

消除过剩生产能力的方法有很多，从理论上可以分为设备淘汰和企业退出两种方式。考虑到产能过剩的主要原因是生产设备能力过剩，因而废弃多余生产设备，是压缩过剩生产能力的一个有效办法；市场的竞争环境会使一部分企业主动退出，除此之外，政府可采取强制性措施对高能耗、高污染、高风险的落后企业进行关、停、转、并，使落后的过剩产能退出市场。

（2）依法管理新上马工程

依据有关法律规定，制定更加规范的环境、安全、能耗、资源综合利用以及质量、技术、规模等行业标准，提高企业的准入门槛。对在建和拟建工程要区别对待进行清理整顿；对不符合国家有关规划、产业政策、供地政策、环境保护、安全生产等市场准入条件的工程，依法停止建设；对拒不执行的单位，采取经济、法律和行政手段，并追究相关人员的责任。

（3）建立严格的投资风险责任追究制度

治理产能过剩应强化投资风险责任制。积极实行建设项目法人责任制，全面推行项目资本金制度，以规范投资主体的投资行为，加强风险责任约束。对于那些"拍脑袋上项目"，轻率地决定投资项目（包括政策性投资项目），从而造成投资的重大损失或投资失败的责任者（含申请者、审查者、批准者、执行者），应依法严加惩处。不允许他们再用"交学费"来逃避法律责任。

（4）依法破除诸侯经济

突破条块分割的体制，为跨地区跨部门的资产重组扫除障碍。条块分割，自成体系，人为分割市场，搞大而全、小而全的"诸侯经济"，是造成盲目投资，到处布点，重复建设，产能过剩的重要原因。对此，必须加快以政企分开为重点的体制改革，切实转变政府职能，充分认识地区、部门利益分割对整体经济利益的危害性，采取强有力的措施打破地方、部门保护主义壁垒。其中包括设立有关反垄断、反地方部门保护行为的法规；严禁地方、部门出台或实行与国家经济政策法规不一致的政策规定；强化税收征管，大幅度提高中央税收的比重，增强国家的宏观调控能力；强化对预算外资金的管理，使之纳入由人民代表大会监督的财政收支管理轨道；大幅度缩小地区、部门间的收入差别，严禁政府公务员从地方、部门利益中牟取私利等。

（5）完善相关法律法规体系

由于中国尚处于转型过程中，各方面的发展并不完全到位，在法律法规方面表现得尤为突出。因此，可以通过完善相关法律法规来治理产能过剩。譬如，通过立法明确要求各地提高职工的最低工资、医疗保险的水平和养老金标准，从而保护职工权益，刺激消费，这种做法同时可以增加企业生产成本，抑制过度投资。又如，可以通过制定法律法规来提高水资源和环境污染的收费和能源价格，在缓解环境污染恶化和能效过低问题时，通过增加企业生产成本来抑制过度投资，在一定程度上也可以缓解产能过剩。

（6）加大执法力度

中国之所以在很多行业出现产能过剩，原因之一在于相关职能部门执法力度不够。如果严格按照现行的各种标准对企业进行严格的检查，一些企业可能会因为成本的提高而使产品失去竞争力从而退出市场，原有企业也会因此在发展时更谨慎，重复建设也会有所减少，产能过剩的情况自然可以控制在萌芽状态。

第十章 我国制造业产能过剩改善发展的新契机——"一带一路"

产能过剩是妨碍我国经济可持续发展的重要阻力，当前国内和国际大环境下，"一带一路"战略的提出和亚投行成立为我国通过对外投资方式化解产能过剩提供了良好的契机。本部分进行我国过剩产能投资"一带一路"的可行性研究，主要从沿线区域的经济社会发展状况、我国投资"一带一路"的区域选择以及对外投资的优势三方面着手，综合分析我国过剩产能对外投资的可行性。

第一节 "一带一路"沿线国家产业概况

"一带一路"战略包括"丝绸之路经济带战略"和"21世纪海上丝绸之路经济带战略"两个相关欧亚大陆经济整合的大战略。从活跃的东亚经济圈至发达的欧洲经济圈，涵盖东南亚经济整合、东北亚经济整合，并最终融合在一起通向欧洲，形成欧亚大陆经济整合的大趋势，具有巨大的经济发展潜力。"一带一路"沿线区域涉及中亚、南亚、东南亚、西亚北非、中东欧和其他独联体等区域共60多个国家，下面对各个区域的经济社会发展状况进行浅析。

一、中亚

2005年中国与哈萨克斯坦建立"战略伙伴关系"，又升级为"全面战略伙伴关系"。此后，中国也分别与中亚其他国家建立友好关系，为深化双边互利合作关系奠定了坚实的基础。中亚各国经济发展主要依靠能源、大宗原料商品和外来汇款，经济结构单一，基础设施落后，其轻工业、农业和机电等行业基础薄弱，庞大的人口数量使其对这些商品的需求旺盛。以哈萨克斯坦为例，其农业长期处于落后的状态且束缚了大量劳动力，严重制约了制造业和服务业的发展；产业结构单一，仍以石油开采、粮食种植和有色金属开采为主；在工业内部采掘业和能源发展很快，其他工业没有得到相应发展，结构严重不协调。

二、南亚

南亚大多数国家仍处于工业化初期阶段，工业占GDP的比重较低但已经超过农业占比，农业和服务业在经济中比重相对较高。重要人口大国人均GDP相对较低，劳动力成本具有潜在优势，发展劳动密集型产业的空间较大。

以印度和巴基斯坦为典型进行说明，近年来，印度经济增速一直维持在5%左右的低水平，2014年有所上升达到6.9%。政府财政赤字居高不下，通胀高位运行，2013年底时曾一度高达15%，但2014年有所放缓。目前，印度产业结构中一产占20%，二产占22%，三产占58%，这种以服务业（仅有软件和外包服务业）为龙头、制造业和传统服务业长期跟不上经济发展的产业发展模式，并不能说明印度已经实现了工业化。印度人口众多，国内需求旺盛，欠发达的农业和制造业成为制约其经济发展的根源，国内农产品和制造业产品难以满足人民需求，必然导致物价上升，进口增加和政府补贴加重，是导致财政赤字过高和通胀的根本原因。

巴基斯坦长期以来一直是中国的友好邻邦，是世界第六大人口国，是连接亚洲其他区域的必经之地。其经济结构同印度相似，农业在国民经济中占比相对较高，工业占比不高，服务业过早居于经济主导地位。具体说来，2013年巴基斯坦农业产值占21%，工业占20.8%，服务业占58.1%。在工业部门内，重工业和基础工业不发达，高科技产业较少。工业产品主要以纺织、食品为主，石化产品、钢铁、冶金、重型机械、化工等行业规模极小，有的甚至不存在。就服务业看，高水平行业比重不高，主要以批发零售、运输和仓储为主，金融、保险、教育、科技、商务等比重低。基础设施薄弱，电力、天然气短缺严重，限制了其他产业的发展，债务负担重。

三、东南亚

东南亚国家是中国的友好邻邦，其国家经济发展状况相似。就农业发展而言，稻米生产在各国农业中占重要地位，其中泰国、印尼和马来西亚是世界天然橡胶和棕榈油的产量大国和主要出口国。工业尤其是制造业占 GDP 和就业比重迅速提高，其中传统制造业地位逐渐下降，新兴制造业如电子信息、石化、汽车等行业发展较快。在服务业内部，传统服务业比重下降，现代服务业比重不断提高，金融业和旅游等行业发展尤其迅猛。

四、独联体国家

这里主要以俄罗斯、白俄罗斯和乌克兰三个国家为代表进行阐述。三国都是典型的资源型国家，经济结构不合理。具体说来，俄罗斯石油、天然气、煤炭和木材等资源丰富，是全球重要的能源战略市场和拥有巨大战略价值的过境运输国家；经济发展长期依赖石油和天然气收入，投资水平和劳动生产率水平较低。乌克兰是除俄罗斯外欧洲领土面积最大的国家，海上陆上交通便捷，具有较大的区位优势；煤炭、铁矿石、锰矿石含量和产量居欧洲前列，是世界钢材和金属出口大国；工业基础雄厚、在高端技术和科研资源方面存在明显优势。白俄罗斯农业较发达；重工业基础较好，资源投向侧重重工业、能源工业和军事工业；轻工业产品贸易逆差严重。

五、西亚北非

该地区经济发展呈现两极化态势，涵盖的国家主要分为两类，一类是OPEC 成员国，以石油为命脉，建筑、商业、制造、运输等行业以石油为存在的基础。这些国家利用巨额的石油收入，建设道路、港口、住宅、电信等基础设施，其农业、制造业发展薄弱，本国劳动力资源不足，大量外来工人在当地务工；单一经济结构使国家经济发展很容易受国际市场尤其是国际能源市场的影响。第二类是非 OPEC 国家，经济发展主要以农牧业为主，采矿业、加工业基础薄弱。

六、中东欧

在 20 世纪 90 年代经历了转型后，中东欧大部分国家实现了社会稳定，经济发展繁荣。中东欧地区处于特殊的地理位置，不仅是欧洲的东部门户，而且已深入参与到欧洲一体化进程中。中东欧 16 国已有 11 个国家成功加入欧盟，其余 5 个国家也在积极争取要求加入。中东欧 16 国拥有 1.3 亿多人口，2012 年中东欧人均 GDP 超过 10 000 美元，达到 11 400 美元。该地区消费市场巨大，经济发展主要依靠农业、冶金采矿业以及高科技产业等。

第二节 过剩产能投资"一带一路"的区域选择

由于数据的可得性，"一带一路"沿线国家对钢铁、水泥、平板玻璃、电解铝和船舶的具体需求数量无法获得，本文以进口额与出口额之间的差额即净进口额（或净出口额）来衡量一个国家或地区相关资源的稀缺与富足情况，以便分析我国过剩产能对外投资的区域选择，初步确定我国过剩产能对外投资的可能性。

一、钢铁

哈萨克斯坦是中亚地区的钢铁出口大国，年均净出口数额达 2 935 757 919 美元，其他四国均为钢铁的净进口国家，且净进口数额远小于哈萨克斯坦的净出口数额，即中亚地区总体来说钢铁并不稀缺。东南亚 11 国近年来均为钢铁的净进口国家，其中泰国、印度尼西亚净进口额较大，近三年净进口额平均为 11 176 573 431 美元和 8 457 094 445 美元。南亚 8 国是重要的钢铁净进口国家，其中印度、巴基斯坦年均净进口额分别为 2 721 598 629 美元、1 951 851 388 美元。西亚北非 16 国中除卡塔尔和巴林两国分别有年均 583 253 438 美元、148 083 438 美元的钢铁净出口外，其余国家均为钢铁净进口，且需求量相当庞大，需求量最大的土耳其年均净进口额 8 475 357 728 美元。中东欧 16 国除斯洛伐克、波黑、拉脱维亚为钢铁的净出口国家外,其年均净出口额分别为 1 623 438 099 美元、121 744 346 美元和 17 288 991 美元,其余国家均为钢铁净进口国家,排在前两位的是波兰和捷克,平均净进口额达 2 948 058 926 美元、1 479 665 615 美元。独联体其他 6 国加俄罗斯,除白俄罗斯和阿塞拜疆为净进口国家外,其余均为钢铁净出口国家,其中俄罗斯和乌克兰年均净出口额高达 15 191 739 852 美元和 12 242 010 923 美元。

因此,我国过剩的钢铁行业投资"一带一路"的区位选择应为东南亚、南亚、西亚北非和中东欧地区。

二、船舶

哈萨克斯坦为船舶的净出口国家,近 3 年平均出口额约 4 117 3405 美元。东南亚 11 国除越南和新加坡近三年平均净出口额为 762 177 375 美元和 744 950 153 美元,其他国家均为船舶的净进口国家。其中泰国年均净进口额最大,为 894 754 494 美元。南亚 8 国是船舶的净进口国,其中印度和巴基斯坦的净进口额较大,年均达到 1 926 074 036 美元和 699 049 398 美元。西亚北非 16 国除土耳其有 288 506 002 美元,巴林有 24 238 438 美元的年均净出口额外,其余国家几乎全是船舶的净进口国家,且整体看来净进口额大于净出口额。中东欧 16 国中近三年平均净进口额除黑山为 20 935 690 美元、立陶宛 79 899 653 美元、波黑为 66 712 美元、保加利亚为 7 649 836 美元外,其他国家均为船舶净出口,近三年平均净出口额波兰为 1 101 709 477 美元,罗马尼亚 1 101 160 330 美元,中东欧国家总体上船舶是出口的。独联体其他 6 国以及俄罗斯中,除俄罗斯外,均为船舶的净进口国家。俄罗斯 2012—2013 年年均净出口额为 506 822 202 美元,远高于该地区其他国家的净进口额。

我国船舶行业应主要向南亚、东南亚和西亚北非地区进行投资。

三、电解铝

哈萨克斯坦是铝及其制品净出口国家,年均净出口额为 234 582 274 美元。东南亚 11 国均为铝及其制品的净进口国家,泰国年均净进口额高达 1 773 021 170 美元,印度尼西亚为 1 069 669 417 美元,越南为 1 064 243 518

美元。南亚 8 国为铝及其制品净进口国家，印度年均净进口数额为
1 190 111 555 美元，巴基斯坦为 177 305 882 美元。西亚北非 16 国中，巴林和
卡塔尔是典型的铝及其制品的净出口大国，年均净出口额分别为 2 525 358 270
美元、2 521 638 036 美元，阿曼年均净出口额为 663 836 880 美元。除此之外
的国家均为铝及其制品的净进口国家，沙特阿拉伯是该地区最大的净进口国
家，平均净进口额达 1 488 686 036 美元。中东欧 16 国中，罗马尼亚、斯洛伐
克、斯洛文尼亚、波黑和黑山近三年为铝及其制品的净出口国，但净出口数额
远远小于波兰等国家的净进口金额。俄罗斯是世界铝及其制品的较大净出口国
家，2012—2013 年年均净出口额高达 5 434 548 464 美元，其他独联体 6 国除
阿塞拜疆、亚美尼亚有少量净出口外，其余均为净进口国家，其净进口额远远
小于俄罗斯的净出口额。

我国电解铝行业对外直接投资的地区应为东南亚、南亚和中东欧地区。

四、平板玻璃

哈萨克斯坦是玻璃及其制品的净进口国家，近三年来平均净进口额约
331 992 591 美元。东南亚 11 国中，马来西亚和越南是主要的玻璃出口国，但
出口规模相比而言并不大，年均出口额分别为 41 499 010 美元和 66 154 333
美元。泰国和新加坡是重要的玻璃净进口国家，近三年年均净进口额分别达
144 415 089 美元、609 815 106 美元。南亚 8 国均为玻璃及其制品的净进口
国家，印度和巴基斯坦年均净进口数额分别为 118 592 292 美元和 69 920 749
美元，是该地区主要的进口国。土耳其和埃及是西亚北非 16 国中玻璃及其
制品的净出口国家，年均净出口额分别为 225 145 984 美元、187 330 300 美
元。其他均为净进口国，沙特阿拉伯为该地区最大的净进口国家，年均净进
口额约为 354 055 578 美元。中东欧 16 国中，罗马尼亚、立陶宛、斯洛文尼
亚、塞尔维亚、波黑和黑山 6 国为净进口国，罗马尼亚年均净进口额最大为
213 475 627 美元，其他国家均为玻璃及其制品的净出口国家，其中净出口量
最大的国家捷克近三年平均为 1 036 440 689 美元。独联体其他 6 国及俄罗斯
中除白俄罗斯有年均 43 841 033 美元的净出口额外，其余国家均为净进口，
俄罗斯年均净进口额 689 669 029 美元，乌克兰为 239 298 157 美元。

中亚、东南亚、南亚、西亚北非、俄罗斯及几个独联体国家是玻璃及其制品的主要净进口国家，因此我国平板玻璃行业可选择这些地区进行投资。

五、水泥

由于从现有的统计数据中无法单独准确地获得世界各国水泥的进出口金额，因此以贸发会议数据库中石膏、水泥、石棉或类似材料的进出口额来替代水泥的进出口额进行分析。

哈萨克斯坦是水泥等类似材料的净进口国家，近三年年均净进口量约275 354 481美元。东南亚11国中泰国和马来西亚是净出口国，净进口量平均约为151 886 042美元和353 843 367美元。其余国家几乎全部为净进口，新加坡净进口额最多，平均为527 164 741美元，其次为印度尼西亚165 200 544美元。南亚8国中印度是唯一的净出口国家，平均净出口额达875 521 548美元，远远高于该地区其他国家的净进口额。西亚北非16国中土耳其和以色列、埃及为净出口国家，年均净出口额分别为783 347 196美元、26 104 000美元、168 228 771美元。其余国家均为净进口国家，沙特阿拉伯、卡塔尔和科威特净进口额较大，年均分别为358 942 476美元、423 804 662美元和159 188 726美元。中东欧16国中，波兰、斯洛文尼亚和捷克是净出口额相对较大的国家，其中波兰年均为410 853 692美元。罗马尼亚是净进口额较大的国家，净进口额年均为196 251 607美元。独联体其他6国及俄罗斯中，仅白俄罗斯为净出口国家且规模不大，年均净出口额为53 692 200美元，俄罗斯、乌克兰为较大的净进口国家，年均净进口额分别为847 042 131美元和181 462 770美元。

由上述分析可知，我国水泥行业投资"一带一路"可以选择的区域有中亚、东南亚、西亚北非、俄罗斯及几个独联体国家。

六、"一带一路"沿线区域产能缺口

基于现有的可得数据，对"一带一路"沿线区域各个国家近三年净进（出）口额的平均值进行加总，确定该地区是钢铁、船舶、电解铝、平板玻璃、水泥的净进口地区还是净出口地区，选择净进口的地区进行投资。确定其净进口的数额，进而分析投资"一带一路"沿线区域对于化解我国产能过剩的可能性。根据计算得到如下结果（如表 10-1）。

表 10-1 "一带一路"沿线区域对我国过剩产能的净进口量汇总（美元）

地 区	钢 铁	船 舶	电解铝	平板玻璃	水 泥
中亚				344 622 450	282 237 701
东南亚	31 890 263 643	276 127 219	4 809 418 010	670 592 896	269 111 890
南亚	7 472 685 620	3 906 119 376	1 700 197 573	314 950 253	
西亚北非	28 834 573 474	792 635 774		179 501 112	168 353 047
中东欧	5 066 968 330		859 501 596		
俄罗斯及独联体国家				1 056 086 262	1 112 563 891
合计	73 264 491 067	4 974 882 369	7 369 117 179	2 565 752 983	1 832 266 529

在一定的价格水平下，"一带一路"沿线的各区域中，东南亚是钢铁和电解铝缺口最大的区域，俄罗斯及几个独联体国家是平板玻璃和水泥缺口最大的区域，南亚是船舶缺口最大的区域。

就国内产业过剩情况来看，基于可以查到的数据，2014 年钢铁行业过剩为 2.77 亿吨，水泥行业过剩为 11 亿吨，2013 年平板玻璃行业过剩为 4.7 亿吨，2012 年电解铝过剩 700 万吨，船舶过剩 2 000 万载重吨。从数量上看，"一带一路"沿线各区域钢铁、水泥、平板玻璃、船舶、电解铝的缺口远大于我国的过剩量，我国能够通过将过剩产能投资"一带一路"来化解国内产能过剩这一矛盾。

第三节　过剩产能投资"一带一路"的优势

由于相关资料的可得性，本部分主要从成本优势、技术优势以及产业链优势三个层面分析我国过剩产能投资"一带一路"的优势，以进一步确定对外投资的可行性。

一、成本优势

本小节试图从原材料成本、用工成本、税收成本以及融资成本四个方面着手进行分析我国过剩产能投资"一带一路"沿线国家的成本优势。但由于某些方面的资料及数据难以获得，故只能对其进行简单的定量分析，以期能够说明问题。

1. 原材料成本

由于无法查得"一带一路"沿线各个国家具体的材料价格，本文用相关产品国际贸易的一般价格来大致比较一下。钢铁方面，其主要原材料铁矿石在国内靠大量进口，且从国外进口铁矿石价格远低于国产铁矿石价格，2015年1月进口铁矿石与国产铁矿石价格分别为500.1元/吨、594.5元/吨，12月价格分别为338.1元/吨和476.0元/吨。"一带一路"沿线区域蕴含着丰富的矿石资源，其较低的价格可使得我国钢铁企业对外投资具有成本上的优势。船舶方面，由于钢铁是其主要原材料之一，钢铁成本上的优势使得船舶企业对外转移产能亦具有一定优势。电解铝的主要原材料为氧化铝，根据中国铝业股份有限公司的相关资料，2014年中国市场氧化铝价格2 700～3 300人民币/吨，全球市场氧化铝一般价格350～430美元/吨，我国电解铝对外投资也具有一定原材料成本上的优势。此外，水泥的主要原材料为石灰石，平板玻璃的主要原材料为石英砂、纯碱、石灰石，这些原材料的国际价格难以查得，但由于沿线国家矿产资源十分丰富，因此石灰石、石英砂等材料容易获得且成本不高的可能性较大。总的来说，我国过剩产能投资"一带一路"在原材料成本上具有一定的优势。

此外，《中国对外投资合作发展报告》中以钢铁企业为例指出要支持其通过股权投资形式参股境外矿山，稳步推进具有成本优势的海外权益铁矿资源开发。支持有条件的企业集团或者联合体采用独资、合资等多种方式，建立矿产资源境外生产供应基地。这也不失为降低我国对外投资原材料成本的一种好办法。

2. 用工成本

在衡量我国过剩产能投资"一带一路"沿线国家的用工成本时，本欲用沿线国家人均工资水平这一指标来衡量，但国外相关数据无法查得，故采用人均国民收入（GNI）这一指标作为替代进行分析。根据世界银行的统计数据，2014年我国人均国民收入为7 400美元。分地区来看，"一带一路"沿线东南亚国家除新加坡和马来西亚以外，其余国家的人均国民收入均低于中国，主要国家越南、泰国、缅甸、菲律宾、柬埔寨、老挝、印尼分别为1 890美元、5 780美元、1 270美元、3 500美元、1 020美元、1 660美元和3 630美元；俄罗斯人均水平高于中国，其他独联体国家水平低于中国或与中国水平相当，乌克兰、白俄罗斯、格鲁吉亚、阿塞拜疆、亚美尼亚人均GNI分别为3 560美元、7 340美元、4 490美元、7 600美元和4 020美元；南亚国家人均国民收入普遍较低，主要国家印度、巴基斯坦、孟加拉国、斯里兰卡、尼泊尔的水平分别为1 570美元、1 400美元、1 080美元、3 440美元、730美元；中亚地区哈萨克斯坦的人均GNI为11 850美元高于中国，其他国家均低于中国水平；西亚北非国家中伊朗、埃及、伊拉克、约旦、也门等国家低于中国水平；中东欧中除阿尔巴尼亚、塞尔维亚、马其顿和波黑外，其他国家水平均高于中国。

综上所述可以看出，在将过剩产能投资"一带一路"的过程中，我国在东南亚、南亚、中亚、独联体以及部分西亚北非国家都具有用工成本优势。

3. 税收成本

在"一带一路"沿线64个国家中，中国现已与53个国家签署了税收协定，并对其中7个早年签署的协定进行了全面或部分修订。所谓税收协定，又称避免双重征税协定，投资国和被投资国通过签订税收协定来分配跨国经营及投资所得的征税权，开展税务合作，磋商解决涉税争议。税收协定通过降低所得来源国税率或提高征税门槛，来限制其按照国内税收法律征税的权利，同时规定居民国对国外已纳税所得给予税收抵免，进而实现避免双重征税的目的。除了税收协定的谈判签订，我国国内一些具体的税收政策也有望调整，进一步减轻企业负担，鼓励企业投资"一带一路"沿线国家。

除此之外，"一带一路"沿线大多数国家在引进外资方面也有相应的税收优惠政策。其中包括：菲律宾对新注册的钢铁、水泥等传统企业免交 4 年所得税；扩建和升级改造项目免税期为 3 年，如项目位于欠发达地区，免税期为 6 年。印尼对于钢铁、纺织、化工、机床等 22 个行业的新设企业给予 3 到 5 年的所得税免征；若投资项目雇佣工人超过 2 000 人或投资额不少于 2 亿美元，则增加 1 年优惠。马来西亚陆续推出五大经济发展走廊，投资该地区的企业可申请 5 ~ 10 年免缴所得税。印度对于投资于印度东北部各邦等相对落后地区依各邦不同可享 10 年免税、设备进口免税等；企业在特殊经济区的投资，前 5 年的利润所得可获得 100% 的利润免税优惠，第 6 ~ 10 年可得到 50% 的利润免税优惠，第 11 ~ 15 年可得到 50% 的再投资所得盈利的免税优惠。巴基斯坦对制造业以及基础设施 / 社会领域企业投资税收优惠 25%。哈萨克斯坦在税收问题上，无本国、外国投资者之分，所有投资者均享受同一税收特惠，允许投资者在三年内均等地或是一次性地从企业所得税中扣除投资者当初投入到生产用房产、机械设备上的资金。俄罗斯政府鼓励的优先发展领域大多是传统产业，建材、煤炭、建筑等制造业，外商投资占项目总投资的 30% 以上，投资额不低于 1 000 万美元，前两年免交利润税，第三年交 40% 的利润税，第四年缴纳 50% 的利润税。白俄罗斯只在利润税方面有一定优惠，即外资占 30% 以上的合资及独资企业自获利之时起 3 年内免征利润税；若企业生产的产品符合该国产业发展需要，则在上述 3 年优惠期后再减半征收利润税 3 年。埃及根据投资法建立的项目，在企业投产或经营后的 1 ~ 5 年内根据情况免征商业、工业收入所得税或资产公司的利润税；免征公司或企业利润税、投资人受益税等。

因此，在将我国过剩产能对外转移的过程中，企业能够在税收方面享受一定的优惠，这就在一定程度上减轻了企业的成本负担，能够增加企业对外投资的利润水平。

4.融资成本

为推进"一带一路"建设，加强我国过剩产能对外直接投资，开展国际产能合作，我国多部门纷纷出台金融支持政策，降低企业融资成本。银监会在推动银行业可持续和风险可控的前提下，支持国家"一带一路"建设；督促银行业加强金融服务，特别是开发性金融机构和政策性金融机构加强和改善金融服务，降低对外直接投资企业的融资成本。保监会研究探索建立保险行业投资基金，利用债券投资计划、股权投资计划等方式，支持"一带一路"沿线重大项目建设；鼓励保险公司参与"一带一路"沿线国家基础设施建设和产业投资；鼓励保险公司通过投资企业股权、债券、基金、资产支持计划等多重方式，在风险可控的前提下，为"一带一路"相关企业提供资金支持；推动中资保险机构在"一带一路"沿线国家设立营业机构，为中国企业在当地投资项目提供保险保障。此外，对外直接投资的企业还可以以本国或者被投资国的名义申请国际援助，享受亚投行和"丝路资金"以及被投资国的一些资金支持。

相关措施的出台为我国企业将过剩产能转移至"一带一路"沿线国家提供了强力的政策支持，从某种程度上减少了企业对外投资的风险和不确定性，降低了企业融资的成本和难度，使企业有更大的动力向"一带一路"沿线国家转移国内的过剩产能。

二、技术优势

以钢铁行业为例进行技术分析。2014年，优势钢铁企业国际化经营进程加快，纷纷赴海外投资、建厂，如武钢集团、宝钢集团、首钢集团、天津钢管、青山不锈、四川罕王等公司。钢铁行业对外投资大多集中在上游矿产资源开发环节，以鞍钢、首钢为代表的龙头企业，在澳大利亚、马来西亚等铁矿石资源丰富地区建立了资源基地。中游冶炼环节对外投资相对较少，目前在东南亚、非洲等地建厂。中国的炼钢技术参差不齐，但某些大型国有企业，尤其是已经对外直接投资多年的宝钢、武钢、鞍钢等大型国有企业在探矿、选矿、热工、环保、耐火材料、工程设计等领域，有较强的科技研发实力和成果转化能力；在入炉焦比、燃料比、喷煤比和热风温度等炼钢技术水平方面已经达到国际领先水平。总之，在设计理念、工艺流程、设备规模、产品质量、能源消耗等各方面都具备一定优势。加之"一带一路"沿线国家多为发展水平相对落后的国家，我国钢铁行业在当地具备相当的技术优势，我们应该鼓励有实力的大型企业开展对外直接投资。

事实上，在国内已经出现产能严重过剩的钢铁、水泥、平板玻璃、船舶等领域的许多大型企业早已在海外进行投资布局，其技术水平较先进，在世界范围内相对成熟，现在面临的已经不是技术上的问题，而是如何充分发挥自身优势化解产能严重过剩的问题，"一带一路"战略的提出无疑为其通过对外投资方式化解产能过剩提供了良好的机遇。

三、产业链优势

"一带一路"战略重点针对的是沿线国家基础设施和通信建设，沿线国家应协同合作建设国际骨干通道，在道路、港口、桥梁和机场等基础设施建设方面加强合作。我国在国外承建高铁、高速公路、水电/核电站等基础设施工程时，必然将拉动对上游钢铁、水泥、平板玻璃等材料的需求，因此将我国过剩产能转移至"一带一路"沿线国家可能具有产业链上的优势。以高铁为例，我国拥有国际上较高端的高铁技术，制造成本与沿线国家相比也占有优势，先后与印尼签署60亿美元的高铁项目、在非洲签下55亿美元合同并拟向首条俄罗斯高铁投资320亿元等，我国对"一带一路"沿线国家投资高铁项目，将增加沿线国家钢铁、水泥等基本原材料的需求，而这些国家本身是钢铁的净进口国家，国内钢铁资源匮乏。若将我国过剩的产能转移至这些国家，将形成上下游的产业链优势，既满足了沿线国家的需求，又化解了我国国内的产能过剩问题。

《中国对外投资合作发展报告》中以钢铁行业为例指出应加强与"一带一路"沿线国家产业协作，指导企业组成由投资方、金融机构、施工企业、大型设备生产商和运营商等多方参与的联合体，抱团"走出去"，以成套设备出口、投资并购、承包工程等方式，在资源条件好、配套能力强、市场潜力大的重点国家建设炼铁、炼钢、钢材等生产基地，向上下游全产业链延伸。若此举得以实现，将使我国过剩产能在"一带一路"沿线国家的投资结构更加健全、产业链优势更加完备，从某种程度上来讲，这种产业链优势能够加速我国产能在国外的消化过程。

此外，笔者认为，我国过剩产能投资"一带一路"沿线国家是可行的还因为我们对外投资并不是不加区分、一哄而上地进行，我们鼓励有条件的企业对外直接投资。为化解国内产能严重过剩的局面，政府可以对企业实行优惠政策减轻初期企业对外直接投资的负担，为企业走出去创造条件。至于对外直接投资的主体选择，国家可以鼓励规模大、成本低、有经验、技术水平高等对外投资有优势的企业进行投资；企业还可以选择区域，在"一带一路"沿线选取自己有优势的国家进行投资。《中国对外投资合作发展报告》中提及，结合资源供给和市场需求就地新建钢铁企业的合作方式已初见成效。青山集团印尼青山工业园区正在建设，主要以不锈钢产业链为主导，从上游矿产开发、镍铁冶炼到不锈钢冶炼及不锈钢制品加工等打造整个产业聚群；昆钢与越南钢铁公司各持 45% 股份合资建设的年产 50 万吨钢厂投产等，这些企业的成功经验对我国过剩产能对外转移起到了良好的示范带头作用。

《2014 年度中国对外直接投资统计公报》显示，我国产能过剩行业中的大型国有企业中国中钢、首钢、宝钢、中国铝业、中国船舶等 2014 年对外直接投资存量在中国排名前 100 强。这些大型国有企业拥有较低的成本和较高的技术水平，同时也是国内产能严重过剩的主体，有相关对外直接投资的经验，国家也可以给予优惠政策并鼓励这些企业加大对外直接投资的规模和力度，将国内过剩的产能转移至"一带一路"沿线国家消化。综上所述，本文认为，将我国过剩产能投资"一带一路"沿线国家是可行的。

四、过剩产能转移对被投资国的影响

1. 促进被投资国经济社会发展

（1）促进被投资国工业化进程

"一带一路"战略沿途贯通东南亚、南亚、中亚、西亚几大区域并延伸至中东欧部分国家，沿线大多是发展中国家和新兴经济体，普遍处于工业化发展的上升期，对发展经济和改善民生有着迫切的需求，对在我国国内过剩的钢铁、船舶、电解铝等的需求量较大。将我国过剩产能对外投资，有利于加大被投资国工业特别是制造业产值在其国民收入中所占的比重，增大工业就业人数占总就业人数的比重，加快推动该地区工业化进程，为实现现代化提供有利条件。

（2）降低被投资国相关产业发展的成本

将我国过剩产能投资于其稀缺的地区，有利于降低该地区相关产业发展的成本。我国过剩的钢铁、船舶、平板玻璃等行业的技术水平相对其他发展中国家较成熟，技术人员的专业化水平高，产品质量相对也较高。将其对外投资，不仅能够满足当地相关产业发展的需求，而且能够大大降低其相关产业发展的成本，避免其初期发展摸索阶段不必要的成本损耗。同时，该地区对相关产业的需求大部分能够由国内提供，能够降低该地区对外进口数额，从某种程度上也能降低进口的成本。

（3）促进经济发展和增加就业

通过对外直接投资方式帮助产业基础薄弱的国家和地区完善了工业体系，推动了东道国经济的发展和繁荣，促进了当地就业，充分践行了"互利共赢""惠及当地"的原则和宗旨。2014年中国境外企业向投资所在国缴纳各种税金总计192亿美元，创造186万个就业岗位，其中雇佣当地员工83.3万人，为当地经济发展做出了积极贡献。

2. 可能对被投资国产生的负面效应

当然，在将我国过剩产能转移至被投资国的过程中，不可避免地可能会对被投资国的生态环境等方面产生一定的负面影响。我国应坚持绿色及可持续发展理念，尽量降低对被投资国环境污染等负面效应。此外，因为我国企业在钢铁、水泥和船舶等行业技术水平较高，若不能合理地对被投资国转移和扩散技术，将我国过剩产能对外直接投资可能会压抑被投资国相关企业的发展，造成当地企业经营困难。

参考文献

[1] 植草益（日）著 . 锁箭译 . 日本的产业组织 [M]. 北京 : 经济管理出版社 , 2000.

[2] 科尔奈 . 短缺经济学 [M]. 北京 : 北京经济科学出版社 , 1986.

[3] 曹建海 , 江飞涛 . 中国工业投资中的重复建设与产能过剩问题研究 [M]. 北京 : 经济管理出版社 , 2010.

[4] 李江涛 . 产能过剩——问题、理论及治理机制 [M]. 北京 : 中国财政经济出版社 , 2006.

[5] 国务院发展研究中心《进一步化解产能过剩的政策研究》课题组 , 赵昌文 , 许召元 , 袁东 , 廖博 . 当前我国产能过剩的特征、风险及对策研究——基于实地调研及微观数据的分析 [J]. 管理世界 , 2015, (04): 1–10.

[6] 干春晖 , 邹俊 , 王健 . 地方官员任期、企业资源获取与产能过剩 [J]. 中国工业经济 , 2015.

[7] 程俊杰 . 转型时期中国产能过剩测度及成因的地区差异 [J]. 经济学家 , 2015.

[8] 徐朝阳 , 周念利 . 市场结构内生变迁与产能过剩治理 [J]. 经济研究 , 2015.

[9] 王辉 , 张月友 . 战略性新兴产业存在产能过剩吗 ?——以中国光伏产业为例 [J]. 产业经济研究 , 2015.

[10] 江飞涛 , 耿强 , 吕大国 , 李晓萍 . 地区竞争、体制扭曲与产能过剩的形成机理 [J]. 中国工业经济 , 2012.

[11] 朱利 . 光伏产业产能过剩问题研究 [D]. 中国社会科学院研究生院 , 2012.

[12] 王磊 . 我国工业产能过剩的测度及其与宏观经济波动关系的实证研究 [D]. 西南财经大学 , 2012.

[13] 韩国高 , 高铁梅 , 王立国 , 齐鹰飞 , 王晓姝 . 中国制造业产能过剩的测度、波动及成因研究 [J]. 经济研究 , 2011.

[14] 么赛 . 我国钢铁行业产能过剩形成机理研究 [D]. 兰州商学院 , 2014.

[15] 张言方. 我国煤炭产能过剩的形成机理及调控对策研究 [D]. 中国矿业大学，2014.

[16] 单丹. 地方政府竞争与产能过剩的理论与实证分析 [D]. 浙江大学，2014.

[17] 吴治鹏. 要素价格扭曲对工业产能过剩的影响研究 [D]. 大连理工大学，2014.

[18] 孙海旺. 产业生命周期下的我国产能过剩的形成机制及其治理 [D]. 上海社会科学院，2014.

[19] 张舒正. 钢铁行业产能过剩企业投资行为研究 [D]. 西南财经大学，2014.

[20] 钟春平，潘黎. "产能过剩"的误区——产能利用率及产能过剩的进展、争议及现实判断 [J]. 经济学动态，2014.

[21] 赵倩男. 宏观经济波动对我国水泥行业产能过剩程度的影响分析 [D]. 西南财经大学，2014.

[22] 徐圣. 我国钢铁业产能过剩成因与对策分析 [D]. 湖南大学，2014.

[23] 于立，张杰. 中国产能过剩的根本成因与出路：非市场因素及其三步走战略 [J]. 改革，2014.

[24] 杨振. 激励扭曲视角下的产能过剩形成机制及其治理研究 [J]. 经济学家，2013.

[25] 冯梅，陈鹏. 中国钢铁产业产能过剩程度的量化分析与预警 [J]. 中国软科学，2013.

[26] 吴家靖. 产能过剩背景下安徽钢铁产业升级路径研究 [D]. 安徽大学，2014.

[27] 谢乐乐. 浙江制造业产能过剩的测度、成因及对策 [D]. 浙江工商大学，2012.

[28] 姜璐. 政府投资、产能过剩与经济发展方式转变 [D]. 东北财经大学，2012.

[29] 范林凯，李晓萍，应珊珊. 渐进式改革背景下产能过剩的现实基础与形成机理 [J]. 中国工业经济，2015.

[30] 刘航，孙早. 城镇化动因扭曲与制造业产能过剩——基于 2001—2012 年中国省级面板数据的经验分析 [J]. 中国工业经济，2014.

[31] 王立国，高越青. 建立和完善市场退出机制有效化解产能过剩 [J]. 宏观经济研究，2014, (10): 8–21.

[32] 王文甫，明娟，岳超云. 企业规模、地方政府干预与产能过剩 [J]. 管理世界，2014.

[33] 李秀苑. 中国造船业产能过剩及其预警研究 [D]. 江苏科技大学，2014.

[34] 杨莹.新兴产业产能过剩问题研究 [D]. 天津商业大学 , 2011.

[35] 赵颖.产能过剩的定量测算及其与宏观经济的相关性研究 [D]. 安徽大学 , 2011.

[36] 何彬.基于窖藏行为的产能过剩形成机理及其波动性特征研究 [D]. 吉林大学 , 2008.

[37] 江飞涛.中国钢铁工业产能过剩问题研究 [D]. 中南大学 , 2008.

[38] 张红松.产业升级、不完全信息和产能过剩 [D]. 北京大学 , 2008.

[39] 杨振兵 , 张诚.中国工业部门产能过剩的测度与影响因素分析 [J]. 南开经济研究 , 2015.

[40] 程俊杰 , 刘志彪.产能过剩、要素扭曲与经济波动——来自制造业的经验证据 [J]. 经济学家 , 2015.

[41] 余东华 , 吕逸楠.政府不当干预与战略性新兴产业产能过剩——以中国光伏产业为例 [J]. 中国工业经济 , 2015.

[42] 程俊杰.中国转型时期产业政策与产能过剩——基于制造业面板数据的实证研究 [J]. 财经研究 , 2015, (08): 131–144.

[43] 王立国 , 鞠蕾.光伏产业产能过剩根源与对策找寻 [J]. 改革 , 2015.